REFORM

INNOVATION OF

Radio and Television

广播电视（2019）
改革与创新

中国广播电影电视社会组织联合会 编

中国广播影视出版社

图书在版编目（ＣＩＰ）数据

广播电视改革与创新. 2019 / 中国广播电影电视社
会组织联合会编. -- 北京：中国广播影视出版社，
2020.6
（中国广播电影电视社会组织联合会学术研究系列丛
书）
ISBN 978-7-5043-8361-7

Ⅰ．①广… Ⅱ．①中… Ⅲ．①广播事业－体制改革－
研究－中国②电视事业－体制改革－研究－中国 Ⅳ.
①G229.2

中国版本图书馆CIP数据核字(2019)第274457号

广播电视改革与创新（2019）

中国广播电影电视社会组织联合会　编

责任编辑	王　佳
装帧设计	阮全勇
责任校对	龚　晨
出版发行	中国广播影视出版社
电　话	010-86093580　　010-86093583
社　址	北京市西城区真武庙二条9号
邮　编	100045
网　址	www.crtp.com.cn
电子信箱	crtp8@sina.com
经　销	全国各地新华书店
印　刷	北京凯德印刷有限责任公司
开　本	710毫米×1000毫米　　1/16
字　数	257（千）字
印　张	17.5
版　次	2020年6月第1版　　2020年6月第1次印刷
书　号	ISBN 978-7-5043-8361-7
定　价	78.00元

本书编辑人员

目　录

创新创优

媒体融合

基层广电建设

坚定方向　创新理念
为广播电视发展指明创新方向

——2018 年度中国广播电视学术年会工作报告

胡占凡

同志们：

2018 年是我国改革开放 40 周年，也是新中国电视事业诞生 60 周年。我们的广播电视事业从无到有、从小到大，在艰辛中创业，在探索中进步，在创新中发展，由初级形态到高级形态，由单一业态到融合发展，由面向国内到走向世界，整体实力和竞争力都不断增强。但是随着近年来新兴媒体对传统媒体的不断冲击，我们面临的形势越发严峻。广播电视工作者，必须坚持以习近平新时代中国特色社会主义思想为指导，深入学习贯彻习近平总书记关于宣传思想工作的重要论述，深入学习贯彻全国宣传思想工作会议精神，增强"四个意识"、坚定"四个自信"、做到"两个维护"。统筹广播与电视、内宣和外宣、传统媒体和新兴媒体，锐意改革创新，开创工作新局面。我们的学术工作也要紧紧围绕创新创优和媒体融合来开展研究、组织活动，为新时代广播电视事业的发展助力。

一、2018 年学术工作的特点

党的十九大报告指出，要高度重视传播手段建设和创新，切实提升主流媒体传播力、引导力、影响力和公信力。习近平总书记在 2018 年全国宣传思想工作会议上指出，宣传思想干部要不断掌握新知识、熟悉新领域、开拓新视野、增强本领能力，努力打造一支政治过硬、本领高强、求实创新、能打胜仗的宣传思想工作队伍。围绕学习宣传党的十九大精神和贯彻落实全国宣传思想工作会议提出的要求，中广联合会 2018 年组织开展了一系列学术工作，主要有：

第一，围绕学习宣传贯彻落实十九大精神，提高学术刊物、论坛和学术研讨的针对性。

1. 聚焦纪念改革开放 40 周年，举办 2018 学术年会和广播电视高层论坛

站在一个时代的新起点，我们需要用历史的厚重感和宏观的大视角来回顾和总结中国广播电视 40 年来的改革历程和发展成就。中广联合会紧紧围绕中央和广电总局党组的安排部署，结合工作实际，以深入学习宣传习近平新时代中国特色社会主义思想，贯彻落实全国宣传思想工作会议精神，总结改革开放 40 年来广播电视发展理念、成就、经验，开展了丰富多彩的学术活动。中广联合会与珠海广播电视台合作举办"2018 年度中国广播电视学术年会"，与重庆师范大学合作举办"纪念改革开放 40 年：中国广播电视高层论坛"，与南京广电集团、城市广播电视学术基地联合举办"纪念改革开放 40 周年，共谋城市广电改革发展"高峰论坛等，从不同角度回顾总结广播电视 40 年来的发展路径、理念转型、研究成果，研讨现实急需破解的课题。

2. 贯彻落实全国宣传思想工作会议精神，举办新时代理论节目创新研讨会

党的十九大召开后，广电界掀起深入学习宣传贯彻习近平新时代中国特色社会主义思想和十九大精神的高潮。其中，吉林电视台及时研发播出理论节目《好好学习》，以"七进"（进企业、进农村、进机关、进校园、进社区、进军营、进网络）实地考察讲解的形式，展开理论指导实践的生动画卷，完成从党建理论到生活实践的转化，实现了理论节目的创新升级，让 920 节目带活起来、亮起来。今年被总局推荐为创新创优节目，也被联合会列为宣介和调研典型。为了进一步做好宣传思想工作，提升理论节目质量，推动理论节目创新，学术委员会在前期调研基础上，在京举办了"守正创新 提升全媒体理论宣传质量水平座谈会"，围绕《好好学习》节目如何宣传习近平新时代中国特色社会主义思想，开创理论节目新形态等，从多个视角请专家学者对节目进行分析、评价，扩大了节目的影响力。

3. 举办新时代"一带一路"海洋文化传播高端论坛

党的十九大提出总体国家安全观，要求我们在新时代坚持国家利益至上，加强海洋和平开发、利用与保护，积极推进"一带一路"建设。实现中国梦离不开和平的国际环境和稳定的国际秩序，要求我们必须统筹国内国际两个大局，始终不渝走和平发展道路、奉行互利共赢的开放战略，这构成新时代广播电视宣传创新的重要内容。为推动广播电视海洋战略宣传的新局面，今年2月份我们邀请专家学者在海南举办了"新时代'一带一路'海洋文化传播高端论坛"。论坛围绕海洋主权宣示、海洋和平开发利用、海洋生态保护、海洋文化与"一带一路"建设等议题展开，旨在通过加强对海上丝绸之路和海洋历史文化元素的发掘整理，探讨构建海洋文明新秩序，树立海洋科学发展观，提高全民族的海洋意识，推动海洋文化有效传播，服务于建设人与自然和谐共生现代化的新使命。一批海洋文化传播学者从不同视角阐述论题，产生了一批重要的研究成果。部分专家还参加了海南电视台同期主办的"创新传播习近平新时代中国特色社会主义思想节目研讨会"，实现了优质专家为地方台需要的对口服务。

4. 学刊编辑部围绕中心，组织一系列专栏文章

为更好推动引领全国广电系统深入持久学习宣传贯彻十九大精神，《中国广播电视学刊》编辑部一方面将十九大精神贯彻落实到办刊工作的全过程和各方面；另一方面积极组织学习贯彻落实十九大精神专栏，在去年第11期、第12期的《聚焦》栏目及时策划组织了一组总局领导、广电媒体播出机构领导、专家学者学习宣传贯彻党的十九大精神文章基础上，今年第一期《聚焦》栏目又继续组织刊登了一组"学习贯彻十九大精神，推动城市广电改革发展"的文章。2018年8月21日至22日中央召开全国宣

传思想工作会议，习近平总书记在会上作了重要讲话。学刊编辑部把学习宣传贯彻全国宣传思想工作会议精神作为一项极其重要的中心工作，一方面积极组织相关领导和专家学者撰写学习贯彻习近平总书记重要讲话精神的文章，刊登在第 10 期、第 11 期《聚焦》栏目。在马克思诞辰 200 周年之际，学刊编辑部特约学者组织纪念专栏文章，得到业界学界的高度评价。

5. 学刊加强与业界的合作，成功举办一系列学术活动

作为上海广播节的一项极其重要的内容，中国广播创新融合案例征集、评选、发布由学刊编辑部和上海东方广播中心具体组织实施。首届评选开始于 2016 年，今年是第二届。8 月召开评委会，评选结果于上海广播节期间发布。4 月，学刊编辑部与央视科教频道在京共同举办第三季《中国诗词大会》研讨会。与浙江省新闻出版广电局共同在浙江台州举办台州广播电视台"新闻立台"实践研讨会。7 月，在郑州举办"城市电台服务城市发展的样本解析"研讨会，将郑州电台服务城市发展样本在全国城市台进行推广。

在全国广电媒体经营压力加大的背景下，学刊编辑部一方面加强与业界联系，积极开展合作业务，另一方面加大与广告公司合作的力度，保证了刊物的正常运行。

第二，加大调研工作力度，紧扣中心工作和行业需求。

今年的调研工作紧扣总局中心工作、紧扣各地实际，调研与建言相结合。从去年末到今年第一季度就启动与各方联系，着手制订"2018 广播电视改革与创新"调研工作方案。今年确定了"节目创新创优、媒体融合、基层广电建设"三个主题，覆盖中央、省、市、县四级媒体，共调研全国 18 个典型。我们在摸底时发现，在推进节目创新创优方面，中央人民广播电台以高度的责任感和使命感，深入解读十九大报告，传达我党不忘初心、创造未来的历程和雄心壮志，被称为"史诗般的作品""广播人用最专业的方式向党表达出最深刻的忠诚"，为大会胜利召开营造团结奋进、昂扬向上、开拓创新的舆论氛围；中国国际广播电台以多语种传播、合作传播、融媒体传播三大维度，编织构建出立体、系统的"一带一路"国际传播格局，在国际传播实践中取得丰硕成果。在推进媒体融合方面，江苏广播践行"融合传播，整合营销"理念，融推广与营销为一体，融节目与活动为一体，融传统媒体与新媒体为一体，每年举办活动800余场，赋予了广播在新的媒体环境中持续发展的新动能；江西分宜县以原县广播电视台为主体，率先建成县级融媒体中心，可调控中心所属媒体，高效、协作实现新闻产品的采集、制作与发布。在推进基层广电建设方面，青海海西广播电视台成立了蒙语节目中心和藏语节目中心，强化节目内容的创作，细化制作流程和任务分工，突出节目的传播效果，用最好的创意讲好"海西故事"、传递"海西精神"；四川阿坝州广播电视台坚持"二为"方向，大力宣传党的路线、方针、政策，近两年完成了在少数民族地区"大规模、高质量摄制纪录片"的任务。

调研中我们还发现，今年各级广电机构，针对全面建成小康社会攻坚任务，结合广电特点，普遍开展以电商扶贫为抓手的公益性活动。如广西电视台举办"党旗领航·电商扶贫·我为家乡代言"年货电商大集，活动覆盖之处，"第一书记"出面为农副特产代言，广播电视直播，线上线下齐发力，解决了部分农村将绿水青山变成金山银山的大问题。通过这些活动，巩固扩大了主流媒体的公信力、影响力和号召力。针对这一情况，我们又在调研中调整增设了"活动创新创优"主题板块，成为全年调研工作的一大亮点。从业已完成调研的省份来看，这项活动体现了新时代主流媒体对社会责任的担当，紧密配合了当地党委政府的中心工作，对实施"扶贫攻坚"有着重要借鉴价值。

今年的学术调研还特别注意了调研与建言相结合。今年5月下旬，中广联合会到四川省阿坝藏族羌族自治州调研时了解到，近几年国家加快推进广播电视村村通、户户通工作，成效显著，但仍有盲区。以阿坝州为例，该州电视混合覆盖率已达98.3%，但由于局部区域的藏族同胞只听得懂安多藏语节目，使党和政府声音不能及时传达到位。我们通过走访农牧民、召开座谈会等了解情况，探寻解决问题的办法，专门向总局领导作出《关于阿坝州广播电视覆盖问题的情况汇报》，提出三点建议，供总局决策参考。8月10日，收到总局办公厅《关于阿坝州广播电视覆盖问题情况汇报》的反馈意见。其他调研项目的实施，也都在帮助当地广电部门总结提高、推广经验等方面发挥了积极作用。今年学术调研工作，我们还特别注意深入第一线调研第一手材料，分别到省、市、县、乡、村广电机构和用户，了解真实情况。延续前几年的成功做法，今年的调研成果，将集结成书，作为《广播电视改革与创新》第四本，向全系统赠发。

第三，理论研究项目取得扎实进展。

结合学术项目课题管理和相关整改工作，重点研究项目取得可喜进展。

1.《中国广播电视节目评估体系研究》结项出版

《中国广播电视节目评估体系研究》历时十余载终于完成。这项研究借鉴全国 20 多个台评估经验，吸收最新跨屏测量技术应用成果，对融媒环境下节目综合评估方案提出解决办法和数理模型，从理论上突破原收视率评价体系，走出唯收视率论的窠臼。评审专家认为，这项研究的难度在于：这是一项集政策研究、基础理论研究、应用理论研究、评估体系构建及可操作方案研究于一身的系统工程；本书还对新媒体环境下广播电视节目评估体系的发展趋势作了颇有预见的瞻望，推动了业界开展跨屏测量工作取得新进展。今年 2 月，央视索福瑞与腾讯、爱奇艺联合启动电视同源收视测量项目。这一项目在全国 52 座大中城市展开，测量 2.26 亿观众跨屏收视行为，旨在建立跨屏测量与广告评估标准，为行业提供更规范、更透明的数据，促进行业健康有序发展。

2. 完成《中国广播电视学》结项出版

自 2014 年该课题启动增修工作以来，先后按照习近平总书记"8·18"讲话、"2·19"讲话和十九大报告进行三轮统修，将中央关于新闻宣传、媒体融合的新要求新任务贯穿到各个章节，以看齐意识保持理论研究同步跟进先进思想文化的创新水平。2018 年两会后，中共中央印发《深化党和国家机构改革方案》，广电体制发生重大改革，课题组立即投入修订"体制"一章，并于 6 月份完成。张海涛同志审稿并作序，称本书将党关于新闻舆论、理论创新的新主张新观点消化吸收，从理论上阐述其与广播电视的内在联系，同时广泛吸取交叉学科营养，形成了新时代中国特色广播电视融合发展理论的新体系。

3. 做好《中国广播电视编年史》第一卷出版送审工作

《中国广播电视编年史》第一卷在去年年底即已完成三轮修订，提交出版社。因内容涉及重大历史问题，今年 1 月出版社提交新闻出版部门重大题材审查办公室审查。课题组积极配合审查工作，提交了相关材料。今年 9 月，中央党史和文献研究院发来审读意见（科审字 [2018] 第 233 号），认为"书稿政治导向正确，重要史实准确，可作适当修改"。11 月，总局宣传司发函，同意安排《中国广播电视编年史·第一卷（1923—1976）》选题，修改复审后出版。与此同时，课题组积极做好第二、三卷的编辑、修改、送审工作。

第四，举办第十五届全国广播影视学术论文评选等一系列论文、征文评选工作。

今年 3 月启动本届论文评选征集工作，共收到来自中央三台、总局机关、海峡之声、各高校及各省级协（学）会、各专业委员会、各学术研究基地选送的论文 175 篇。经过 21 位专家、评委复评打分，产生获奖候选名单。9 月 20 日至 21 日，在福州召开终评会议，本着公开、公平、公正的原则，对复评阶段推荐的作品进行充分讨论，最终投票评出获奖论文 106 篇。其中，一等奖 27 篇，二等奖 35 篇，三等奖 44 篇，获奖率为60%。本届论文评选是在全国各条战线深入学习贯彻习近平新时代中国特色社会主义思想、贯彻落实党的十九大精神形势下进行的，涌现了一批对宣传习近平新时代中国特色社会主义思想的广播电视作品进行总结分析、倡导创新创优，探索媒体深度融合发展的上乘论文，涵盖内容研究、新媒体研究、媒体经营和决策管理研究等方面，集中展现了近两年学界业界的理论研究成果，也是对学界业界理论提炼能力的一次检阅。

今年我们还开展了一系列征文活动，其中有和总局机关党委、宁波广电集团联合举办的"学习贯彻党的十九大精神""学习贯彻全国宣传思想工作会议精神"，与中央人民广播电台共同举办的"广播媒体创新发展"，与扬州广播电视台共同举办的"城市广播电视改革发展"，与广西人民广播电台、中国国际广播电台共同举办的"加强国际传播能力建设，讲好中国故事"，启动了"改革开放与广播电视——纪念改革开放 40 周年"征文活动。这些活动得到了业界内外热烈响应，学术水平逐年提高，影响逐渐扩大。

第五，学术基地工作。

目前，中广联合会已经在全国建立了 11 个学术研究基地，其中有：媒介素养、媒介融合、海洋文化传播、城市广播电视、戏剧影视、"一带一路"文化传播等。今年，这些基地结合宗旨定位，开展了一系列丰富多彩的活动。学术委员会积极与各学术研究基地联系，指导各基地因地制宜开展活动。7 月，城市广播电视研究基地与扬州市广电集团共同举办"城市台青年骨干编导实战训练营"，提高青年编导应对新媒体传播的实战经验。8 月，"一带一路"文化传播研究基地在张掖举办年会，研讨"一带一路"背景下广电媒体对外传播的路径与方法。10 月，西部基地与四川省广电协会联合举办"推进县级媒体融合培训班"。12 月，媒介融合学术研究基地在云南举办媒介融合研究论坛，并带着论坛成果到县级台开展"理论走基层"活动。10 月，媒介素养研究基地与浙江传媒学院联合在杭州举办"第七届中国（西湖）媒介素养高峰论坛"，联合国教科文组织（巴黎）媒介信息素养总干事奥尔顿发函，希望将论坛列为该组织 2018"媒介和信息素养周"活动之一。该组织能够向"媒介素养高峰论坛"发出邀请，一方面说明中国在国际舞台的重要性日益得到承认，另一方面也说明国际社会日益希望了解来自中国的声音、来自中国的媒介经验。这是提升中国文化软实力的重要途径之一。

二、做好明年学术工作的几项要点

第一，深入学习贯彻全国宣传思想工作会议精神，宣传好新中国成立 70 年来广播电视取得的辉煌成就。

明年是新中国成立 70 周年，我们的广播电视媒体不仅要大力宣传我国 70 年来取得的辉煌成就，也要展示新中国成立以来广播影视事业取得的巨大成就。联合会的学术工作要为宣传搭建相互交流借鉴的平台，组织相关的研究文章和学术活动。学术委员会和学刊要及时开展相关的征文、论坛等活动，从多角度进行学术研究。

第二，努力办好各类主题征文、颁奖活动。

在成功举办三届"广播创新发展"主题征文的基础上，明年将加强与中央广播电视总台的合作，共同办好第四届主题征文活动，征文活动于今年年底启动，明年 6 月底结束。目前全国城市台面临生存发展的压力很大，为深入探讨研究这一问题，联合会和扬州广播电视台在成功举办三届征文活动的基础上，已启动第四届扬州广电杯"城市广播电视改革发展"征文活动。近年来，党中央对"加强国际传播能力建设，讲好中国故事"十分重视，为此，联合会今年与广西人民广播电台、中国国际广播电台成功举办了第二届广西广播杯"加强国际传播能力建设，讲好中国故事"主题征文活动，明年争取得到广电总局国际司的支持，继续办好第三届征文活动。在此基础上，还将组织实施好一系列年度高峰论坛和主题征文颁奖会。

第三，抓好办刊工作，确保刊物导向，做好经营创收工作，确保刊物正常运行。

《中国广播电视学刊》是全国广电系统唯一的一本以"学刊"命名的刊物，多年来在业界已经形成广泛的影响力，具有很强的权威性。为此，明年将进一步加强刊物建设，特别是在提高质量上下功夫。我们将着力打造好学刊的《聚焦》《评论员文章》《专访》《个案研究》《专题讲座》等品牌栏目，发挥品牌效应，提高刊物质量。经营创收是学刊面向市场、谋求发展的必然要求。我们要努力做好经营创收工作，确保学刊正常运行。

第四，针对节目（活动）创新、媒体融合、县级融媒体中心建设等难点问题深入开展调查研究。

明年的调研工作，还将继续围绕总局中心工作，以问题为导向，将目光聚焦在业内普遍关注的广播电视生存发展、节目创新创优、媒体融合和县级融媒体中心建设这些领域，围绕这些业内普遍关注的问题，深入第一线调查研究，推出一批有分量的调研报告。要以建设具有中国特色、中国风格、中国气派的哲学社会科学为目标，鼓励广播电视理论工作者开展调查研究，做好各项理论课题申报、结项工作，扎实推进理论成果创新，改进学术评选工作，不断增强广播电视理论工作者的脚力、眼力、脑力、笔力，打造一支政治过硬、本领高强、求实创新、能打胜仗的理论工作队伍。

以上简要汇报了中广联合会 2018 年度的主要学术工作和明年学术工作的基本思路。联合会学术工作取得的成绩，离不开广大会员单位以及业界学界的支持，借此机会，我们再次感谢业内同仁对于广电行业发展的自强有为与奋斗坚守，也感谢在调研和各项学术研究活动中各地给予我们的大力支持。对于目前业内普遍存在的瓶颈和掣肘之处，我们也希望与同仁们一起思考，共谋解决之道。

谢谢大家！

（作者系中国广播电影电视社会组织联合会副会长、学术委员会主任。本文是 2018 年 12 月 12 日在珠海举办的"2018 年度中国广播电视学术年会"上的工作报告）

创新创优

从生活中采撷立心铸魂的思想华章

——吉林电视台理论宣传栏目《好好学习》创新探索

谢 荣　庄谦宇　张殿举　梅 雪　邵光涛

　　电视理论节目是做好新时代新闻舆论工作的重要抓手，是开展党的创新理论宣传的有效载体。党的十八大以来特别是十九大以来，全国电视媒体切实肩负意识形态工作的主体责任，在理论节目建设上持续发力，在推进理论节目大众化上不断创新。全国陆续出现了《道·理》《时代问答》《开卷有理》《中国正在说》《社会主义"有点潮"》《中国共产党为什么能》《好好学习》《马克思是对的》等十几档电视理论栏目和系列专题节目。这些理论节目宗旨明确、定位清晰、主题鲜明、形态丰富，观众真切感受到，这些理论节目呈现出了许多新样态。在这股理论节目创新研发的洪流中，吉林电视台理论栏目《好好学习》也走出了自己独具特色的新路。

　　党的十九大后，按照吉林省委的统一部署，从 2017 年 12 月起，吉林电视台在吉林卫视频道 920 黄金时段开办了全国首档"七进"纪录式理论宣传栏目《好好学习》，这也是全国第一档在卫视 920 黄金时段播出的理论宣传栏目。栏目以党的十九大精神进企业、进农村、进机关、进校园、进社区、进军营、进网络"七进"要求为契合点，立足宣传阐释习近平新时代中国特色社会主义思想和党的十九大精神，精心设计，创新呈现，实现从理论文本到生活实践的转化，让老百姓听得懂、能领会、可落实，让有意义的理论变得更有意思，达到学以致用、习以成风的传播效果，实现了理论学习传播的通俗化、大众化、电视化、现代化，打造吉林省宣传思想文化工作的亮点工程。

图 1　中广联合会调研《好好学习》节目录制现场

一、履行责任使命，坚持"以我为主"，主动作为，创新求变，牢牢占据新闻舆论思想高地

电视理论节目是传播党的创新理论最直接有效的形式之一，电视作为主流媒体，在理论传播、阐释、解读方面应发挥主力军作用。众所周知，理论与电视结合，应该说不易出彩，政治责任大，投入不小，在收视上也不讨巧。一段时间以来，各家电视台普遍觉得理论节目不好办、难出效果，对创办理论节目缺乏热情。

习近平总书记在全国宣传思想工作会议上强调，宣传思想工作就是要巩固马克思主义在意识形态领域的指导地位，巩固全党全国人民团结奋斗的共同思想基础。"两个巩固"为宣传思想文化工作确定了原则、指明了方向、提供了遵循。做好电视理论节目应该是落实"两个巩固"精神的一个有效载体，也是新时代做好新闻舆论工作的一大利器，更是主流媒体必须肩负起的责任使命。

从这种认识出发，吉林电视台切实履行主流媒体的使命担当，在理论节目建设上，动手比较快、布局谋划也比较早。2015 年 9 月，吉林电视台就着手创办了大型理论宣传栏目《有理讲理》，在当时，全国的电视理论节目只有三四档。《有理讲理》定位于"大咖传道"，节目以推进马克思主义中国化、时代化和大众化为宗旨，深入宣传普及十八大以来党的创新理论，特别是习近平总书记系列重要讲话精神，每周一 18：00 在吉林卫视播出一期，共计播出节目 80 余期。在创办《有理讲理》初期，栏目组满足于节目办了、播出了即为完成任务，以较为简单的理论讲坛方式展开，专家讲什么就是什么，电视呈现手法比较单调枯燥，传播效果不太理想。

习近平新时代中国特色社会主义思想是新时代中国共产党坚持和发展马克思主义的最新理论成果，是当代中国马克思主义、21 世纪马克思主义。全面深入做好对习近平新时代中国特色社会主义思想的学习、宣传、贯彻、落实是新闻媒体的第一职责、第一使命、第一担当，应该成为新闻媒体的政治自觉、思想自觉、行动自觉，牢牢占领新闻舆论思想高地。党的十九大后，吉林省委作出部署，要求吉林日报、吉林人民广播电台、吉林电视台、中国吉林网策划推出全媒体理论宣传栏目《好好学习》。面对新的政治宣传任务，吉林电视台该以怎样的姿态应对？新时代，如何让电视理论节目变得生动起来、好看起来？

带着这种思索，在广泛调研梳理全国同类理论节目和总结《有理讲理》创办经验的基础上，吉林电视台突破传统思维，在头脑和行动上坚持"以我为主"，主动作为。首要做的就是突破仅仅完成宣传任务的心态，真正把它当成一个电视节目类型去研究谋划，创新节目形态、捕捉受众心理、研究传播成效，把政治任务干得更专业更漂亮，既要履行职责使命，让上级部门满意，更要把节目做得精彩好看，让观众接受。按照打造全国现象级节目的要求，吉林电视台从全台 10 个部门调集精兵强将，组建精干团队，主动求新、求活、求特，创办全国首档"七进"纪录式理论宣传节目《好好学习》。从 2017 年 11 月 3 日确定节目方案，到 12 月 2 日正式高水准推出，用时不到一个月，创造了一个"吉林台速度"。

《好好学习》每周六 21：15 在吉林卫视播出，每期 35 分钟，截至 2018 年 9 月 15 日，已播出节目 40 期。《好好学习》坚持走出演播室做节目，突出理论学习与火热实践的融合，强化电视纪实特色。节目播出以来，上级领导满意，业内好评不断，短期内收到良好效果。

二、创新节目形态，突出实践特色，凸显纪实风格，理论深度＋实践温度让理论宣传有意义更有意思

（一）栏目创意从起个好名字开始

一个创意好、寓意深、朗朗上口的好名称应当说对一档优秀的电视栏目是非常重要的，它就是一档栏目最显著的符号标签。《好好学习》栏目的创意源及初心有这么几层考虑：一是传承毛泽东主席"好好学习，天天向上"的思想。1951年，毛泽东主席亲笔题写"好好学习，天天向上"，向全国青少年发出号召，这句大众化口号可以说是家喻户晓、人人皆知，具有很强的认同感、贴近性。二是《好好学习》清晰地指明学习的是"习"思想，可以说，学习宣传贯彻落实习近平新时代中国特色社会主义思想是今后很长一个时期的首要政治使命，也是新闻媒体的担当所在，作为主流媒体，必须紧扣这样的时代主题。三是《好好学习》中的"好好"二字，本身蕴含了一种昂扬向上的

图2 《好好学习》走进吉林省图书馆

姿态，体现了主动学习的态度，通过节目平台增强人们对中国特色社会主义道路自信、理论自信、制度自信、文化自信发自内心的认同感，这也是节目创办的题中之意。

（二）栏目定位要清晰，主题十分明确

《好好学习》定位为全国首档"七进"纪录式理论宣传栏目。通过学习宣传贯彻习近平新时代中国特色社会主义思想，"让总书记给您一把解读中国的钥匙"。如何把这样一篇文章做好？吉林电视台在调研梳理目前理论节目的各种模式后，决定走出演播室，以记录、纪实为基本样态；同时，突出实践特色，以十九大精神"七进"实景纪录的方式，给节目参与者、普通群众在火热的生活中秀理论、秀思想、秀真知搭建舞台。让理论学习、精神传播、民情把握既能"顶天立地"又能"入心化行"，从而使习近平新时代中国特色社会主义思想和党的十九大精神具体起来、生动起来、亲近起来、时尚起来。走出演播室，走入火热的生活中，也契合了中宣部党的十九大精神进企业、进农村、进机关、进校园、进社区、进军营、进网络这样一个"七进"要求，实现了从理论文本到生活实践的转化，让老百姓听得懂、能领会、可落实，让有意义的理论变得更有意思，达到学以致用、习以成风的传播效果。

（三）创新形态，理论深度＋实践温度

理论节目怎么传播才能更有生气、更有力量？这是办好电视理论节目必须思考的问题。把理论节目做活，避免枯燥单调，摆脱说教味道，提升节目大众化传播能力，怎么传是关键一环。要求理论节目创新理论引导和表达方式，在"可接受、有意思"上下功夫。近年来，电视理论节目一改过去的单一访谈解读形态，创新能力渐强。通过梳理，大致可分为以下几种形态：一是采取"叙事短片＋专家访谈"的形式，如《道·理》《时代问答》《凡事说理》，注重摆事实、讲道理，释疑解惑、凝聚共识。二是采用电视公开课形式，如《有理讲理》《中国正在说》《不负新时代》《马克思是对的》，发挥社科理论大家的权威性，让大家"登台亮相"，让名家"有理讲理"，打造传经论道电视平台。三是采取理论脱口秀形式，如《开卷有理》《社会主义"有点潮"》《理响新时代》，强调理论讲述的通俗化、大众化、故事化，增强理论宣传的黏合度。四是采用"专家访谈＋互动"的形式，如《中国共产党为什么能》第一、二季专题节目，《厉害了，我们的新时代》第一、二季专题节目，《理响中国》，围

绕党的十九大精神等理论热点，进行及时有效系统地解答阐释。这一系列节目形态的创新表达，成为电视理论节目大众化之路的精彩注脚。

综合研究分析来看，一些演播室内录制的理论节目，还是更多以理论宣讲的元素呈现，与观众有距离感，隔着"一条小板凳儿"的距离。基于这种考虑加上充分论证，吉林电视台决心创新突破，把理论与实践融合作为突破口，采用"走进"纪录式学习宣传解读理论。基本思路是以围绕习近平新时代中国特色社会主义思想学、讲、传、做的理论实践形式来设计和呈现，根据学习实践主题，设计了"好学生""好老师"两个基本人设，设定了"好老师"布置任务、"好学生"领任务、"学习进行时"、"好老师"点评、"学习手记"、"好好学习小课堂"等内容板块。

按照"七进"纪录式理论宣传节目的定位，栏目组先后走进农安县巴吉垒镇"新时代传习所"、长春市长山花园社区、吉林省三河矿业公司、长春师范大学、长春电影制片厂、吉林市雾凇岛、吉林省通用机械公司、通榆县、中国第一汽车集团公司等几十个基层单位领域录制节目。通过沾泥土、带露珠、冒热气的百姓故事，为新时代新征程留下了生动鲜活的历史影像，记录了新时代中国的精彩故事，呈现出新思想引领下的新时代新气象新作为。具体来说，集中体现在四个方面。

1. **实景化**。《好好学习》围绕不同主题，走进不同领域，整期节目都是在实景中完成，采用实景记录的拍摄手法，跟拍"好学生"的理论学习和实践体验活动。比如，围绕习近平总书记提出的"绿水青山就是金山银山"理论，栏目组"好学生"走进了一家矿山企业，带着"矿山中如何寻找绿色"这个理论之问，"好学生"下到四百米的矿井体验矿工生活，与工友们同吃同住同劳动，感受探访绿色发展理念给企业带来的新变化。习近平新时代中国特色社会主义思想源于实践、内容丰富、博大精深，仅拿"两山"理论而言，如何进行深入有效地学习宣传？最生动形象的学习宣传方式无疑是向生产生活取经、在实践中追寻答案。《好好学习》的每期节目通过记录"好学生"的学习体验过程，在实践中融汇理论，通过实践印证理论，赋予理论学习新的生命力，大大激发了群众理论学习的兴趣和热情。

图 3 《好好学习》走进吉林市雾凇岛

2.生活化。电视理论节目要满足大众的需求，需要实现对理论的"平民化"视角转化，如何实现"平民化"？就要做到节目的"生活化"。坐在农民家的炕头上，"好学生"掰着丰收的苞米，听基层宣讲员向村民们讲解关于土地承包期的疑问，这样的生活图景充满人间烟火味道，再辅以"好老师"画龙点睛式的解读点评，将党的十九大精神落小落细落实，融入百姓生活的点点滴滴。节目录制地点从演播室转移到百姓火热的生活中，环节设置从预设主题、单一阐释转化为带着问题探求理论、带着理论解决问题，找到了理论和现实的结合点，让理论宣传既"上接天线"又"下接地气"。

3.故事化。《好好学习》不仅要走进各个行业领域，还要强化纪实感，挖掘生动的发展故事，思考习近平新时代中国特色社会主义思想与每个发展领域、每名普通个人的关联度。习近平总书记强调，乡村振兴战略实施过程中要发挥电商的赋能作用。围绕这一主题思想，《好好学习》走进吉林西部国家级贫困县通榆县，记录讲述了当地农民放下锄头、拿起键盘的精彩故事，通过互联网助力，原本几块钱的瓜子卖到一百多块，带动了乡亲们脱贫。习近平总书记强调，要坚持以人民为中心的创作导向，该怎么理解把握？《好好学习》走进长春电影制片厂，回味激情岁月，感悟光影人生，挖掘感人故事，让观众深切地感受到，广大文艺工作者坚持"以人民为中心的创作导向"就是要扎根人民，写人民的事、抒人民的情、表人民的志、赞人民的美、圆人民的梦。有了故事这个载体桥梁，新思想自然熔铸于一幕幕生产生活的春秋光影中，理论学习也变得具体而生动。

图4 《好好学习》走进长春电影制片厂

4. 杂糅化。说起理论节目，"高冷""硬邦邦"是它以往给人的标签。观众觉得语言艰涩，表现形式生硬，多是居高临下、自说自话的传播视角，"口号式宣讲""填鸭式""灌输式"的刻板说教，不容易被人接受。为了做出创新改变，在节目形态表现上，《好好学习》嫁接综艺的外壳，融入纪录片的元素，融合最新电视技术呈现手段，以一种杂糅化的电视手段学习宣传习近平新时代中国特色社会主义思想。理论节目不但要有思想，还要有情怀。节目兼具思想与情怀，观众才有共鸣、才有思考、才有感动。在《好好学习》第一季节目中，节目的最后都设计了"好学生"完成理论学习调研任务的PK环节，这种思想学习的PK就是综艺节目的元素，通过这种环节的设置，让思想理论内核更加生动、更富表现力和吸引力。比如《好好学习》走进"诗乡"农安县的巴吉垒镇新时代传习所的那期节目中，展现的是两个"学习小组"的"好学生"寻找诗歌创作素材的过程，最后两个"学习小组"用各自的诗歌来 PK 展现学习效果，诗歌内容展现的都是农民朋友的身边事、新时代乡村振兴的新气象。最终的比拼结果由老百姓手中的苞米投票说了算，这种形式充满了烟火味道。在《好好学习》走进中国第一汽车集团公司反映红旗品牌复兴的节目中，两个"学习小组"在探访一代代红旗人共塑红旗品牌的背后点滴故事后，结合"由中国产品向中国品牌转变"这一理论命题，创作了微视频，展现他们的学习体会，唤起了许多人对民族品牌的热忱。在节目中，还设计了一个"好好学习小课堂"板块，用动画动漫的方式呈现《习近平用典》，介绍古典名句的出处，阐释其蕴含的深邃寓意，重点解读习近平用典的现实意义，成为节目的一大亮点。

不难看出，《好好学习》这种"两端对接"节目模式已经十分清晰，一端是吃透新思想、新理念、新战略，从中提炼主题、抓取关键词、凝聚思想精髓；另一端是全面了解中国发展实际，在具体生产生活的实践中找典型、挖故事。再将两端通过精彩实例紧密生动地糅合在一起，讲好在习近平新时代中国特色社会主义思想指引下的中国故事、吉林故事，力争每一期节目内容都能成为推动发展的生动案例。

理论只要能说服人，就能掌握群众。艰深的理论只有寻找到恰如其分的落脚点，才能窥探到理论的深度，感知到实践的温度，仰望到精神的高度，品味到思想的锐度。以《好好学习》栏目为代表的"走进式"创新实践中，不论是理论宣传的实景化、生活化，还是故事化、杂糅化，既讲解理论"是什么"，又阐发背后"为什么"，更启迪人们"做什么"，让理论宣传更加有意思、有活力、有张力。从实践中来，到实践中去，把理论宣传与火热的生产生活相融合，这是对理论节目大众化的鲜活创新践行，有着广阔的挖潜空间。

三、坚持"小成本，大情怀，正能量"的创作理念，收效良好

做《好好学习》这档理论节目究竟为了什么？要取得什么样的效果？解答这个问题，还是要回到办理论节目的初心上，那就是要担负媒体责任使命，让习近平新时代中国特色社会主义思想"天天见""天天新""天天深"，让新

思想可触可摸可用，让老百姓听得懂、能领会、可落实。在创办节目过程中，吉林电视台要继续坚持"小成本，大情怀，正能量"这一创作理念，争创全国现象级理论节目，收到良好成效。

通过做这档理论节目，不论是走进不同社会领域的目标群体，还是"好学生""好老师"都深受感染，获得理论提升，大家在不同程度上学到了理论、振奋了精神。在此意义上看，《好好学习》不仅是一档节目，更是一项理论教育宣传实践活动。

担任节目理论点评"好老师"的吉林大学哲学社会学院教授王庆丰深有感触地说道："理论本身是五颜六色的，我们通过这样一种形式，就是在展示广大人民群众这种多姿多彩的学习，进而影响和带动更多人学习理论的方式和方法。"一直在节目中担任"好学生"的吉林电视台主持人英子也感触道："通过切身参与到《好好学习》节目中，深切体会到，理论它是有着无穷魅力的，它是有温度的，理论更是五颜六色的，就相当于现实生活的一面反射镜一样，折射出老百姓生活最真实的样子。理论来源于实践，那么，在节目中，我们带着激情、带着我们的热情，回到现实生活，走到老百姓中间，一起学习宣传贯彻落实党的十九大精神，收获的是成长，见证的是社会进步，履行的是媒体人的责任使命！"在走进长春师范大学录制节目时，现场学校三千多名师生通过新媒体参与到"好学生"学习成果 PK 环节中，来自师生的反馈显示，理论进基层这种接地气的新颖学习形式，激发了在校师生学习理论的热情，英子队的学习推文阅读量达到了 2974 次，栾海队的学习推文阅读量是 3229 次，这是之前栏目组没有预料到的。一名大学生留言说："通过这种学理论的方式，能够感受到理论就在生活之中，理论在生活中游，而不是在生活中飘，学习起来更有兴趣。"《好好学习》走进向海国家级自然保护区，关注湿地修复和保护，播出节目《家在向海》，反响也特别好，一位网友说："特别通俗化、平民化，既增长了知识，也展现了吉林魅力。节目贴近生活，而且不枯燥！"从节目录制现场看，老百姓渴望了解国家更多的方针政策，他们对理论学习是渴求的，关键是理论宣传要贴近生活、贴近百姓、贴近实际，这就要求理论宣传要创新形式、要更接地气、要新颖活泼。不光老百姓喜欢，各级党委政府也大力支持。通过这种生动丰富的学习实践，展示了习近平新时代中国特色社会主义思想指引下吉林的发展变化。

图 5 《好好学习》走进吉林师范大学

　　在媒体深度融合格局下，《好好学习》栏目不仅在内容上实现创新突破，还在全媒体宣传推广上整体发力、形成合唱效应。目前，栏目与新华网吉林频道、新浪吉林等国家级平台、重点商业网站展开合作，在台、网、端、微四大新媒体平台同时发力，营造宣传声势。除此之外，《好好学习》还"借船出海"，巧妙地使用了吉林省委组织部的"新时代 e 支部"平台，使节目覆盖全省 9 万多个党支部和 160 多万党员。因为"新时代 e 支部"在全省党员中影响很大，节目点击率很高。所以，节目通过这个平台得到了更大范围的传播。《好好学习》把节目打碎，做成不超过 10 分钟的视频，在"新时代 e 支部"上推送，累计点击量达 200 多万次，仅《"新时代传习所"中传来农民"好声音"》一期节目视频点击量就达到近 20 万次，反响热烈。《好好学习》节目内容与广大党员的学习需求高度契合，成为生动学习教材的同时，也扩大了自身的影响力和传播力。

　　《好好学习》栏目在吉林卫视推出以来，多次受到吉林省委领导的肯定和表扬，中宣部理论局充分肯定了吉林省的做法，国家广播电视总局两次对《好好学习》经验做法进行重点推介，去年总局监管中心《收听收看日报》以《吉林卫视〈好好学习〉让理论宣传听得懂能领会可落实》为题对栏目进行了专题点评表扬，认为"《好好学习》深入基层一线，在理论传播通俗化、大众化、电视化、现代化上大胆创新，实现了理论深度和实践热度的有机统一，让十九大精神和党的创新理论更接地气、更有生气、更有力量，体现了新时代电视媒体的新实践新作为"。总局还将《好好学习》推举为2017年度第四季度广播电视创新创优节目，总局的季度创新创优节目竞争应该说非常激烈，在节目创办不足两个月就能够入选还是很不容易的。总局《广电时评》《中国新闻出版广电报》《综艺报》《三项学习教育通讯》也刊登文章，对节目创办的相关经验进行详细介绍。

四、电视理论节目创新无止境，提升空间广阔，未来大有可为

这是一个需要理论而且一定能够产生理论的时代，这是一个需要思想而且一定能够产生思想的时代。中国特色社会主义进入新时代，国家、民族、个人愈发需要理论思维，就需要理论节目及时登场。在这一大背景下，理论节目的常态化、普及化速度将加快，党的十九大后，这种趋势已经开始显现。2018年，国家广播电视总局还把加强理论节目建设作为一项重点工作。吉林电视台抢抓机遇、乘势而上，秉承"小投入，大情怀，正能量"的创作方向，在总结前一段经验基础上，对《好好学习》栏目继续改进创新，抢占新闻舆论思想宣传高地。

（一）紧紧扣住学习宣传习近平新时代中国特色社会主义思想这个主题

时代在变化，社会在发展，九十多年来，推进马克思主义中国化、时代化、大众化始终是我们党的不懈追求。推进马克思主义"三化"的核心是中国化、时代化，习近平新时代中国特色社会主义思想是马克思主义中国化的新飞跃，是21世纪马克思主义的新形态，开辟了马克思主义创新发展的新境界。这决定了电视理论节目的核心使命就是要学习宣传贯彻习近平新时代中国特色社会主义思想，让这一思想覆盖社会、落地生根、深入人心。

《好好学习》作为一档"七进"纪录式理论宣传栏目，它的一个基本模式是"习近平新时代中国特色社会主义思想+中国故事+吉林答卷+电视表达方式"。新思想就是节目的题眼，中国故事、吉林答卷、电视表达都是为宣传阐释新思想服务，这样的节目宗旨定位必须十分清楚明确，节目立意要非常清晰，内容聚焦点要非常集中，那就是紧紧围绕习近平新时代中国特色社会主义思想学、讲、传、做来设计制作节目。节目中可以聚焦突出展现习近平

总书记的原著、经典论述，让总书记的金句、名句成为节目活的灵魂，让观众清晰明确地了解节目要讲什么、传什么，展现真理的力量。

理论宣传既要有的放矢，时刻明白自己在做什么，还要不断在回应现实中印证思想，这样的理论传播才有生命力。同其他的理论宣传节目更强调"文本还原"和"理论解读"相比，《好好学习》在学原文、悟原理的理论把握前提下，更突出"群体关切"和"实践体验"，跟农民讲"乡村振兴"，到矿山传"绿色发展"，进长影说"以人民为中心的创作导向"，到社区谈"共建共治共享理念"，等等。今后，节目中还要强化理论宣讲和精神传播的"精准对接"与"普遍示范"，让所传的理论既是目前老百姓感兴趣的，又是解决发展问题真正需要的理论。

（二）进一步加强节目的理论深度，突出理论学习的实践意义

思想的力量最有穿透力和传播力，时代需要思想，更需要大众化的思想产品。对于一档好的理论节目来说，理论深度与理论的通俗化并不矛盾。《好好学习》的基本形态是带着理论主题"好学生"到生产生活中学习体验探求，作为社科理论专家的"好老师"作出深度理论点评。目前看，《好好学习》呈现的记录多、讲故事多、讲感受多、讲人物多，亮观点、讲理论、答疑惑的比重还较轻。今后，"好学生"的提问环节、"好老师"的答疑解惑环节还需要强化，要敢于对抽象问题进行讨论，敢于做理论的深度解读，把深奥的道理讲得浅显易懂。一是需要选好人，选拔有思想、善思考的各界人士作为"好学生"参与到节目中，同时邀请社科理论大家名家作为"好老师"进行理论解读点评。

理论源于实践，更要指导实践，理论学习宣传的根本目的在于指导经济社会发展，理论节目的核心竞争力在于理论联系实践。为了强化理论学习的针对性，2018 年 4 月 21 日，吉林电视台联合吉林省委组织部、吉林省委宣传部启动推出《好好学习》第二季"学而行、学而用"系列节目。相比第一季的 18 期节目，第二季节目更加突出理论学习主题与实践使命的深度融合，更加注重故事性和纪实性，让广大党员领导干部化身"好学生"深度参与到节目中，走基层、搞调研、重落实，让理论学习更有针对性、更具指导价值。从制作播出的《家在向海》《虎豹归来》《守望黑土》《温裕高岭》等节目效果看，基本实现了策划初衷，这也是《好好学习》努力的方向。

（三）强化全媒体传播，形成理论传播矩阵效应

网络媒体近年来发展迅猛。如何让内容产品在各种类型、各种形式的传播平台上亮相，产生更为广泛的社会影响，《好好学习》进行了积极探索。目前，栏目与新华网吉林频道、新浪吉林等国家级平台、重点商业网站展开合作，同时，借助"吉林省新时代 e 支部"平台，使节目覆盖全省 9 万多个支部和 160 多万党员，反响热烈。

今后，《好好学习》还需要在全媒体推广上下功夫，吸收借鉴网络短视频、微电影的传播手法，把节目"打碎"，进行重新包装，利用"两微一端"，二次创意制作话题十足的短视频，形成立体传播。在深入各实践领域录制节目过程中，可以利用火山、抖音等直播平台，对现场故事性强的录制片段进行直播，扩大自身的影响力和传播力。

（四）进一步创新节目表现方式

娓娓道来说故事、讲道理，循循善诱学思想、悟真谛，《好好学习》灵活生动的表现方式，以让老百姓能领会、可落实的方式宣传理论，让有意义的理论变得更有意思，可以说走出了理论宣传的新路子。接下来，需要乘势而为、冷静思考，不断探索创新节目的表现方式。

1. 处理好"理"和"事"的关系。 如果把节目比作一盘色香味俱全的菜品，那么，习近平新时代中国特色社会主义思想就是对菜品质量起着关键作用的"盐"，"盐"的比重在节目中要拿捏好。这其中就要处理好"理"和"事"的关系。目前来看，《好好学习》节目中，讲事多，讲理少。于理论节目而言，讲事的根本目的在于说理，说理要紧紧扣住说事，说事又千万不能忘了说理，边说理边说事，让两者有机相融，掌握好恰当的比例，应该是最好的状态，也是节目今后改进的方向。

2. 处理好"好学生"与"好老师"的关系。 今后，《好好学习》对"好学生"的选取还应该更有针对性，可以结合本期理论学习主题和走进的具体领域，选择关联度比较高的党员干部群众作为"好学生"参与到节目中。"好学生"的调研采访要有深度，提出的问题要选好角度，体现出水准。"好老师""好学生"的师生答疑环节要多用讨论式，在节目中甚至可以辩论、反问，讨论的目的在于宣传理论，反驳的目的在于分清是非，带着观众一起思考，达到春风化雨、润物无声的理论学习宣传效果。另外，"好学生"和"好老师"是

平等的，"好老师"不能居高临下、故作高深，让这些理论专家也一起深入基层一线，作出理论的点评解读，防止出现距离感、跳出感、断裂感。

3. 坚持走出演播室做节目。《好好学习》定位于"七进"纪录式理论宣传节目，纪实性是节目的风格，要强化这种"走"的特色，研究处理好走到哪、怎么走、走什么的问题，最大限度地发挥好电视的独特优势。

4. 创新节目呈现方式。要充分利用现代技术手段赋能理论节目全新表达。以往电视理论节目很多时候给人以枯涩单调之感，观众不爱看也不易接受，特别是年轻人更是将其当作一种"负担"。事实来看，并非观众对理论节目没有需求、不感兴趣，而是理论节目办得没意思、不吸引人。现代电视传播技术手段日新月异，正在为理论传播赋予全新的打开方式。《好好学习》要嫁接综艺的外壳，融入纪录片的元素，融合全息投影、AE、AR 等电视技术呈现手段，让思想理论内核更加生动、更富表现力和吸引力。广大青年是宣传思想工作的重要对象，是理论节目的覆盖难点，今后，节目需要重视这一群体，可以现代技术手段运用作为突破口，契合年轻受众的观看喜好，用新颖时尚的表达方式，达到理论武装头脑更充实心灵的目的。

（五）争取在节目选题上有所"突破"

1. 选题要体现系统性。要成系列地谋划选题，从《好好学习》第二季已经播出的五集生态文明建设、五集脱贫攻坚、三集品牌系列等系列节目看，反响和效果都不错。今年，《好好学习》还要精心谋划庆祝改革开放 40 周年系列节目；策划推出"红船精神、抗联精神、延安精神"等精神主题系列节目；推出实施乡村振兴战略主题系列节目。

2. 选题要更有前瞻性。习近平新时代中国特色社会主义思想是一个博大精深的科学理论体系，同时又是一个开放的与时俱进的理论体系。在对新思想的系统学习宣传中，要求节目既要科学系统梳理，又要对最新的思想战略进行及时跟进，把握好时度效。一方面把习近平总书记的新思想、新战略摸清楚、吃透彻，另一方面要把党中央、各级党委政府的中心工作思路理清楚、搞明白，科学系统灵活地谋划当前选题，更好地围绕中心、服务大局，传播正能量。

3. 选题要体现问题意识。中国特色社会主义走进新时代，我国社会主要矛盾已经转化为人民日益增长的美好生活需要和不平衡不充分的发展之间的矛盾，许多重大改革发展的热点难点问题需要引起关注，许多错综复杂的利益关系需要厘清，许多令人眼花缭乱的社会现象需要分析解释，许多泥沙俱下的社会思潮需要廓清。理论创新的过程就是发现问题、研究问题、解决问题的过程。《好好学习》要始终抓住问题导向，对热点理论、热点话题进行及时跟进，有效回应社会关切。面对意识形态领域错综复杂的斗争形势，节目更要敢于"亮剑"，澄清谬误、明辨是非，成风化人、凝心聚力，为国家发展助力，为社会进步铸魂。

图6 《好好学习》走进浙江省安吉县鲁家村

4. 选题要有更广视野。《好好学习》要继续实行节目走出去战略，深入浙江、上海、广东等地录制节目，探访发达地区经济社会发展的好经验好做法。2018年6月，《好好学习》走进"两山"理论的发源地浙江省安吉县的余村、习近平总书记当年就任浙江省委书记时的联系点淳安县下姜村录制节目，制作播出"浙江启示"系列节目，对新思想进行追根溯源、阐清道明，这在全国的电视理论节目中是独树一帜的，取得了不错效果。

当前，电视理论节目的大众化传播正日趋多元化、立体化，理论节目的常态化、普及化速度加快。从全国看，优质的理论节目在全国仍然是稀缺资源，大众化之路仍需要拓展延伸。对理论节目，党委政府有要求，媒体有责任，百姓也有需求,吉林电视台将切实履行责任使命,按照打造精品、争创一流的标准做好理论节目,长抓不懈、久久为功,更好地谱写宣传思想文化工作新篇章。

（作者分别为：吉林电视台党委书记、台长；吉林电视台副台长；吉林电视台新闻中心主任；吉林电视台新闻中心副主任、《好好学习》栏目制片人；吉林电视台主任记者、《好好学习》责编）

融合全媒之力　助力脱贫攻坚

——河南广电打造媒体助力脱贫攻坚节目新形态

张克宣　茹惠　李东吉　王崇彬

习近平总书记在十九大报告中指出，"让贫困人口和贫困地区同全国一道进入小康社会是我们党的庄严承诺"，"要动员全党全国全社会力量，坚持精准扶贫、精准脱贫"。那么，作为新闻媒体，我们不仅要成为脱贫攻坚的宣传者和鼓动者，更要成为重要的参与者和推动者。近几年来，河南广播电视台围绕助力第一书记脱贫攻坚，进行了一系列的策划和探索。继河南卫视推出大型使命类公益扶贫节目《脱贫大决战》之后，河南广电全媒体利用跨屏互动搭建公益平台，从 2017 年 6 月起，又推出了"电视（广播）直播 + 网络直播 + 电商"的大型公益直播节目《第一书记邀您来看看》，从而打造出了广电媒体助力脱贫攻坚节目新形态。

图 1　《第一书记邀您来看看》直播现场

河南地处中原腹地，是国家的陆上交通枢纽，普通铁路、高速铁路、高速公路通车里程均居中国前列，成为国家"一带一路"东联西进的重要战略通道。作为全国重要的经济大省、农业大省、新兴工业大省和劳动力输出大省的河南，2017 年全省国内生产总值 44988.16 亿元，位居全国第五位；2017 年粮食总产量 1194.64 亿斤，占全国总产量的 9.67%；2017 年工业产值 80605 亿元，占全国比重 6.92%，居全国第四位；2017 年累计转移农村劳动力就业 2939 万人，居全国第一位，其中省内转移 1762 万人，省外输出 1177 万人。

过去的五年，全省综合实力大幅提升、发展动能加快转换、基础能力不断增强、环境治理初显成效、人民生活持续改善，作为"河南脚步"的记录者、见证者，我们媒体人坚持以正确的导向引领公众舆论，运用传播力、引导力、影响力、公信力，通过广播、电视、新媒体融合传播的信息媒介系统，做出及时、准确的发声。

与此同时，传统媒体向新媒体转型为特点的媒体融合在传媒领域已拉开序幕。公信力媒体的"航空母舰"平台如何搭建？如何在时代的高起点上推动内容形式、体制机制、传播手段的创新，进一步解放和发展广播电视的生产力？除了打造自有平台，在生产流程、技术架构、媒资共享等方面实现一体化媒体融合运行，我们河南广电媒体人以十九大精神为指引，紧跟河南新时期建设发展步伐，深度学习领会国情、省情，真正把十九大精神作为广播电视理论研究的指导思想，并内化为方法论，站在更高的理论起点上进行具有"河南特色"广电融合发展的顶层设计。

党的十九大报告首次提出实施乡村振兴战略，为新时代农业农村改革发展指明了方向、明确了重点。中共中央政治局 5 月 31 日召开会议，审议《乡村振兴战略规划（2018—2022 年）》和《关于打赢脱贫攻坚战三年行动的指导意见》。会议提出了"加快推进乡村治理体系和治理能力现代化，加快推进农业农村现代化，走中国特色社会主义乡村振兴道路，让农业成为有奔头的产业，让农民成为有吸引力的职业，让农村成为安居乐业的美丽家园"。河南省委十届六次全会要求"以产业兴旺为重点、生态宜居为关键、生活富裕为根本，扎实实施乡村振兴战略"。

河南广播电视台新农村频道、农村广播在发展过程中认识到，不论是地域因素还是发展因素，面对"三农"、服务"三农"是我们的恒定发展动力。

乡村振兴不仅需要依靠组织和行政力量推动，更需要积极发挥广播电视媒体在宣传工作中直观、形象、感性、生动的作用和特点，切实构建起我省乡村振兴战略实施过程中的立体传播服务格局。

河南广播电视台新农村频道、农村广播以乡村振兴战略为引领，从体制、机制上深度融合发展。依循河南在乡村振兴战略中的规划与部署，将自身摆进去，融进去，通过涉农传媒的手段、平台，以媒体特色推动、引领、补位战略的实施；以"关心关爱三农　服务乡村振兴"为宗旨；以新内容、优项目为依托和纽带，立足"农业强""农村美""农民富"建立一个共享、共创、科学、完整的对农内容生产传播服务新模式。

作为河南省唯一的对农广电服务专业媒体，在新的目标要求下如何在乡村振兴战略中发挥作用？如何创新角色、拓展领域？如何发挥好舆论宣传功能？如何以"农"字号电视媒体之力推动乡村文化振兴、乡村社会振兴、乡村经济振兴？如何共同助力精准扶贫、精准脱贫？这是农业广电媒体保障人民群众基本文化权益，促进农业内容精深化服务的关键议题。

截至 2017 年年底，河南省还有 51 个贫困县、221 万农村贫困人口。2018 年，河南省要实现 33 个贫困县摘帽、110 万人口脱贫，脱贫攻坚工作形势依然严峻。目前，共有 1.2 万名驻村第一书记奔波在全省上万个乡村，帮助贫困群众脱贫致富。如何让第一书记稳住心沉下身，带领群众打赢脱贫攻坚战？新闻媒体怎样才能真正为精准扶贫助力加油？河南广播电视台紧紧围绕河南省委、省政府脱贫攻坚决策部署，调动旗下所属的新农村频道、农村广播两大专业对农服务媒体以及河南广电所属的网络直播平台，在与第一书记深入座谈、充分调研的基础上，适时推出了大型公益直播节目——《第一书记邀您来看看》。

《第一书记邀您来看看》直播地点均选在第一书记所驻村的村头、地边，在第一书记介绍驻村心得、扶贫感受的同时，重点关注第一书记主抓的产业项目，推介村里的农副产品。直播活动在节目形式和传播手段上，充分融合了广播、电视、新媒体的资源优势，不仅有农村广播的广播直播、新农村频道的电视直播，还通过河南广播电视台新闻广播微博、交通广播微博、都市 2直播、猛犸新闻客户端、映象网、河南有线扶贫云平台以及今日头条、北京时间等直播平台进行实时网络直播，形成了一个立体传播的矩阵。每场直播活动，都有数以百万计的观众、听众、粉丝收看收听节目，线上线下订购来自第一书记所在贫困村的农副产品，超过百万元甚至上千万元。一系列的融合创新，使《第一书记邀您来看看》大型公益直播节目更接地气、更聚人气，既有口碑效应，又具经济效益。

图 2 《第一书记邀您来看看》直播活动走进淇县

一、创新精准扶贫模式，打造直播活动影响力

（一）形式创新——立足于基层，立足于服务，立足于销售

作为新闻媒体，我们一直在探索应该做什么样的节目，用什么样的形式参与脱贫攻坚工作。近年来，有关精准扶贫的各种报道、活动层出不穷，如新华社记者采写的《大凉山深处的觉醒》;《人民日报》刊发的《机制创设，拨亮贫困户"心灯"——大别山腹地深度贫困攻坚调查（上）》，并配发了采访手记《坚定走出贫困锅底》;央广、央视也都播发了多篇颇有分量的扶贫报道。除新闻报道之外，广西卫视的《第一书记》、河南卫视的《脱贫大决战》等也都在探讨如何通过媒体的宣传推介，助力脱贫攻坚。2017 年，还有一部反映脱贫攻坚的主旋律影片《十八洞村》在全国公映。在一年前的 2016 年 6 月，

湖南卫视快乐购与湖南时尚频道联合江华瑶族自治县县委、县政府启动了电商精准扶贫活动——"湖南原产，走进江华"瑶山雪梨大直播。光明网对此事评论说，众媒体吹响媒体电商精准扶贫号角！这是中国电视史上首次联合全媒体共同发声，用纸媒的深度，电视的直观，网络的广泛，共同打造的一次原产地盛宴。

河南广电全媒体推出的《第一书记邀您来看看》大型公益直播节目，就是综合、借鉴其他媒体或平台的宣传形式、推介模式，并融合广播、电视、报纸、新媒等全媒体平台而打造的一个集宣传报道、产业链接、产品销售为一体的全新模式。《第一书记邀您来看看》有别于常规的新闻报道，更不是一般的综艺活动。它以"村边地头"为现场，以"村民、村景、村特产"为报道对象，在对第一书记所承担的引资金、建项目、固党建、促民生等工作进行宣传报道的同时，为贫困村的产业做好对接服务，从而建立了一个针对农副产品宣传、推介、销售的长效机制，更接地气、更有看点、更重实效。

图3 通过《第一书记邀您来看看》推介当地极具特色的农副产品

每场直播活动我们都会邀请相关专家和客商参与，专家主要是为第一书记的产业发展支招助力。比如，在汝南站的直播中我们请到了农业专家，对西瓜等农作物的种植管理进行指导；在范县站的活动中，我们邀请到助农专家网络大咖现场支招乡村产业振兴发展等。客商参与则可以现场产生订单，为第一书记所在的贫困村带来实实在在的产品销售，让贫困群众直接受益。目前，《第一书记邀您来看看》大型公益直播活动已经走进河南十几个县市，连续举办了十几场活动，每场活动都有十几万到上百万不等的产品订购额，甚至有超千万的大额意向订单。以光山站活动为例，信阳市餐饮协会现场表示要包销当地一个养殖合作社的麻鸭蛋。目前，这个协议仍在长期履行中。光山咸麻鸭蛋通过直播活动的持续宣传推介，品牌影响力扶摇直上，产品订单络绎不绝。尤其是 2018 年春节前，咸麻鸭蛋甚至到了"一蛋难求"的情况，合作社不得不推掉了大量订单。直播活动的宣传效果由此可见一斑。在宜阳县的直播现场，宜阳县一家酒店更是打出了"舌尖上的扶贫"概念。具体说来就是酒店收购贫困村养殖的肉鸽用以制作菜品，酒店客人每消费一只鸽子，酒店再拿出来两元钱作为扶贫基金，对困难群众进行帮扶。在淮阳站 100 分钟的直播中，参与企业和市民现场购买第一书记扶贫村生产的黄花菜、黑花生、荷花茶等农特产品共计 47 万多元，广州一家公司更是现场签订了年采购1000 万斤芥蓝（总值 3000 万元）的订单。

图 4 《第一书记邀您来看看》直播当日客商现场订购

节目形式的不断创新，多媒体的深层次互动，大大提升了《第一书记邀您来看看》直播活动的可视性、参与性以及互动性。同时，也实现了从宣传力到购买力的迅速转化，不仅为关心第一书记，帮助第一书记脱贫攻坚营造了良好的社会效益和舆论氛围，更为贫困村的农产品销售和产业的升级转化起到了持续性的带动作用。

（二）创新内容——因地、因时、因事而异，增加可看性及传播力

除了形式上的创新，《第一书记邀您来看看》大型公益直播活动在内容上也不断扩容与突破，执行中我们坚持走进基层，虽然现场直播的形式不变，但是会结合实际情况和时间节点等，随时增加直播活动的内容，及时调整节目呈现方式。如在范县站的活动中，我们把直播活动与"2017中国·范县最美荷花季乡村游启动仪式"相结合，在报道第一书记脱贫攻坚、推介农副产品的同时，也把范县的乡村游资源进行了融合宣传，一举两得。在淮阳站的直播活动中，我们用三张名片来推介淮阳——以黄花菜为代表的淮阳优质农副产品；以伏羲太昊陵、万亩龙湖为代表的淮阳优质旅游资源；以泥泥狗、布老虎为代表的非物质文化遗产和文旅产品。淮阳站活动直播期间，现场及网络平台订购场面火热，短短两个小时共订购淮阳黄花菜、荷叶荷花茶、黑花生等优质农副产品共计474300元。

图5 《第一书记邀您来看看》直播活动外围的特色农产品展示区

同时，在党的十九大胜利闭幕后，直播活动也及时融入了十九大精神的宣传内容。我们邀请十九大代表和相关专家现场解读十九大精神，梳理十九大报告中关于"三农"、脱贫攻坚等问题的新论述、新观点。在嵩县站的直播中，河南省委政研室办公室副主任李昌林（曾任驻村第一书记），结合自己驻村工作实际生动解读十九大报告。在郸城站的活动中，十九大代表、郸城一

高校长刘成章现场解读十九大报告对"三农"及教育工作的指导意义。

二、打造立体传播模式，形成传播影响力

（一）媒体融合，打造立体宣传大平台

《第一书记邀您来看看》大型公益直播活动是河南广播电视台进行全媒体融合的重要探索。在直播活动中，参与的广播、电视、新媒体直播平台就达到二十多个，它不仅融合了河南广电的全媒体资源，还聚合了多个网络直播平台的实时直播，从而实现了共同发力，互融互粉的传播效果，每场活动都会有上百万的观众通过广播、电视、网络同步收听收看。不仅如此，每场直播活动都有包括省内和全国的上百家网站、新闻平台进行报道或者转载消息，这样多媒体多形式的深度融合，形成了一个多维度、立体化的传播矩阵，收到了极好的传播效果。也因此，直播活动得到了省委组织部、省委宣传部以及各县市党委政府的高度重视和热烈欢迎，每个县市的直播活动，所在县的县委书记、县长及四大班子主要领导都会参加，省委组织部、省委宣传部等也会派出代表对活动进行观摩和指导。

（二）多屏互动，实现"所见即所买"

针对第一书记直播活动，我们不仅努力实现了多媒体、多平台的传播，还结合媒体优势拓展了销售渠道，联动了多个销售平台，实现了"多屏互动""所见即所买"的销售模式。活动现场，除了部分客商现场采购第一书记的农副产品外，我们也通过电商等渠道对农副产品进行更深层次的推介和销售。河南广电喜买网、新农村频道新农生活电商平台一直从事全国各地优质产品的电购业务，在河南省内颇有影响力。我们结合这些电商平台进行资源整合，线下活动线上推广齐头并进，电视助推网络营销双管齐下，将第一书记的大量优质农副产品通过"多屏互动"的形式推广出去。需要强调的是，在推广和销售过程中，我们所有的宣传完全免费，让第一书记和合作社及村镇企业免去宣传费用的后顾之忧。

基于《第一书记邀您来看看》大型直播活动，我们还开展了"《第一书记富民成果展》进社区"系列活动。我们联合社会力量在郑州市中高档小区中开展爱心扶贫及文艺演出进社区活动，将物美价廉的农副产品带到城市中来，让市民在参与扶贫的过程中也得到实惠，贫困村民、社区居民、河南广

电和合作单位实现了多赢局面。此外，我们也联合上市公司雏牧香集团开展了"第一书记富民成果进商超"活动等。在2018年春节前夕，第八届郑州精品年货博览会暨河南驻村第一书记精准扶贫富民成果展在郑州国际会展中心举行，来自全省的数百名第一书记带着村里的农副产品免费参加展卖，取得了良好的销售业绩和社会反响。

三、以脱贫攻坚为抓手，围绕"融、转、用"，构建线下服务"三农"大平台，打造"惠农＋服务"价值链

河南广播电视台新农村频道、农村广播是河南广电最主要的对农宣传平台，按照"广电自身要实现融合发展"的思路，新农村频道和农村广播正在积极搭建"河南广电绿色三农服务大平台"，将电视和广播的宣传优势、资源优势、平台优势等进行充分、有效融合，以脱贫攻坚为抓手，实现对"三农"工作的系统、全面、有效服务，充分体现广电媒体的责任与担当。目前，这一工作正在有序推进中。

（一）依托《第一书记邀您来看看》拓展的产品资源，启动"一县一品，百县百优——中原好礼"计划，实现优质农特产品的城乡无缝对接

为做好第一书记农副产品的推介销售，服务河南省打造优质农副产品的品牌计划，新农村频道于2017年年底注册成立了河南新农村频道绿之肴农业有限公司。公司整合了新农村频道原有的买买商城、新农生活两个电商及电购平台，形成了一个集传统销售、电商、电购为一体的综合采购分发平台。公司成立后，就迅速启动了"第一书记农副产品的集中采购"活动。2018年春节前夕，河南省包括人大、政协、组织部、宣传部在内的七十多家单位集中在新农村频道绿之肴农业公司采购年货13000多份，共为各地第一书记和贫困村销售农副产品总价值600多万元。其中，仅淮阳县王店乡袁庄行政村第一书记推介的黑五类杂粮及黑花生油系列产品销售额达到60多万元，洛宁县城郊乡在礼村第一书记推介的小米、粉条、杂粮等系列产品总销售额达到40多万元。

通过第一书记精准扶贫年货团购工作的开展，加之此前尝试的进电商、进社区、进商超等一系列销售举措，新农村频道绿之肴公司逐渐摸索出了助力精准扶贫的产业发展之路。目前，我们又进一步拓宽产品销售渠道，联合

河南省农业厅、河南省食药监局，以及各地市的农业局、畜牧局、食药监局等单位为贫困村的企业提供绿色生产、申请"三证一标"等相应服务，让这些企业的生产实现标准化、规范化以及规模化。以此为前提，2018年6月9日，我们又推出了"一县一品，百县百优——中原好礼"计划。

"中原好礼"计划既是第一书记扶贫工作的电视、电商推介平台，又是河南特产的孵化推广平台。对于优选出的"中原好礼"这一具有标志性、符号化的河南特色农副产品，将会进入河南广电的注册商标产品大礼包——"中原好礼"。这些"中原好礼"也会在河南广电喜买网、河南广电手机台的企鹅商城、新农村频道的新农生活商城等进行推广销售；同时，我们还会通过全国广电电商联盟平台、全国对农频道联盟、京东、淘宝、拼多多等平台向全国进行推广。在京东商城和淘宝商城中，我们还将开设"中原好礼"特色扶贫馆，推介孵化出的第一书记优质农副产品。按照我们的规划，依托《第一书记邀您来看看》大型公益直播活动，我们将充分整合、链接河南各县市的优质农副产品，打造河南扶贫产品第一推广综合体，形成一个优质扶贫产品的采购分发平台，架起贫困村农副产品向终端市场流通的桥梁，让"中原好礼"走向全国。

（二）助推"就业扶贫"，《打工直通车》智慧就业（创业）综合服务平台打造河南最大的农民工安全就业通道

在《第一书记邀您来看看》直播活动中，我们也融入了医疗扶贫的内容，邀请河南省内的三甲医院到贫困村进行义诊和救助，免费为患病的贫困群众进行救治，解决因病致贫问题。当然，扶贫的手段多种多样，尤其对河南这个劳动力输出大省来说，外出打工是贫困户最直接、最有效的脱贫手段，基本可以实现"一人打工，全家脱贫"的目标。

结合河南实际，在《第一书记邀您来看看》大型公益直播活动启动的同时，河南广播电视台新农村频道与河南省最大的人力资源服务机构，联合组建成立了河南新农村频道人力资源服务有限公司，利用频道闲置广告资源，联合开发了"电视＋互联网＋县乡村就业服务站＋智慧就业终端设备"四位一体的打工直通车综合就业服务平台，把打工服务延伸到农民家门口，让农民兄弟足不出村，就能实现打工梦想。打工直通车通过安放在村头的就业终端设备以及互联网和大数据技术，实现"一键报名，快捷服务，安全送达，工作可靠"的就业体验，是一个真正服务于县域蓝领打工就业、帮助蓝领维

权的平台，也是助力脱贫攻坚、实现就业脱贫的公益平台。

图 6　赠送给扶贫驻村第一书记的打工直通车智慧就业终端

为助力驻村第一书记脱贫攻坚，在每场《第一书记邀您来看看》的直播活动中，我们都会为第一书记所在的贫困村免费送出若干台就业终端设备。截至目前，新农村频道人力资源公司已先后赠送给第一书记近 200 台终端设备，帮助贫困村民实现打工就业。第一书记亲切地称打工直通车就业终端设备为"就业神器"。河南省委常委、宣传部部长赵素萍，河南省委常委、省纪委书记任正晓，副省长戴柏华、武国定等领导，都在现场体验过就业终端设备，更对打工直通车助力第一书记脱贫攻坚的模式给予了充分肯定。

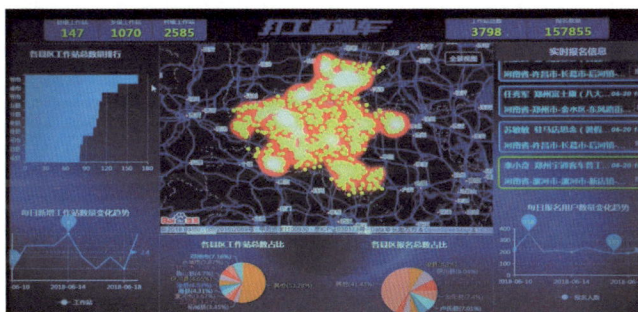

图 7　打工直通车县乡村工作站发展情况及服务就业人员情况

以"互联网＋安全就业"为核心的打工直通车综合就业服务平台自 2017 年 6 月 8 日上线以来，已在河南省 140 多个县（区）、1000 多个乡（镇）、2500 多个行政村建立了服务站点，通过终端设备报名人员超过 14 万人次，真正构建了一个农民工"足不出村,一键报名,快捷服务,安全就业"通道。目前,"电视媒体+互联网+县乡村就业服务站+智慧就业终端设备"的打工直通车项目已经引起多家省外电视媒体的关注。内蒙古广播电视台、云南广播电视台、湖北广播电视台、江西广播电视台、山西广播电视台等也已考察和洽谈合作。打工直通车就业扶贫的模式也将在全国其他省市落地生根。

(三)助力农业增产、农民增收、农业增效,倾力打造放心农资品牌,《新农村服务社》构建放心农资销售服务网络

河南是农业大省和粮食生产大省,农业生产关乎国计民生,农用物资的生产和销售又关乎农业增产、农民增收和农业增效。长期以来,由于信息不对称,识假辨假能力不强,农民朋友经常遭受假农资、假化肥的侵害,带来严重的经济损失。为解决农民朋友的后顾之忧,打造真正让老百姓放心的农资品牌,2014 年 4 月,新农村频道依托《新农村服务社》栏目,通过调查类节目,对农资生产和销售环节制假贩假现象进行监督报道,维护农民朋友的合法权益,与此同时,启动新农村频道农资经营项目,并注册成立河南新农村频道传媒有限公司,全力推进农资经营项目。

目前,河南新农村频道传媒有限公司已与鲁西化工集团、新都化工集团、河南心连心化工集团等上市企业建立了战略合作伙伴关系,推出复合肥"黄河人"自有品牌,定点生产了十余种配方的优质复合肥。项目已与全省 30 多家县级广播电视台(中心)签订了合作协议,有 86 个县加入农资营销网络,挂有"新农村频道新农村服务站"统一标识的终端零售网点达到 3000 多个,在中原大地上扛起农资媒体营销第一品牌的大旗。

"放心农资+打工就业+农产品销售",经过新农村频道、农村广播的不断努力与尝试,从"帮种养"到"帮销售"再到"帮就业",一个"涉农内容传播+专业项目服务+农业产业搭建"的媒体生态服务网络体系目前已初见雏形。

对农延伸服务通过"一套体系、多方连接、多端服务"的方式,以"生活+服务"的服务驱动和体系建设,打造"转型"服务的实用价值链。

总之,通过《第一书记邀您来看看》大型公益直播节目的带动,通过服务"三农"意识的不断渗透和强化,河南广电不仅做到宣传扶贫,还实现了广电产业和扶贫工作的融合发展,让政治影响、社会影响相辅相成,让社会效益和经济效益相得益彰。河南广播电视台在脱贫攻坚工作中的媒体助力,

以服务"三农"为出发点，以精准扶贫为切入点，充分融合了宣传扶贫、产业扶贫、医疗扶贫、就业扶贫等模式，进行了多渠道、全方位、深层次的尝试，得到了领导、专家、业界同仁以及普通观众的广泛认可。

曾经两次任驻村第一书记的河南省扶贫办副巡视员吴树兰参加《第一书记邀您来看看》直播活动后说："这种活动太接地气了、策划太好了、效果太好了，应该获大奖，这是河南广电人探索的一种助力第一书记脱贫攻坚工作的新型模式，非常值得深入探索和专门研究。"光山县委书记刘勇说："这么大型的脱贫攻坚直播活动安排在村里，在光山县还是首次，非常接地气。这场活动帮助县委县政府解决了很多过去想做但却做不成的事。"《农家参谋》杂志社社长范小红多次参加《第一书记邀您来看看》的直播活动，他说："对于广大农村来说，农特产品再好，走不出去还是不行、不能变现还是不行，河南广播电视台组织的这种直播活动，帮助贫困县、贫困村把各种农特产品推介出去，让好东西能卖上好价格，对于贫困村的脱贫工作极具意义。"多次参与直播活动的中国扶贫创客大使、产业集聚研究专家杨建国也表示："因为现在农副产品最主要的是品牌包装、认知度比较低，如果和我们广电联系在一起，做好品牌包装和形象宣传，他们的产品形象和企业形象会有大的提升，路子也会更宽。"

河南省委宣传部的新闻阅评员认为：河南广电利用全媒体跨屏互动搭建了一个公益平台，实现了"所见即所买"的又一次公益扶贫直播尝试。制作出了一系列有温度、有深度、有力度的扶贫特色节目，不仅做到宣传扶贫，也兼顾产业扶贫、医疗扶贫、就业扶贫。通过这一系列举措，帮助第一书记、村支书以及贫困群众解决了发展中的不少问题，为我省打赢脱贫攻坚战做出了扎实贡献。同时，在系列直播活动中，河南广电也在尝试打造"广电＋新媒体＋电商＋产业"的扶贫新模式，在进行扶贫的过程中兼顾自身产业发展。在做好宣传报道工作、保障社会效益最大化的基础上，通过造血解决自身发展问题，这种精神也值得鼓励。

（作者分别为：河南广播电视台新农村频道总监、河南广播电视台新农村频道副总监、新农村频道《第一书记邀您来看看》活动总制片人、新农村频道制片人）

全社会动员　全媒体参与　全方位互动

——浙江广电"最美浙江人·浙江骄傲"评选活动创新报告

楼 坚　汤汉涛　徐 为　刘 玮

浙江省是中国革命红船的起航地、改革开放的先行地、习近平新时代中国特色社会主义思想的重要萌发地。在浙江大地，不断涌现出"干在实处，走在前列，勇立潮头"的时代楷模和平民英雄。广播电视媒体作为社会主义核心价值观的宣传者，社会舆论风气的引领者，有责任、有义务挖掘浙江的最美人物，展现最美现象，表彰最美风尚。由浙江省委宣传部指导、浙江广电集团主办、钱江都市频道承办的"最美浙江人·浙江骄傲"人物评选活动自2005年开展以来，已成为浙江省宣传社会主义核心价值观的重要阵地，也是向社会弘扬"最美浙江人"精神的年度盛典。浙江骄傲年度影响力人物评选，已经成为浙江"最美现象"的集中展示地、浙江精神文化层面的最高荣誉。

图1 "最美浙江人·浙江骄傲"年度人物颁奖现场

一个媒体行动，为何成为省委宣传工作的重要抓手？一个媒体行动，又如何发动全省资源广泛参与？一个媒体行动，又如何形成高质量的媒体融合传播？浙江广电集团"最美浙江人·浙江骄傲"在活动开展的过程中，积累了一定的经验，值得总结。

一、坚持主流引领，把活动办成讲好"浙江故事"的重要抓手

"最美浙江人·浙江骄傲"年度人物评选活动，是浙江广电集团年度三大人物评选活动之一。始终坚持两个原则，一是引领主流舆论、弘扬核心价值的重要宣传抓手；二是展示"浙江实践"、讲好"中国故事"的重要传播载体。始终坚持"正确导向一以贯之、精神底色一以贯之、传承创新一以贯之"，努力把活动办好、办出水平、办出影响。

在主题思想上，坚持时代性与先进性相统一，提升活动的引导力。"浙江骄傲"人物评选的活动宗旨，是宣传时代楷模，彰显榜样力量，弘扬社会主义核心价值观。这个宗旨十多年来，始终不变。每一届评选活动，在广泛征集"最美人物"年度先进典型的过程中，一方面，我们深入挖掘典型人物身上的先进事迹和感人故事，体现人物的先进性；另一方面，也深刻揭示这些凡人善举所蕴含的时代精神和当下意义，体现时代性。

近年来，站在"浙江骄傲"年度颁奖礼上的人物，有坚守偏僻山坞、为麻风病患者服务的上柏住院部医疗队；有带领医护人员多年来义务救助日军细菌战烂脚病受害者的衢州市柯城区人民医院医生万少华等全国时代楷模；有志愿服务三十余载的杭州公交司机孔胜东；有被称为"小巷总理"的宁波划船社区党支部书记俞复玲等全国道德模范；还有几十位曾经被评为"中国好人"的最美人物。

在"浙江骄傲"的人物当中，也有一系列的"最美人物"：是"最美女孩"毛陈冰，远赴贵州千里献血的执着；是"最美儿子"陈斌强，五年如一日背着母亲去上班的至孝；是"最美医生"陈玮，火车站跪地救人的无私；也是拉煤老人陆松芳，十指焦黑卖煤救灾的仁义；更是"最美校长"陈立群，扎根贵州深山，用心教育大山孩子的师者仁心。

在"浙江骄傲"的人物当中，也有如宁波妇女方亚儿这般信守承诺默默照顾亡友家人的真情；如温州诚信老爹吴乃宜替儿子偿还八十余万元债务的勇

气；如嘉兴护工张根宝十多年如一日，悉心照顾瘫痪雇主的付出；也有如衢州"早餐奶奶"毛师花为乐让山里学生吃一餐饱饭，坚持二十多年不涨价的温暖。他们当中有许多人，都是这样长期坚持做一件事，做一件好事，用时光的印记把人物的形象展现得更加丰满和动人。

在"浙江骄傲"的人物当中，有海岛医生钟信菊扎根海岛的长年坚守，也有省第七地质大队前行深山的锲而不舍；有消防战士田思嘉勇闯火场的青春光芒，也有普通渔民郭文标守护平安的无私无畏，还有对良渚申遗有着重大发现，在历史研究上有着深厚造诣和不断努力的考古专家王宁远。他们是各自行业的标兵，也是把最美精神践行在自己职业当中的最佳群体。

在"浙江骄傲"的人物当中，有像"最美妈妈"吴菊萍那样，为了救助跌落下楼的孩子，徒手救人的感人动作；有像"最美司机"吴斌，在高速驾驶过程中遭遇飞来"横祸"，用尽生命最后一丝力气，保住全车人平安的职业坚守；更有像"最美警察"吴连表，在面对失速大客车时，奋力将同事推倒，自己被车辆撞下高速桥不幸牺牲的舍己为人；还有像"最美爸爸"黄小荣，跳下五米高的堤坝，忍住伤痛营救溺水女孩的无私。危难之际，他们及时出手，把生的希望留给别人，把死亡的威胁和危险留给自己。

这些人物，感动性是基础，正能量是底色，时代性是要求。根据时代特征，甄选人物，根据时代需求，寻找人物，是"浙江骄傲"多年来人物始终发挥引领作用的重要法宝。"浙江骄傲"在人物选择上，坚持以下三大特点：

（一）人员结构多元化

统计数据显示，在 2017 年"浙江骄傲"提名人物当中，有年过九旬的基层服务志愿者，也有风华正茂的 20 岁出头的世界冠军。在 2018 年的"浙江骄傲"提名人物当中，既有 92 岁高龄、台州玉环坎门街道关工委名誉顾问郭口顺，也有年仅 22 岁，16 年不间断刻苦训练登上世界舞台的杂技演员罗丹菁。在"浙江骄傲"提名人物当中，既有土生土长的浙江人，也有来到浙江的"新浙江人"，还不乏在绍兴轻纺城做生意的印度朋友，他们无论年龄、无论地域，都用自己的感人事迹感动了浙江人民。

在他们当中，不仅有运动员、警察、法官、检察官、教师等职业群体，也有类似于杂技演员、商贩、农民、渔民、船员等多种角色，还有类似于在科研领域孜孜不倦的科学家骆建军，在新能源发电领域做到全球多个第一的企业"科技工作者"林东。在他们当中，大多数来自各自职业的一线，他们的事迹，总能感染很多观众和网民。在他们当中，有像眼科医生姚玉峰、考古学者王宁远他们这样的行业标兵，也有像温州慈善名人"兰小草"王珏、用真情唤醒自己学生的衢州教师童淑芳，他们用自己的善举、善行、善言感染他人。也有不少如叶石云、吴乃宜这样，诚信还债的诚信之人。在2018年各地推选的100名"浙江骄傲"人物推荐名单当中，有着30种不同职业的人群，有水手、杂技演员、特护员、殡仪馆工作人员、青瓷工匠等多个并不为人所熟知的行业工作人员。

（二）人物选择紧贴年度热点

每年的"浙江骄傲"年度人物的推选会，都会注重骄傲人物的年度性和时代性的特点。选取当年度具有典型意义的新闻事件，以及事件背后的人物故事。如2015年度，"浙江骄傲"年度人物当中，有获得诺贝尔奖的宁波籍科学家屠呦呦。2016年"浙江骄傲"的年度人物当中，有G20杭州峰会的保障群体，涵盖了为G20杭州峰会作出突出贡献的群体。在2017年"浙江骄傲"的年度人物当中，有世界技能大赛浙江冠军军团群体。在2018年推选的20名提名人物当中，既有代表"枫桥经验55周年"的枫桥人民调解员杨光照，也有在"浙江医疗队援助非洲50周年"背景下的第24批援马里医疗队。同时，2018年的"浙江骄傲"提名年度致敬人物，紧扣改革开放四十周年，将义乌改革的代表人物，同时也是党中央决定表彰的一批为改革开放作出杰出贡献的个人之一谢高华作为代表，致敬改革开放四十年来走过的人们。

年度性的另一个重要体现，就是人物在当年度有什么值得推荐的事情发生。"浙江骄傲"一直高度重视人物的年度性特点，从推选会开始，就会对人物在今年度有什么特点、有什么作为进行关注，要求各地上报的材料当中，也要反复呈现当年度的特色和内容。如在2017年评出的"浙江骄傲"人物当中，就有用自己的爱心唤醒植物人学生的优秀教师童淑芳，以及隐姓埋名做慈善公益十余年，在离开了这个世界之后才被人们所熟知的公益达人"兰小草"王珏。在2018年的提名人物中，也非常注重这一特点。在2018年的"浙江骄傲"提名人物当中，有在亚运会上取得骄人战绩并且打破世界纪录的运动员徐嘉余。

此外，人物选择紧贴时代热点。近年来，"大众创业、万众创新"成为热点，这几年的"浙江骄傲"，都有能够体现创业创新的人群作为提名人物。既有像中国潮流能发电的"世界级专家"林东，也有"中国药神"丁列明，他们紧贴时代热点，把脉时代痛点，对他们的彰显，就是对我们社会创业创新氛围的最好展现。

（三）以点带面，丰富骄傲人物性格

在这一类的年度人物评选活动中，最难解决的问题和最难回答的答案，是为什么是他 / 她。"浙江骄傲"作为年度人物的评选活动，更加面临这个问题和考验。在每一个人物的背后，都是以浙江精神为内核的精神载体的体现。用"信义少年"叶石云、"早餐奶奶"毛师花等人物故事，展现出浙江人民"诚信"的美好品格；用著名教练朱志根、优秀运动员徐嘉余等人物事迹，展现浙江"拼搏"的性格；用在绍兴义务献血的印度友人展现"新浙江人"的情感融合。每一个人物，都有一个特殊的故事，但是每一个故事背后，却都有着一群像这样的浙江人的高尚品格和风格，这是"浙江骄傲"人物选择中，用共情引发共鸣，用个人小点触发社会全方面的人物传播方法。

这些先进人物的感人事迹和优秀品格，充分展现了社会主义核心价值观，为"最美浙江人"注入新的时代内涵，也使评选活动产生了较大的传播影响力和较强的舆论引导力。

二、坚持群众评选，坚持广泛参与，媒体行动引发社会热点

浙江骄傲在评选程序上，坚持典型性与群众性相统一，提升活动的影响力。"浙江骄傲"作为浙江广电集团"三大人物评选"最重要的龙头评选，社会参与度非常高。"浙江骄傲"的联动，主要体现在以下三个方面：

（一）各地宣传部门、各省直机关联动，给力"官宣"

每年 11 月，浙江十一地市的宣传部门负责人、全省各厅局职能部门负责人共同参与"最美浙江人——浙江骄傲年度影响力"人物的评选，在全省众多优秀人物当中，选择 20 名年度提名人物。

以 2018 年"浙江骄傲"人物评选活动为例，本次活动收到来自浙江省十一地市及二十一个省级部门的人物推荐共计 100 名，创下了历史新高，与此同时，21 家省直机关推荐单位的数量也创下历年新高。这是"浙江骄傲"在近年来探索实践出的一条新思路、新方法，利用"横向、纵向"两个维度，

开展人物评选活动，确保人物评选无死角，能够全面展现和反映浙江大地上的最美人物。

（二）媒体联动，形成传播效应

在组织方式上，形成由频道运营、利用集团平台、省委宣传部指导、全省媒体协作的形式。每年"浙江骄傲"的推委会成员，不仅有来自浙江广电集团各单位的媒体代表，也有来自"钱江晚报""今日浙江"等浙江省内具有影响力的媒体，以及来自浙江省全省 11 地市的报纸媒体和广电媒体，全省共有 32 家媒体共同参与。他们不仅共同推举"浙江骄傲"提名人物、年度人物，同时也对"浙江骄傲"的年度人物事迹进行宣传。以浙江广电集团为主体、各大媒体联动组合的方式形成联动效应，避免了各大媒体形态的各自为政，形成各地媒体上下联动、左右联动的效应。

（三）线上线下，同样精彩

在前几年的实践过程中，"浙江骄傲"还尝试开展城市广场投票的活动，这也是集纳最美人物和最美事迹的一个非常重要的方式。各地都在"浙江骄傲"的城市广场投票环节，展演能够展现自己城市精神的节目，活动通过电视直播、网络播出等形式，同步进行呈现。在这些广场投票活动中，社会群众的踊跃度高，参与感也非常强。不仅往年的"浙江骄傲"人物都会来到现场，讲述他们的故事，还会将每年各地推举的"浙江骄傲"提名人物邀请到现场，通过现场访谈等形式，展现"浙江骄傲"人物的形象。与此同时，各大城市

图 2 "浙江骄傲"广场投票活动盛况

的骄傲人物展板，也在用图片、文字的方式，讲述着他们的最美故事。通过广场投票活动，各地广大干部职工、市民感受到了"浙江骄傲"人物的巨大魅力，更是对城市精神的一种重新凝聚。

近年来，"浙江骄傲"从"线下"转变到了"线上"。投票方式由报纸转向了网络，但是"浙江骄傲"的忠诚度和影响力依旧不变。不仅每年"浙江骄傲"的人物微信投票人数在 50 万人次左右，每年还有数十位不会用手机的观众，用手填骄傲人物选票寄送给浙江广电集团的案例。"浙江骄傲"这个品牌，不仅成了不少人每年坚持和守护的"必需品"，更是成了对每年"最美人物"期待的"仪式感"。

三、坚持媒体联动，坚持融合传播，提升活动的传播力影响力

在媒体融合的角度上，浙江广电集团坚持专业性和广泛性相统一，提升宣传的传播力。在传播力就是影响力的年代，如果在现代传播方式上没有融合传播端的搅动，传播会大打折扣。浙江广电集团在"浙江骄傲"活动的组织协调上，就是广播、电视、报纸、网络、户外路牌各路媒体资源联动，全媒体、全方位、全省性的活动推广。自有的广播电视传统媒体，各个频道的新媒体、两微一端，广电集团核心的新媒体平台——中国蓝新闻 APP，还有全省各个参与媒体的新媒体和传统媒体都会联动。以及第三方，与腾讯、抖音、新浪、优酷等建立起的媒体渠道，目前有超过 20 家互联网平台接入"浙江骄傲"的宣传平台当中，通过融合传播增强传播力。

每年的"浙江骄傲"提名人物，都会通过钱江都市频道深入的专题报道，利用人物短片的形式在浙江卫视、浙江之声、钱江都市频道等平台进行人物展播。同时，作为联办媒体，省内各地市电视台也通过转载报道等形式，展播各地典型人物事迹。在传播上，始终坚持广泛性和贴近性相统一，采取多元宣传手段，呈现丰富宣传内容。以媒体融合为抓手，提升活动的传播力。具体体现在"三度"传播上：

（一）多元渠道，广度传播

随着近年来，广电和纸媒的融合传播进一步深入，"浙江骄傲"人物的传播也呈现出了"先网后台""台网都精彩"的特点。如 2018 年度"浙江骄傲"提名人物刚一出炉，金华电视台旗下"无限金华"新媒体端就已经刊发图文

报道《"刀锋"舞者王厚鑫获得 2018 年度"最美浙江人·浙江骄傲"提名》，报道由金华选送的推荐人物王厚鑫。各地根据本地推荐人物情况和名单进行特色化传播。

作为宣传的主阵地，浙江广电集团旗下新媒体平台"中国蓝新闻"更是突出时效、深度、联动等优势，对提名人物的出炉、颁奖典礼的同步直播等内容，进行及时的弹窗推送，形成强力的传播效应。

"浙江骄傲"人物的评选活动，同时邀请了包括"钱江晚报""今日浙江"等在省内外具有极高知名度的媒体作为协办方参与，并且利用协办媒体的整体资源优势，对人物进行传播。

图 3　中国蓝新闻 2018 年 11 月 30 日弹窗报道

（二）丰富产品，深度传播

近年来，"浙江骄傲"人物在传播上，形成了丰富的产品内容。除了传统的人物短片之外，为"浙江骄傲"人物创作的短片也在传播中起到了良好的作用。以 2016 年度"浙江骄傲"人物毛师花为内容的宣传片《毛师花的GDP》多次获得省级公益广告荣誉，成为各大媒体播放的公益宣传片。

为"浙江骄傲"创作的歌曲《谁是最美的人》由"中国好声音"学员平安演唱，歌曲每年都成为"浙江骄傲"人物展现的最佳窗口，很多人听到这首歌曲，就知道要弘扬和讴歌最美人物。

图4　浙江骄傲网上展厅 VR 影像

此外，在互联网端的传播上，创新形式和方法在中国蓝新闻 APP 和新蓝网上，设立了"浙江骄傲"网上展台。网上展台通过目前全球领先的 VR、AR 技术，观众可以足不出户就观看"浙江骄傲"人物事迹的展览，并且可以随时感受到骄傲人物的最美事迹。"浙江骄傲"的网上展台，也为年轻一代的互联网群体，提供了一个"云感动"的机会。

（三）集纳矩阵，厚度传播

罗马不是一天建成的，最美现象也不是一天就形成的。在浙江有这么一句话，最美现象从"盆景"变成"风景"，是最美走入千家万户、人民群众心里的重要体现。

如何汇聚最美能量，让人们能够及时找到"浙江骄傲"的人物故事，方便寻找、分享，以及形成热爱"浙江骄傲"年度人物故事的聚合地点，成为现阶段钱江频道思考融合传播的重要问题。"浙江骄傲"不光单个人物要有魅力，更要让群体具有强烈的品牌含义和符号魅力。

2018年第三季度，钱江都市频道全力克难攻坚，制作了"最美浙江人·浙江骄傲"微信小程序。该小程序任务明晰，就是形成互联网端上的骄傲人物集纳矩阵，所有的观众都可以在小程序上找到近年来评选出来的骄傲人物，以及他们的最美事迹。与此同时，钱江都市频道也将最美月度发布的人物一并纳入小程序的体系当中，让观众打开小程序，就是最美风景。

在"浙江骄傲"的媒体融合传播中，总结的经验表明：活动要做大影响，做强声势，就要做大做强"朋友圈"，有更多的媒体同行参与，就会有更多的传播渠道；有更多的媒介产品，就会有更多的传播内容。

四、坚持活动搅动，坚持效应拓展，最美浙江人系列宣传蔚然成风

在"浙江骄傲"的基础上，浙江省委宣传部和浙江广电集团还推出了"最美系列月度发布"活动，推出了"最美家庭""最美助残人""最美工匠""最美天使"等一系列的行业最美表彰活动，形成了月月有最美、全年展最美的舆论风貌。"最美月度发布"和"浙江骄傲"首先完成了形式上的整合，"最美月度发布"采取和"浙江骄傲"类似的表彰模式，通过人物短片展映、代表人物访谈、表彰等形式，给行业最美人物以"仪式感"，用最美人物事迹感染更多人，传播社会主义正能量。截至目前，"最美月度发布"已经举办超过20场，"最美人物月度发布"活动同样选择的是全省11地市的典型人物，进行短片人物的拍摄，力求最美人物的宣传涵盖面更广、人物故事更生动。来自省内妇联、残联、总工会、卫计委（卫健委）等多个单位和浙江省委宣传部、浙江广电集团共同举办"最美浙江人"的活动。最美人物已经成为浙江省内多个厅局单位进行典型人物表彰和宣传的常态化项目。

此外，在浙江各地市也将最美宣传工作常态化。以此次调研的衢州地区为例，当地开创了全国地市级"最美人物"宣传之先河，率先以官方的力量，持续深入开展选树和宣传"最美衢州人"活动，积极构建"培育、选树、弘扬、践行、关爱"的一体化工作格局，夯实"最美衢州"道德高地。衢州在2013年就出台"最美衢州人"关爱基金管理办法；2017年在全国首建"最美衢州人"展示馆，并成为"最美浙江人"展示馆模版；2018年，打造全市域"衢州有礼·最美之城"，将最美人物作为衢州有礼的精神内核。

也得益于衢州对最美工作的高度关注和开展，衢州市推荐并入选的"浙

江骄傲"年度人物，均成为各行各业的示范引领者，引领了行业新风，并成为各级优秀共产党员、人大代表、政协委员，走上各级领导岗位，树立了党员干部的良好形象，赢得了社会各界的普遍赞誉，倡导了"好人有好报"的社会风气。

而在"浙江骄傲"的带动之下，全省各地的最美风气蔚然成风，除了衢州的最美现象之外，"最美杭州人"的活动也在杭州地区热烈开展，除此之外，杭州结合自身城市特色，推出了城市文明的推广行动，多个行动在全国起到了表率和榜样的作用。斑马线前礼让行人，已经成为杭州广大司机的自觉和习惯，斑马线前被礼让的行人，为司机点赞，也正在杭州全城铺开，互相帮助、互相礼让、集体文明的风气在杭州正在形成，杭州的城市形象依托最美现象、最美行为、最美人物得以进一步的彰显。在温州，以红日亭凉茶摊为代表的城市凉茶公益点成为一种城市精神和地标，夏熬凉茶，冬熬热粥，成为温州当地一道靓丽的风景线，也有着越来越多的温州人参与到了于细微处彰显最美精神的工作当中来。

此外，以"浙江骄傲"为引领的最美现象，也带动了最美现象的全国落地影响。连续两年的"最美家庭月度发布"，让最美家庭的概念在全国熠熠闪光。2018 年，由全国妇联委托制作、浙江广电集团承制的《寻找最美家庭》系列专题片在浙江卫视播出，这个由钱江都市频道浙江骄傲团队拍摄的人物专题片，受到了全国妇联的好评，也开启了最美现象在全国的落地生根和传播。

五、坚持优势发挥，坚持电视特色，用真情故事引发情感共鸣

每年农历春节前，浙江广电集团会组织举办"浙江骄傲"年度人物的颁奖典礼。在颁奖典礼的设计中，导演组更多参考目前优质大型节目的成功经验，在舞美设计上营造更强的"殿堂感"，大量利用先进的灯光和高清 LED 技术，为观众提供赏心悦目的视觉感受。同时，在颁奖典礼现场环节尤其是交流环节中，导演组考虑更多依据人物特点和品质内核，专门设计情景化演绎、歌曲、舞蹈、情景朗诵等文艺形态，以艺术化更强的方式集中呈现并提升人物的精神品质内核，同时使观众得到更佳的艺术享受。

在颁奖典礼的现场，道具的运用一直以来是节目的风格和特点。如在

2016年浙江骄傲年度人物的颁奖典礼上，导演组就将"早餐奶奶"毛师花的早餐铺"搬"到了典礼的现场。

图5 "早餐奶奶"毛师花推着早餐铺登台

同时，搭建"场景式"的访谈现场，将观众融入现场的情境当中，用现场的情境展现84岁的老奶奶毛师花，几十年来为周边学生、孩子提供低价早餐的故事。

共情、共鸣、共享成为"浙江骄傲"在晚会上的重要元素体现，通过场景还原、影视模式等多元形式的呈现，引发广大电视观众的共同情绪，从而实现人物短片故事的最佳传播。放下身段，同这些骄傲人物一起说故事、讲感情，是这几年来"浙江骄傲"颁奖典礼上最为深刻的呈现方式。主持人可以和骄傲人物一起坐在舞台的台阶上聊天，也可以在人物感动哽咽时给予最大的拥抱，应该说，"浙江骄傲"区别于一般的人物颁奖典礼，在于"于细微处见真情，在平凡人中遇见不凡"。

习近平总书记在2013年8月19日全国宣传思想工作会议上的讲话中指出："党性和人民性从来都是一致的、统一的。坚持党性，核心就是坚持正确政治方向，站稳政治立场，坚定宣传党的理论和路线方针政策，坚定宣传中央重大工作部署，坚定宣传中央关于形势的重大分析判断，坚决同党中央保持高度一致，坚决维护中央权威。所有宣传思想部门和单位，所有宣传思想战线上的党员、干部都要旗帜鲜明坚持党性原则。坚持人民性，就是要把实现好、维护好、发展好最广大人民根本利益作为出发点和落脚点，坚持以民为本、以人为本。要树立以人民为中心的工作导向，把服务群众同教育引导群众结合起来，把满足要求同提高素养结合起来，多宣传报道人民群众的伟大奋斗和火热生活，多宣传报道人民群众中涌现出来的先进典型和感人事迹，丰富人民精神世界，增强人民精神力量，满足人民精神需求。"

"浙江骄傲"作为展现人民群众奋斗和火热生活的载体，作为宣传报道人民群众中涌现出来的先进典型和感人事迹的形式，更是承担了丰富人民精神世界的时代使命。所以，新时代，提出新要求；新时代，要有新目标。"浙江骄傲"作为浙江省人物展现的重要平台，同时也面临着开拓与创新的时代课题。新时代，有新的传播规律、有新的话语体系、有新的时代特征，"浙江骄傲"能否把握新时代的新特点，关系到这项活动能否有更大的社会群众基础，关系到能否更好地实现社会主义核心价值观的传播，关系到能否实现社会正能量的有效聚集。接下来，浙江广电集团团队正在思考在进一步增强融合传播力和巩固新时代社会主义核心价值观展现的目标上奋勇前行。

六、坚持形态创新，坚持宣推创新，用新手段讲好新故事

浙江广电集团"浙江骄傲"的执行团队，正在以"新时代 新使命"为要求，自我加压、学习本领、研究方法，在探讨和学习更好讲述最美故事作为核心工作，钻研新的电视、互联网短视频的传播规律，探讨人物的传播方法，学习和借鉴国际各大优秀媒体的人物讲述手法和手段，用接地气、有活力、有创意的方式方法讲述最美人物的故事。用符合现代化的传播规律和传播方式展现给更多人士，形成大屏小屏都热闹、横竖都能看得到、社会各界都叫好的活动。

（一）传播内容的多元化，用好故事传播短视频

2018 年以来，媒体行业无疑进入短视频的风口期，以快手、抖音为代表的短视频手机端产品异军突起，迅速完成流量积累。腾讯、新浪等传统互联网平台，也正在进一步加速布局短视频产品。无论是腾讯的微视还是 yoo 视频，又或是新浪的秒拍，都希望在短视频平台上崭露头角。近年来，一批短视频的拍摄团队也迅速崛起，如"二更""梨视频"等视频平台，通过一些短小精

悍的短视频迅速获得社会的关注。特别是"二更"的一些人物短片，时长不长，表达形式新颖，城市共鸣点强，引发的人物情绪和传播效果都非常不错。人民日报等大号，也经常转发人物短视频，获得了有效的传播。2018 年，浙江广电集团钱江都市频道也迅速布局互联网端短视频市场，在省内率先发起了"钱江视频"的呼号，同时打通电视和互联网两个渠道，"守住大屏、开拓小屏"，形成电视和互联网的高效互动，拓展媒体渠道。2018 年的"浙江骄傲"，钱江都市频道正在着手实施人物展播短片的"手机互联网化"工程，从拍摄过程中的人物札记、拍摄伊始到结束的短视频故事预告，再到人物短片的电视端呈现和互联网端双端呈现，不仅将骄傲人物展现出来，还要用不同形态、不同方式展现出来，形成全渠道覆盖，而且不同渠道制作对应不同特点的产品和内容，优化"浙江骄傲"的关注人群结构。

（二）进一步拓宽传播思维，KOL 带动流量和圈层传播

在联动各地、联动全省媒体的基础上，如何进一步拓展"浙江骄傲"在全国的影响力，特别是将"浙江骄傲"的人物从浙江典型上升到全国典型，需要的是更为广度的传播。2018 年，在制作出符合互联网群体关注的产品之后，"浙江骄傲"将在微信、微博、今日头条、抖音等互联网平台上进一步加强传播推广。不仅通过自有产品矩阵进行传播，还将邀请国内著名的 KOL，一些资深媒体大 V 进行点赞传播，同时，联动国内媒体大号，进行同步的渠道覆盖和传播，形成好的人物人人知道、感动故事更多传播的效应。同时，利用不同的人物圈层互动，将最美人物展现到不同的圈层，打破浙江骄傲人物传播的"圈层壁垒"，形成有效的社会传播。

（三）重视互联网 H5 等形式的传播，增强浙江骄傲的互动性

往年"浙江骄傲"的最大互动来自网络投票，最美人物的基础信息在网络端呈现，网友可以通过微信或者登录新蓝网，了解人物的详细情况，并且进行人物的投票。按照往年的经验，"浙江骄傲"的投票参与热情极高，每年仅钱江都市频道公众微信号就已经获得了 50 万人次的投票互动，朋友圈经常能够见到"浙江骄傲"微信投票页面的刷屏，形成了良好的投票效应。2018 年，"浙江骄傲"制作团队认为，H5 是目前比较主流、容易形成互动和刷屏的互联网产品。无论是每年人民日报社、新华社、央视制作的互动创意 H5 刷屏，还是类似于人民日报客户端"军装照"等自我互动的形式，都是有益的

传播尝试。浙江广电集团在庆祝改革开放四十周年的影像展宣传工作中，就使用了"动画＋老影像"组合的短视频传播形式的 H5，收获了良好的传播效果。目前，"浙江骄傲"团队也正在思考和研发符合"浙江骄傲"传播效果的互动性 H5，让观众和骄傲人物可以互动起来，让观众和电视媒体能够互动起来。不要让骄傲人物变成"孤胆英雄"，让媒体的传播变成"孤芳自赏"。

最美，不仅展现的是风景，也是人的精神气质；骄傲，不仅是一个人的骄傲，也是一个群体和社会共同的骄傲。在"浙江骄傲"人物评选活动的调研中，我们看到了许多为"浙江骄傲"孜孜不倦开展工作的人们，许多视骄傲品牌为生命的人们，他们努力付出、坚守岗位，从细节处专注、专心、专业，为的就是把"浙江骄傲"这个品牌，打造成一个时代的标志，是一个让社会所有人士都能够感受到最美风采的地方。

（作者分别为：浙江广电集团钱江都市频道副总监、钱江都市频道节目部副主任、浙江广电集团总编室品牌建设部主任、总编室创作研究部主任）

创新电视扶贫模式的探索与实践

——以广西电视台电商扶贫系列活动为例

周文力　徐　磊　韦迎红　潘　力

　　面对新媒体的发展以及媒体市场日趋激烈的竞争，进一步明确角色和定位，整合资源，挖掘潜力，探索公共服务新型模式的经营之路，是电视台提升媒体影响力，进行转型升级的有效途径。近年来，广西电视台通过"党建＋扶贫＋电商＋电视"的活动形式，聚合优势资源，在同质化竞争中摸索差异化道路，建立新型的受众互动模式，拓展更广阔的目标群体，从而构建打通内容、市场、品牌的共赢渠道，探索出电视媒体扶贫的一条新路。

　　7月23日，中宣部《新闻阅评》发表专文《广西台运用"直播＋电商"助力扶贫攻坚》对"我为家乡代言"直播活动给予表扬，肯定活动以新的传播样态探索新闻媒体扶贫新路，集新闻性、综艺性、短片拍摄和现场直播为一体，元素多，可视性强，扶贫效果好。7月31日，广西壮族自治区党委书记鹿心社在该文上对"我为家乡代言"活动作出批示："这种做法好，可视情推广。"8月5日，广西壮族自治区党委常委、宣传部部长范晓莉批示："请广西台认真落实心社书记的指示精神，总结'直播＋电商'节目的做法和经验，有重点地办好几档栏目，打造精品，树立品牌。宣传部适时向各市媒体推广'直播＋电商'做法，落实好心社书记的指示。"

一、举行电商扶贫系列活动，提升电视社会服务功能

　　电视媒体不仅为公众提供新闻、娱乐等各种信息，也承担着为公众提供公共服务的社会责任。广西是中国少数民族人口最多的地区，拥有丰富的特产资源和秀美的生态环境，如何利用电视这个平台让丰富的特产资源"飞出

大山、走上市场"，成为广西电视台助力扶贫攻坚责无旁贷的社会责任。广西电视台在服务农村、助力精准扶贫方面持续发力，实施全媒体发展战略，加快媒体融合发展的实践步伐，通过电视媒体与新媒体平台联动，组织开展各类电商营销活动，利用新媒体产业创新扶贫模式，从过去单纯的扶贫攻坚活动的报道者，转型成为精准扶贫的行动者。

近年来，电视节目的生产面临着内容形式同质、娱乐化泛滥等问题，以新的思路重新挖掘电视公众服务的潜力，进一步丰富电视扶贫的形式，深化电视扶贫的内涵，利用自身的资源优势和渠道优势，拓展在新形势下的公共服务路径和空间，既能更好地发挥电视媒体在扶贫济困等公共事业中的公共职能，也为电视台打造优质品牌节目，提升频道影响力，增强频道品牌的认知度、美誉度与忠诚度提供了新的思路。

（一）《第一书记》栏目电商扶贫直播活动

2016 年以来，广西卫视以公益品牌栏目《第一书记》牵线，与贫困地区紧密对接，通过"电视＋活动＋电商"的创新媒体报道方式，进一步推进精准扶贫，收到了良好效果。

2016 年 10 月 16 日，广西环江第二届红心香柚节暨广西卫视《第一书记》产业扶贫电商直销大直播活动在环江举行。这是广西卫视首次尝试与电商平台进行合作，销售贫困地区的农产品。演播厅直接设在原产地，在长达三小时的直播中累计售出环江红心香柚将近 74 万元，120 多万人浏览了销售页面。

2017 年，广西卫视将《第一书记》《百寿探秘》《收藏马未都》《时尚中国》等优质内容资源和特色产品资源整合起来，创建了广西卫视微店——龙虾生活馆，让观众可以"边看电视边购买"，形成传播与产销的良性循环。

2017 年 8 月 12 日，由中共天峨县委员会、天峨县人民政府、广西电视台联合举办的"天峨有李"产业扶贫电商大直播在当地移民新镇向阳镇举行。两个小时直播期间，天峨龙滩珍珠李通过中国联通旗下第一书记创富商城、广西电视台新媒体商城、广西卫视龙虾馆等电商平台销售 464 吨，销售额 1113 万元。

2017 年 10 月 15 日，由广西壮族自治区扶贫开发办公室、中共龙州县委员会、龙州县人民政府、广西电视台联合举办的"龙州腾飞奔小康 —— 2017 国家扶贫日·广西卫视《第一书记》产业扶贫电商大直播"在龙州起义纪念馆举行，直播期间两小时内交易额达到 103 万元；从 10 月 10 日起商品上线开始展销至 10 月 15 日 12：00 大直播结束，各类商品电商销售额达到 603 万元。

（二）建设"美丽天下购"电商平台

依托广西卫视的节目资源，由广西电视台新媒体部建设了广西电视台新媒体电商平台"美丽天下购"。最初主要专属开发各频道品牌节目中的衍生产品，目的是实现节目产业化发展。"美丽天下购"电商平台开发了淘宝网店、微信商城，线下推出了《第一书记》产品展示专区、"美丽乡村游"、农村电商扶贫培训、"美丽微农场"等项目，建成了多个实体店、专柜、产品体验中心、贫困村产品主题餐厅等，实现了新媒体电商"从内容到传播到销售"的融合推广。

1. 建立农村扶贫电商点，开辟农村脱贫新路径

发挥"广电 + 农村电商"的优势，开办农村电商点，给贫困村送平台、送服务。到 2016 年年底，广西电视台新媒体部就发展了农村扶贫电商点 11 家，直接销售贫困村产品数十万元，帮助销售农产品超过百万元。首个农村扶贫电商点管肖村实现了整村脱贫。广电农村电商点的成功运营，对调整农村产业结构，增加农民收入，让返乡农民工在家门口实现再就业，具有重要意义。

2. 组织"美丽乡村游"，带动扶贫旅游

"美丽乡村游"特色旅游体验活动依托媒体优势，借助微信公众号、微信群、朋友圈等形式，邀约市民组团，深入广西的贫困山村，深度体验贫困山区的生活现状、风土人情，了解贫困山区的特色农副产品。广西电视台新媒体部共组织"美丽乡村游"活动 40 余场，深受当地政府和群众的欢迎。

3. 开展电商扶贫培训，共建农村电商实训基地

针对农村扶贫存在的交通不便、供求信息不对称、集体经济基础薄弱、人才缺乏等困难，广西电视台采用"先培训后发展"的扶贫模式，由新媒体部组织网络工程师、营销专家等担任授课教师，分别到来宾市、河池市、南宁市武鸣区、百色市隆林县、柳州市三江县、贺州市富川县等地，为当地贫困村"第一书记"举办"电商脱贫"专题培训，向"第一书记"推介项目，传授电子商务技能以及贫困村产品的精准营销策略，共举办了十几次电商扶贫讲座，培训"第一书记"、致富带头人、返乡创业人员 1000 多人。

4. 举办"扶贫故事会"，打造自媒体营销新模式

2016 年开始，广西电视台积极拓展新模式，发起"听故事、传力量"倡议，

举办了多场"扶贫故事会",邀请驻村第一书记、返乡创业青年、资深媒体人、企业家等社会各界人士走上讲台,讲述他们的扶贫故事,并通过网络直播,分享他们的扶贫想法和实践。同时依托微信平台,开办"第一书记"乡村代言专栏《我的村民我的村》,通过"乡村代言""驻村日记""产品介绍"等板块,创新"一村一品一书记"推广模式,让手机用户实现边看边买。

广西电视台的精准扶贫案例为传统媒体的转型升级提供了可复制、可借鉴的模式和经验,也因此成功入选"2017 视听新媒体蓝皮书"即《中国视听新媒体发展报告(2017)》。

(三)"党旗领航·电商扶贫'我为家乡代言'"系列活动

2016 年 1 月,广西壮族自治区党委组织部、自治区非公经济组织和社会组织党工委,自治区商务厅、扶贫办等部门研究决定,从 2016 年起启动实施"党旗领航·电商扶贫"行动,发挥党建优势,汇聚电商力量,共推精准扶贫。针对这一决定,广西电视台提出了集电视直播、网络直播、电商销售、现场展销于一体的"党旗领航·电商扶贫'我为家乡代言'"电商大集创意设想,通过遴选县域品牌进行宣传推广,选拔代言人打造乡土"网红",讲述创业故事和家乡故事,向基层群众传授电商营销和新媒体传播方式,提升县市产品及品牌的知名度和影响力,打开县域产品上行的新渠道,促进电商发展和品牌建设,推动党建扶贫和电商扶贫工作。这个创意设想得到了自治区党委组织部、自治区非公经济组织和社会组织党工委等部门领导的高度认可。从 2016 年起,广西电视台举全台之力精心组织"党旗领航·电商扶贫'我为家乡代言'"活动,每场活动由影视频道、公共频道具体策划执行,影视、公共、新闻、国际等四个频道并机播出,技术部门、总编室等各部门全力配合支持,使这个活动成为全台投入频道资源最多、持续时间最长、覆盖范围最广、活动效果最好的大型系列活动。

截至 2018 年 6 月底,广西电视台共举办了 20 场电视电商大直播活动,包括 2017 年的"手拉手"活动、"年货电商大集"、"壮族三月三"电商节、红水河流域电商大集暨"7·1 红色电商季"等"党旗领航·电商扶贫'我为家乡代言'"系列活动,覆盖全自治区 20 个县(区),影视、公共频道共投入频道人员近 100 人参与活动的策划与执行,参与直播的广西电视台播音员主持人达 70 多人次,全网总数据流量达 5700 万。经由"电视+新媒体"的直播,多个家乡代言人成了网红，多个产品成为爆款，全网销售额共计 8.2 亿元。

活动依托广西电视台的覆盖资源，引驻优质电子商务企业，与社会各行各业积极对接与合作，通过电商渠道帮助解决农产品销售问题，制定农副产品推广方案，通过电商销售，进一步增加了农副产品的销售，也让当地的贫困户得到了实惠，切实协助了当地的产业扶贫，为广西的贫困乡村带去了良好的社会效益和经济效益，形成了以产品代言人为核心，以人带产品、以故事带产品的大直播模式，被自治区党委组织部评价为"一个充分融合各方需求、方便复制执行、撬动农村电商扶贫"的"扶贫模式新范本"。

图 1　各方广泛参与，助推活动深入开展

二、广西电视台电商扶贫系列活动的创新亮点

（一）角色创新：从"传播者"到"发动机"

随着时代的发展变化，电视节目制作与传播理念的更新，电视的社会功能发展到了更高级的阶段，并且正在朝着更新的领域延伸，即从原来的传递政令、反馈民情等宣传功能，扩展为更多地进行服务与辅政，成为服务和辅助政府与群众之间需求对接的参与者、助推者，从而建立媒体与政府、群众之间的良性互动关系，塑造传统媒体的权威性和公信力，也为自身谋得更广阔的生存发展空间。电商扶贫系列活动不仅仅是为扶贫攻坚摇旗呐喊，更是媒体人在身体力行地践行精准扶贫行动。广西电视台执行人员把电商扶贫系列活动作为采编播人员走基层、"三贴近"的实践，从扶贫的报道者转变为参与者、助推者，自觉实现了由原来单纯的"传播者"到成为推助脱贫攻坚"发动机"角色的转换。在此过程中，广西电视台从一个新闻记录者发展为公益活动的策划者、组织者，电视观众也从一个旁观者转化为公益活动的见证者、爱心接力的参与者。

图 2 "我为家乡代言"活动现场

为了使电商扶贫的直播能以最有感染力与说服力的形式呈现，两年多来广西电视台执行团队深入区内各个县市走访调研，挖掘当地最具代表性的特产风物和最动人的扶贫创业故事，从酷暑到严寒，跨越山水，日晒雨淋，出差几乎没有中断。例如，2017 年下半年广西 5 个县的电商大集集中在四个月举办，总共有 54 条高品质短片需要在直播现场呈现。记者和编辑们长期深扎乡村，每个月只能有两三天回家，匆匆换一包干净衣服，便马不停蹄地继续出差。

经过两年的历练，许多执行团队成员已经成为养殖种植方面的小专家，创作出沾泥土、带露珠、冒热气的作品。这些作品生动鲜活，创意十足，受到承办县各方的肯定。如以黑猪为第一人称视角的"浦黑大帅"推介片、新闻主播"一镜到底"的田野纪实浦北电商宣传片、鲜香诱人的文化美食宣传片、风趣的"动画＋实景"马山电商片等创意短片都在播出后收获无数好评。其中，资源县形象片《我是谁》，直播刚刚结束就被资源县本地网站上传，在县城人口只有5万多人的资源县，迅速达到了8万多的点击率，在外奋斗的资源籍人士更是反馈"看哭了""拍出了家乡骄傲"，好评如潮。这些为各县打造的形象片、产品推介片，已经广泛地被县、市政府单位及合作社、电商企业使用，切实助力县域品牌长效宣传。

"党旗领航·电商扶贫'我为家乡代言'"活动以电商大集直播形式呈现，主持人们怎样在直播现场穿针引线，讲好代言人的创业和扶贫故事，并充分运用各种手段在展位上推介相关的地方特产风物，从而让更多的人产生购买欲望，则会对电商大集的销售情况产生直接的影响。主持人们由原来的节目串联人，转变成为"销售员"，他们结合了商品推销的技能，并充分利用自己的专业特长，进行直播时，在展台前与各地的代言人用互动体验的方式，把地方特产推介得有滋有味。每一段推介都像一个精心策划的小品，主持人们各展所长，或幽默或活泼，或知性或风趣，他们生动务实的推介受到了电视和网络观众的高度赞赏。在主持人们的推介下，不仅大量的观众现场购买，在线下单的人数也极为可观，直接助推了电商大集销售额的不断攀升。

图3　主持人在展位进行推销

（二）方法创新：从"老传统"到"新方式"

与以往传统媒体单独挑大梁不同，广西电视台的电商扶贫系列活动是新媒体技术唱主角。

比如"党旗领航·电商扶贫'我为家乡代言'"活动，大量采用新媒体技术，以"电视＋电商，线上＋线下"的电商大集直播形式呈现，将人物故事、电视直播、网络传播、电商销售有机结合在一起。在电商大集直播中，代言人进行演说，为家乡好风物发声代言，同时广西电视台主持人、在广西壮族自治区内有较大影响的"网红"在现场展位进行互动体验，向电视及网络观众推荐当地特色物产。观众可以通过扫描屏幕下方二维码进入活动电商平台下单购买。"边看边买边扶贫"的观众互动形式，把电视直播与电商销售融为一体，将各县产品打造成乡土网红"爆品"，既打造了当地特产风物品牌，又让贫困户立即从电商销售直接获益，促进县域电商加快发展。

为让产品更"有故事、有情怀"，"党旗领航·电商扶贫'我为家乡代言'"活动一方面通过挖掘淳朴的人、感人的事，充分展现党群之间的亲密、人与自然之间的亲近、生产者与消费者之间的亲昵；另一方面对筛选出来的当地好物产、好故事和具有代表性的人物，进行巧妙的结合和呈现。每一次电商大集，广西电视台都会在当地选 8~10 个代言人来代言当地的特产风物，让承办县县籍贯的名人与在外奋斗的人推介家乡。他们中有贫困村的第一书记、种养大户能人、电商创业的青年，还有一些从当地走出去的文化名人。配合这些代言人和当地要主推的特产风物制作短片，在两小时的直播中呈现。"精美短片＋家乡代言人演讲＋主持人现场展位体验＋文艺节目"，讲述扶贫故事，推介特色物产，充分发挥了电视媒体的优势。电商大集的口号是"边看边买边扶贫"，这些经过精心挑选的代言人都有感人的扶贫和创业故事，观众很容易被打动，从而下单购买。

例如，在广西浦北县的活动中，执行团队提炼了"极致、创新、原生、自信、诚信、初心、榜样"七个关键词，为代言人故事打上标签，大大提高了传播度。金秀电商大集结合瑶族传统节日盘王节，凸显浓郁的民族特色，在展区创意性设计了金秀十大乡镇领头人推介金秀好物产，"乡官"们如数家珍的推介打动了不少人。影视频道还通过频道品牌节目《自拍女王》打造的网红团队进行网络直播，自拍女王逛大集推介扶贫产品，成为网络直播内容的一抹亮色，每次直播观看人数都破十万，也让县里看到了互联网传播的优势。

尽管新媒体的影响力越来越大，传统电视媒体在如今受众的心目中依然有着不可替代的地位。每次"党旗领航·电商扶贫'我为家乡代言'"活动，广西电视台都同时投入 4 个频道与广西网络广播电视台并机播出，用长达 2 个小时的时间对一个县的特色产品、文化历史和发展成就进行全媒体联动热点报道，相当于用广西壮族自治区内最强势的媒体做了 2 个小时的广告，这样的宣传力度，是这些偏远地区贫困县过去难以想象的。这种获得"重磅投入"的待遇变化极大地激发了县里的自豪感，使活动在县域的推广受到从县政府到基层干部和老百姓的热烈欢迎，为活动成功打下坚实基础。

图 4　活动现场人气爆棚

（三）效果创新：从"更好看"到"更有用"

现在很多电视节目和活动想尽办法采用各种创新手段吸引观众注意，力求把节目做得更好看。广西电视台的电商扶贫系列活动也一样，但是在"更好看"的基础上追求的是"更有用"。

以"党旗领航·电商扶贫'我为家乡代言'"活动为例，同样运用了各种方式力求把节目做得更具可视性，但同时也更注重节目本身的社会价值，从而实现了党建、扶贫、电商相结合，政府宣传、企业发展和群众受益相结合，活动筹备、现场直播和后续发展相结合，线上促销和现场赶销相结合，实现了从内容到传播到交易的层层递进，促进了各承办县市电商产业链条的完善搭建以及县域品牌推广与大宗采购，给当地带来了实实在在的好处。而得益于红色旗帜的强烈感召和自治区组工系统的强大后盾，传统媒体、新媒体与自媒体的融合，电视媒体助力社会公益的力量也得到了最大限度的发挥。活动执行团队的创新与努力加强了，切实地协助当地政府的产业扶贫，受到了当地群众的热烈欢迎。

图5　现场签约仪式

例如，2016年广西电视台在广西凌云、三江、富川、荔浦、横县五个县举办的"我为家乡代言"电商大集直播活动上，凌云特产礼包、三江土鸡和侗绣等多种农特产品直播当日全部售罄，富川电商平台脐橙当天销售总额达69.8万元，荔浦农特产品展销会现场签约成交金额达1.69亿元，横县年货电商大集现场和电商当天销售总额达941万元。广西马山县的黑山羊多年来名声在外，但是一直只能将活羊运往南宁屠宰，在菜市销售，无法实现电商购买，附加值不高。广西电视台工作人员为马山县物色并推荐了冷链物流及销售企业，配套起屠宰、包装和冷链运输，从零开始，在活动中举行了马山黑山羊鲜肉电商全国首发，引荐促成了企业与马山县关于黑山羊生鲜产业超过10亿元的意向招商投资，马山县的主要领导同志在大会上不止一次地感谢广西电视台工作团队作出的努力及贡献，赞扬说："这是马山黑山羊产业化、电商化的历史性时刻。"工作团队还为广西大化县引荐拥有物流产业、电商产业的西江集团、坦程科技，帮助当地特产七百弄鸡第一次以电商的方式"走出去"，进入南宁万象城超市。广西资源县高山黄牛肉在活动直播中声名鹊起，价格从80元一斤上涨到200元一斤，远销北上广高档西餐厅。

通过两年多来的发展运营，"党旗领航·电商扶贫'我为家乡代言'"活动的影响力不断扩大，媒体平台效应逐渐显现，越来越多的企业和品牌纷纷加入，社会效益显著。同时也给农民带来了实实在在的经济效益，线上下单、线下配送，保证了农民利益和生产积极性，充分发挥出电视电商扶贫的媒体公信和精准优势。

三、面临的困难与问题

（一）缺乏专业的新媒体技术人才尤其是电商人才

广西电视台在媒体融合发展中转型升级需要大量的跨媒体和全媒体人才，数据分析师、UI设计师、舆情分析师、新媒体编辑等新岗位和工种的背后是对人才新技能和新技术的高要求。各个频道目前从事新媒体工作的宣推人员及电商维护人员，大多都是从传统电视采编人员的岗位上转岗过来，缺乏系统的新媒体业务专业培训。广西电视台各个频道都面临着具有新媒体素养和高技能的融媒体人才缺口这个核心问题。

电视台不乏节目制作的人才，但有关电商的销售人员、职业经理人等却奇缺，也缺乏专门的电商营销团队。面对越来越多的电视融媒体项目，如何培养和吸引更多新媒体及电商的专业人才，建设一支高素质的全媒体人才团队，是广西电视台面临的一个重要课题。

（二）基础技术支撑平台欠缺

支撑电商业务体系的技术力量除了在交易环节的主体提供支持之外，更重要的是进行业务周边环节的支持，如开拓用户和客户管理信息系统，培育更多的基于新媒体形态的流量入口平台和产品，形成自己的交易管理和数据分析系统等。虽然目前广西电视台电商扶贫活动的手机直播、支付等环节依托了网站、网店、微信，或一些开放平台的免费服务，满足了电商营销的部分技术支撑需求，但无论是微店的升级维护、微信"摇一摇"应用，还是T2O边看边购模式、"电视＋电商"直播等，都缺乏自己的技术力量，只能与技术公司合作，或者采取外包方式，更难以进行以云平台、大数据等先进技术为核心的广播电视融合技术支撑体系的搭建。

（三）县域经济发展水平尤其是电商发展水平不高

一是县域农业初级产品居多，大多为"三无"土货，只能走初级产品批发渠道，难以实现电商流通，这是电商销售推广最大的难题；二是县域产业链薄弱，特别是冷链物流加工包装产业，限制了产品运输半径；三是由于县域电商企业实力不强、配置不够、经验不足，在品控、宣传、销售、物流、客服等环节体验度差，广西电视台产业战略方向与县域电商企业销售合作存在粘合度和目的需求等方面的困难；四是可供选择的具有鲜明特点的代言人和产品越来越少，节目内容容易陷入同质化的困境，对节目形式、短片策划、推广宣传的创新性要求越来越高。

（四）直播后的持续影响不足，缺乏强势传播平台

广西电视台的电商扶贫活动在全广西已经达到了较好的传播效果，但在直播结束后，活动的持续影响不足，电商扶贫媒体宣传的推动乏力亟待研究和解决。

此外，活动在全国范围内的影响力还不够，为了更好地推介县域品牌、促进当地电商，还需要全国性的平台，自治区领导也提出了希望进一步扩大影响，走出广西、走向全国的要求。目前，广西电视台正在积极联系央视，希望能够实现重点活动在央视三套播出。2018 年 4 月初，广西电视台参加了在苏州举办的全国广电电商联盟会议，在会上推介了"党旗领航·电商扶贫'我为家乡代言'"活动模式，受到与会代表的高度关注，许多电视台纷纷要求对接合作推销"我为家乡代言"所推介的广西特产。如何利用这一覆盖全国各地的广电电商联盟，为广西各县市带来更好的传播和销售效果成为新的课题。

四、对电商扶贫活动的发展思考及未来方向探讨

（一）电商扶贫系列活动是新媒体环境下电视媒体拓展公共服务，增强品牌核心价值，实现转型升级的一种有效形式

媒体品牌的核心价值除体现在新闻作品的质量等显性层面，也体现在媒体的社会责任等隐性层面。面对新媒体的冲击，凭借传播地位上的权威性、内容生产上的专业性、大众传播性质的影响力，开拓媒体公共服务的领域，

体现电视媒体不可替代的优势，应是电视媒体转型的一个方向。

电商扶贫的传播对象为贫困地区的农村人口和关心贫困问题的组织和个人，数量庞大，并有着众多潜在受众，这些受众习惯于借助各种媒介建立互助关系，并通过广泛互动传递社会正能量，传统媒体可以借此开掘新的受众市场。电商扶贫正好契合这些用户对于媒介使用的强烈需求，有助于电视媒体利用新媒体技术手段，对接政府、群众与企业的信息需求，形成新的内容、用户和效益增长点。同时还能提升媒体公共服务的内涵、服务水平和能力，在新媒体环境下打造新的业务链，增强电视核心内容生产与品牌外围延伸的良性互动，提升电视台的良好媒介形象，实现经济效益、社会效益的双丰收。"党旗领航·电商扶贫'我为家乡代言'"活动为各承办县带来了丰硕的成果，同时对频道的经营创收亦有贡献。如 2017 年影视频道共执行马山、资源、浦北、金秀、鹿寨五场电商大集，加上一场计划外的"七一"红色购物季启动仪式暨大化电商大集，共创收 851 万元，占频道全年创收的四分之一强。这也探索出一条除电视广告之外，更紧密地配合自治区党委政府中心工作，服务大局，提供公共服务的转型发展之路。

（二）电商扶贫系列活动是挖掘电视媒体潜力，助推节目创新的一种有效手段

广西电视台认真贯彻习总书记在全国宣传思想工作会上"举旗帜，聚民心，育新人，兴文化，展形象"的重要指示精神，自觉担负起"弘扬主旋律、传递正能量"的社会责任，摸索出电商扶贫系列活动的创新模式。

这种模式一方面充分利用了新兴的融媒体传播手段，并挖掘电视这个传统媒体的潜力，在精准扶贫、攻坚克难方面发挥了媒体宣传、产业助推的重要作用，提高了传统电视媒体的传播力、引导力、影响力和公信力。另一方面，电商扶贫系列活动集新闻性和综艺性、短片拍摄和现场直播为一体，综合性、延续性强，制作手法丰富，是电视媒体锤炼队伍、凝聚力量、提升团队综合水平、推动节目创新的一种有效手段。团队大胆启用年轻编导作为单站总执行导演，学习如何独当一面。从最初的创意策划、电商平台搭建、短片撰稿拍摄，到后期的全媒体宣传、落地执行、人员通联安排，这些工作对大家在新闻业务范围之外提出了更高的要求，如经济学的知识、产品的特点以及对受众的市场营销心理的把控能力，这些都是在原来的岗位上学不到的东西，需要自己去学习、体会、提高。每一场电商大集的直播，团队都在自我施压、自我提升，经历了一次次的历练，站在了更高的起点。每一位执行成员都深度参与，收获了丰富的实战经验，成为难得的"走基层"的生动实践，激发了更多的创新思路，为媒体融合条件下的节目创新积累了经验。

（三）提升电商扶贫系列活动的高度和广度

为进一步扩大电商扶贫系列活动的效果和影响力，使之成为广西电商的特色品牌，广西电视台将继续发力，从以下几方面入手加以改进：

1. **运用电视手段讲好广西故事。** 将继续展示坚守一线的扶贫干部、产品代言人和当地特色风物，注入更多创意元素，深入挖掘他们的精彩故事，展现感人瞬间，通过文稿和电视语言生动地呈现给观众，并进一步提炼和升华活动内涵；通过对代言人进行文化创意、产品故事、网络营销实务、自媒体运营、团队管理、形象管理等方面的综合培训，提升代言人及其团队的电商营销能力；对备选产品进行全面的数据梳理，从市场容量、市场人群细分、市场接受度、售价、区位优势、淘宝指数、市场稀缺性等多个维度选出最适合的产品或扶贫旅游项目作为"我为家乡代言"活动的推荐品类。

2. **不断拓宽宣传渠道，强化宣传效果，加强推广力度。** 采用多方报道、融媒体相结合的方式，继续提升宣传质量，继续结合各主办单位、战略支持单位和承办县市，发挥媒体的力量，并联合中央媒体和新媒体等多个平台，加大宣传，进一步扩大活动知名度和影响力，吸引更多的人参与进来，不断推进活动深入开展；加大与国内大型电商公司及实体合作，提升产品品控与营销服务，弥补县域电商行业的不足，争取加入全国广电电商联盟，在实践中探索广电电商的出路；推荐引入更多的公益企业，加快县域产品标准化进程与产业链丰富；利用媒体力量，汇集更多资源，为县域产品打造一揽子推广营销计划，创造长效可持续共赢局面。

3. **开设"我为家乡代言"常设板块。** 连续播出各地特产好风物，讲述代言人背后的精彩故事，充分利用活动衍生的素材，并聚拢社会各方资源，将"党建＋扶贫＋电商＋电视"的模式创新继续推向深入。

4. **进一步拓展"党旗领航·电商扶贫'我为家乡代言'"活动的公共服务领域。** 比如与农业林业部门合作，举办"我为家乡代言"的"桂果飘香"专场，或与工商部门合作，举办"我为家乡代言——品牌广西"活动，或与旅游部门合作，举办"我为家乡代言——美丽广西乡村游"活动等，使"我为家乡代言"这一品牌不断焕发出旺盛的生命力。

5. 争取把广西电视台电商扶贫活动推向全国乃至海外，做强做大。首先，争取得到自治区商务厅等相关单位的大力支持，通过商务厅的牵线搭桥，携手将广西各地的特色物品推送到其他省市，甚至走向东盟国家、海外市场，将广西的丰富物产推广到世界各地。其次，争取与全国各家卫视抱团合作，合力做大电商扶贫。比如由国家广电总局牵线，将各家卫视类似扶贫节目、活动联合起来，将"卫视电商扶贫"打造成全国范围内的一项重要扶贫项目。

广西电视台电商扶贫系列活动通过"党建＋扶贫＋电商＋电视"的创新模式，真正实现了"党旗举起来，电商动起来，农民富起来"，在促进群众就业创业、脱贫致富等方面起到了积极的作用。如今活动已经进入第三年，广西电视台将不断总结经验，与各部门积极配合，力争联动更多的媒体和宣传渠道，进行更立体的宣传和全方位报道，提升活动品牌的知名度和关注度，将电商扶贫系列活动更深入地推进下去，形成多方共赢的局面。

（作者分别为：广西电视台台长；广西电视台总编室主任、高级记者；广西电视台总编室节目研发部主管；广西电视台影视频道副总监）

"青春"牵线 "融媒"搭桥

——海峡卫视两岸融合传播活动创新探索

洪 雷

纵观人类社会的媒介发展史，电视曾作为绝对的新兴势力而傲视群雄。无怪乎身处其时的加拿大学者、蜚声国际的媒介理论家麦克卢汉都不禁为之着迷，提出了"羞怯的巨人""媒介即按摩"等令人拍案叫绝的电视妙论。但随着电子技术向更高级的数字网络化迈进，当前以网络媒体、手机媒体等为代表，具有数字化、互动性等基本特征的新媒体再次将人类纳入了全新的新媒体时代。媒介技术的日新月异已在不知不觉间将电视这个曾经的"新"媒体，定格在传统媒体的行列之中，并对整个电视产业的发展带来了前所未有的影响。

海峡卫视是福建省广播影视集团旗下专门打造"海峡"特色内容，开展两岸交流活动的综合电视频道。自成立以来，地处福建的海峡卫视就充分发挥闽台"地缘近、血缘亲、文缘深、商缘广、法缘久"的优势，以文化作为桥梁，以"传播中华传统文化"为己任，在海峡两岸融合传播中独树一帜。面对当前媒介生态环境的变迁和新媒体技术所带来的机遇与挑战，以及台海形势的不断变化，海峡卫视积极调整思路，与时俱进，推陈出新，积极探索创新举措。自 2016 年起，海峡卫视从频道定位、节目制作、传播理念等方面积极创新，大胆尝试，走出了一条属于自己的融合传播之路。

一、"后喻文化"视角下的重新定位：搭建海峡两岸青年互动交流的共享平台

美国文化人类学家玛格丽特·米德（Margaret Mead）根据人类文化传递

方式的差异，将整个人类划分为前喻文化、并喻文化和后喻文化三种类型。其中，"后喻文化"又称青年文化，指的是在信息社会中，长辈反过来向晚辈学习的文化。新媒体时代，"后喻文化"特征尤为突出：青年掌握现代媒介技术来获取信息，方便生活并影响年长一代的价值观念、文化消费意识与媒介使用行为。为此，新媒体时代的大众媒体应适时调整自身的发展战略，对于两岸融合传播的实践而言，情况更是如此。

一直以来，以"文化立台"的海峡卫视，其主要受众是两岸的中年族群，这样的定位，对于海峡卫视初期开展两岸文化交流有着现实的推动意义。但在新媒体环境下，这样的定位以及围绕其开展的各种电视传播实践，效果并不明显。因此，在充分审视当前的媒介环境及台海局势的基础上，海峡卫视在2016年开启了"融合传播"的创新实践，将目标受众锁定两岸青年族群。如后喻文化理论所指，青年族群是两岸未来走向的决定性因素，理应成为海峡卫视开展融合传播的主要对象，这既是时代发展的选择，亦是成就两岸和平事业的关键。首先，相较于长辈，台湾青年对于祖国大陆的原生情感和两岸统一的观念比较淡漠，加上台湾当局的"去中国化"教育和舆论误导，对祖国大陆产生排斥心理乃至负面情绪，开展两岸青年融媒体交流十分必要。其次，作为"网络原住民"，新媒体日渐消融的边界以及无远弗届的特性使他们能够跨越任何地理边界的限制，接触到全球信息，并与来自五湖四海的同龄人进行畅通无阻的交流，加上青年人身上天然具有"拒绝传统意识形态束缚，更愿意独立思考、自行判断的倾向"，开展两岸青年交流十分可行。

围绕受众定位的全面调整，海峡卫视将定位转变为以"青春海峡"为宗旨，打造海峡两岸青年交流平台，致力于用"青春"牵线，以"融媒"搭桥，力图先行打造海峡两岸青年就业、创业的交流平台；搭建两岸青年的生活和艺文交流平台。

二、"使用与满足"视域下的内容创新：重点打造属于两岸青年的青春主题盛宴

传播学的"使用与满足"理论所指，人们通过使用媒介获得某种满足。在大众传播过程中，受众不是被动的接收者，而是具有能动作用的收视选择者。新媒体时代，受众更是摆脱了信息接收者的单一角色，转而成为能够灵活自主地运用新媒体传递信息的传播者乃至信息生产者。传统媒介生态环境中的传受边界日渐模糊乃至消融，大众传播的互动性以及传统意义上的"受众"的主动性得到空前加强。因此，牢牢把握受众意识，对媒介内容的生产者和运营者而言至关重要。

在此背景下，根据青年受众的收视习惯和兴趣，充分发挥电视在专业内容制作上的优势，以其易于接受的节目形态，制作其喜闻乐见的节目内容，成为海峡卫视开展两岸融合传播创新实践的首要任务。

（一）季播类综艺节目／活动领衔"青春海峡"主题盛宴

季播类综艺节目是当前最受青年受众喜爱的一种节目形态。节目中的娱乐元素、明星效应、叙事风格和话题新颖等特点，契合青年一代思维跳跃、崇尚个性、追逐时尚、喜爱新潮的族群特点，满足了他们使用视听媒介满足个人情感需要和舒解压力的需求。在台湾，青年受众一直都是综艺节目的收视主力军，但随着台湾媒体行业的低迷，综艺节目的产出及其影响力都受到极大影响。与此相对的是，大陆综艺节目市场日渐壮大并成熟，制作水平已领先台湾，由此培养了大量的台湾青年受众。基于此，海峡卫视从 2016 年开始，集中力量重点推出两档季播节目：《青春最强音》两岸高校音乐大赛和大型美食文化季播真人秀《味之谜》。

图 1　《青春最强音》两岸高校音乐大赛

1. 以"乐"为媒——两岸高校音乐大赛《青春最强音》

音乐是最美妙、最省力的沟通语言，对于身处海峡两岸的青年人来说，尤其如此。《青春最强音》以"音乐"为媒，为两岸大学生打造音乐梦想的舞台，采用两岸在校大学生组队参赛的形式，邀请广受两岸大学生喜爱的知名艺人担任评委和导师。目前已成功举办两季，实现了最广泛的两岸青年族群的覆盖。从广度上看，通过两岸海选，活动从两岸各大高校中甄选出晋级校际比赛的高校，第一季大赛覆盖并影响百万两岸在校大学生群体。第二、三季大赛均在两岸高校举办多场推广活动，两岸 200 多所高校参与，其中包括台湾各大高校，覆盖两岸大学生群体 370 万人。从深度看，《青春最强音》灵活结合两岸年轻族群最流行的元素，如校园十佳歌手赛、腾讯直播、微博上墙、Facebook 粉丝团、网络直播等，深入两岸校园及青年社群，在两岸青年中引发持续的高关注度。

除了为两岸大学生提供一个展示音乐才能，释放青春激情的专业舞台，《青春最强音》更致力于打造一个两岸大学生的情感交流平台。每一集节目均设置一个供两岸大学生讨论、能激发两岸大学生情感共鸣的话题，通过歌唱、讲述与舞台表现的方式，激发两岸大学生彼此的交流愿望，分享彼此成长的青春故事，实现彼此的相互认同与情感交融。如《青春最强音 2》晋级赛时，设置了大学生活、爱情、亲情、友情、创业和人生态度等与大学生活密切相关的话题，引发现场与网络上两岸青年的热烈讨论，挖掘到了许多青春小故事，既丰富了节目内容，也为两岸青年找到了许多情感上的链接点。"有人永远爱着你"话题全网阅读量 924 万，《打个电话对爸妈说"我爱你"》小视频在秒拍上的播放总量达 1418 万，引发人民日报、新华网、共青团中央等超过 200 个权威大号转载直发，登上新浪微博热门话题榜第四名。《青春最强音 3》则在"抖音"平台上发起区域挑战赛，组织两岸青年上传"唱响青春"主题视频超过 1.8 万条，话题"青春最强音"上线四天播放量突破 1 亿，转发、评论、点赞等互动量超 300 万次。此外，2018 年国庆期间，海峡卫视还举办主题活动"你的青春里有哪些歌声？"，邀请两岸青年录制一分钟"正能量"歌曲上传抖音，话题总播放量 126 万次，单条视频最高点赞 6000 多次。

《青春最强音》无论是在地面、电视还是网络上的传播都取得了较好的成效。三季活动均通过台湾东森脸书直播，连续三年创下台湾脸书直播史最好成绩。借由《青春最强音》打造的两岸青年交流的平台，使更多的台湾大学生有机会到大陆亲身体验，加深对当代中国大陆的认识和理解。从初来乍到的紧张惶恐到熟悉之后的敞开心扉，台湾大学生们对祖国大陆的认识日渐真实具体。

图 2 　《味之谜》豆瓣评分 8.0

2. 以"食"相约——《味之谜》美食文化真人秀节目

《味之谜》是由海峡卫视原创，走遍闽台两岸 20 多个特色县市，从两岸民众最为喜闻乐见的饮食文化入手，邀请蔡澜、沈宏非、牟真理等享誉两岸的美食文化大家参与，追溯海峡两岸文化认同。节目注重内容精品化生产，创新推出"纪录片往后退半步、综艺向前半步走"的制作理念，推动季播真人秀节目去娱乐化，将文化纪录片与娱乐真人秀相结合，兼具青春气息和文化品位，获得观众好评，获得"豆瓣"评分 8.0 的高分。

在节目制作过程中，为了进一步扩大节目影响力，充分整合节目资源，《味之谜》从第一季（当时节目名称为《味解之谜》）开始，就专门针对新媒体进行设计。例如，节目在录制时曾和"斗鱼直播"合作，提出"一鱼多吃"的做法，将录制过程进行直播，实现电视内容的差异化传播。该做法充分利用节目内容资源，通过多样化渠道，设计符合渠道特征的、或长或短、或整合或碎片的节目内容，从而满足新媒介时代人们日益多样化的媒介使用需求。最终，网络直播和话题宣传单日最高阅读量达 3.7 亿人次。节目创作方面，为了更贴近两岸青年受众，节目制作团队使用大量年轻编导，力图通过最符合青年文化的语言、符号、风格等，提升节目对青年受众的吸引力，同时引领两岸青年受众的观赏品位，在轻松愉悦的观看过程中提升其文化素养，进一步培养两岸青年的民族认同和文化认同。

图3　海峡卫视打造多个"国字号"品牌项目

（二）文化精品纪录片＋特色两岸交流项目装点"青春海峡"主题盛宴

一直以来，文化类纪录片都是海峡卫视开展两岸传播，让台湾观众全面、系统了解中华文化魅力的重要载体。"占领高点，追求精品"的要求使海峡卫视从开播至今，推出了许多为两岸人士所认可的精品纪录片。但是，由于缺乏主动推广的意识，这些高质量的纪录片往往并没有得到大范围的传播，在两岸受众当中影响有限，更不用说得到台湾青年的青睐了。海峡卫视为此调整了纪录片的推广策略。首先是加强纪录片的推广和传播意识，扩大传播层面。如五集纪录片《天下妈祖》，开创了大陆纪录片在两岸同时首播的历史，中央 9 套纪录频道、台湾电视媒体、网络媒体以及海峡卫视在同一天首播。其次是推进纪录片"年轻化"策略。即挑选年轻人亲近的选题，采用更活泼的表现手法，建立更灵活的播出方式，培养年轻人的纪录片观看兴趣和审美。《海上福建》《福建茶文化》《丝路百工》《严复》《作家的日常》《客家新丝路》《人间有味》等精品纪录片即是因应这种策略而打造的。

除了季播综艺节目和文化精品纪录片是其主打项目，海峡卫视精心打造的"青春海峡"内容盛宴中还点缀着各种形态各异的主题活动和特色节目。例如，《梦想新声音》海峡两岸主持新人大赛以"重在交流，促进友谊"为宗旨，面向大陆 27 个省（市、自治区）暨中国台湾、香港地区的年轻人选拔优秀主持人才，内容设置彰显浓厚的中华优秀传统文化气息和家国情怀。通过播放宣传片、分享网络直播链接、新闻报道等方式，大赛在台湾电视和网络视频观看量达 100 万次。《发现最美海峡》两岸大学生微视频采风活动则邀请台湾 13 所知名大学的 30 名首次来大陆的学子，联合福建大学生一起赴福建特色县市展开采风体验，制作系列短视频，在台湾主流新媒体和台湾学生个人脸书上播出，以两岸青年的视角共同发现福建之美，展现福建多彩的风土人情。

三、技术迭代，融媒挂帅：以新媒体技术补偿两岸电视传播的局限

美国传播学者保罗·莱文森被誉为"数字时代的麦克卢汉"，他在麦克卢汉媒介思想的基础上提出，"任何一种后继的媒介，都是一种补救措施，都是对过去的某一种媒介或某一种先天不足的功能的补救或补偿。"因此，对于新媒介技术的使用和普及，传统电视媒体大可不必惊慌失措，实际上，以互联网为代表的新媒介技术只是对传统媒体的一种"补偿"，有利于弥补报纸、广播和电视等的某些先天不足。例如，借助数字新媒体技术，传统电视能够突破固定收视、线性传播的局限。而对于两岸电视传播在过去所面临的无法在台湾落地播出的人为障碍，新媒体技术亦表现出了其积极的一面。

综观海峡卫视的创新实践可以发现，其在渠道整合、媒介融合方面的表现十分抢眼。"无融合不上马"的制作理念确保了海峡卫视所有节目，从前期策划到现场拍摄乃至后期制作，都有新媒体的高度卷入，这既符合当下青年

受众的媒介接触习惯，又保证了节目资源的充分利用和传播效果的最大化。对海峡卫视而言，媒体融合不是简单地将电视制作的内容拿到新媒体平台上播出，而是采用新媒体融合的经营思维，打通内容制播各环节，最终实现内容和通道的优化结合。具体来说，主要包含以下几个方面：

图 4　海峡卫视创造两岸融媒体资讯传播多项"第一"

（一）借助国际社交媒体，自主搭建新媒体传播空间

在"虚拟"网络世界开展社交活动是当代青年主要的生活方式之一。因此，借助国际社交媒体开展"融合"传播是与台湾青年受众增进了解、加强互动、拉近距离的绝佳选择。基于此，海峡卫视专门在全球第一大社交网络网站 Facebook（脸书）上开设了与电视新闻栏目同名的粉丝专号——"今日海峡"粉丝专号，以传播台海新闻资讯为主。自 2016 年 8 月上线至今，"今日海峡"脸书号粉丝数超过 110 万，在大陆同类脸书账号中排名第一，互动量排名第一。而在台湾以互动量为标准的脸书专页排行榜中，其稳居"社论"类、"统一"类、"泛蓝"类前列，传播影响力为大陆同类脸书最高。"今日海峡"还开创了大陆媒体用脸书向台湾受众直播的先例，例如，2016 年年底，直播了当时备受两岸人士关注的"习洪会"，被外媒评价为是一个"历史性的突破"。作为两岸唯一的媒体直播（国民党党部内部也做直播），此次直播不仅吸引了台湾当天 10 万多人观看的良好传播效果，而且充分展示了中国共产党自信、开放的良好形象。此外，"今日海峡"脸书号还向台湾民众独家直播了十九大、海峡论坛、两岸双城论坛等重大活动，每年直播活动超过 200 场，最高单条

视频触及量超过 200 万，形成了"直播常态化"的运作模式。

海峡卫视还积极打造台湾同胞信息服务平台，为台湾青年赴大陆学习、创业、就业、生活提供资讯服务。例如，"今日海峡"脸书号常态发布国台办惠台政策，在国台办颁布《关于促进两岸经济文化交流合作的若干措施》（简称"惠及台湾同胞 31 条政策"）之际，专门制作了大陆首个服务台胞短视频《西进大代志》（共 100 集，每集 4 分钟），采访台湾行业代表人物，邀请台湾专家解读政策，直播大陆青年招聘活动等，吸引岛内年轻人关注并互动。自 2018 年 3 月 8 日推出以来，该系列短视频在台胞中反响热烈，目前已完成制播超过 80 集，并得到网易、梨视频、腾讯、今日头条等各新媒体平台的积极转载。海峡卫视还尤其注重内容在地化传播，如邀请台湾青年"意见领袖"侯汉廷常态推出短视频《远山看海峡》，用嬉笑怒骂的演绎，主动发声，反对"台独"，覆盖量累计超过千万。网络直播节目《咖说》邀请台湾时事评论员做客"今日海峡"脸书直播间，就台海热点进行点评，带动风向，倡导两岸和平统一。

（二）借势用力，优势互补，积极联合台湾媒介创新两岸"融合"传播

毫无疑问，互联网的出现以及日新月异的媒体技术，成为促进海峡两岸"融合"传播的一大机遇。除较为严肃的涉台新闻资讯传播外，海峡卫视紧跟互联网产品形态的发展态势，积极打造 MCN 短视频平台"汤圆视频"，对接两岸年轻族群需求，生产适应流量平台、可进行全网分发的新型融合产品，传播海峡两岸的文化、生活、民俗、科技等内容，致力于借助国际社交媒体和国内大流量平台开展两岸青年的交流，增强两岸青年情感联系的纽带。"汤圆视频"每天制作发布 6 条，通过 Facebook、Youtube 等国际社交媒体以及抖音、一点资讯等 15 家国内大流量新媒体平台传播。目前，海外平台 Facebook、Youtube 粉丝近 30 万人，全网总阅读量 6800 万次。"汤圆视频"还针对青年族群中的学生群体、创业群体、爱好美食群体等打造个性化主题短视频，如《别闹了 台妹》深入两岸大学校园，以"街采"的方式，就两岸青年感兴趣的话题发表想法。又如邀请台湾知名"网红"林鲑鱼及网络达人组合"壹加壹"拍摄福州美食文化专题，全网总播放量 353 万次，台湾 Facebook 和 YouTube 播放总量近 43 万，共青团福建省委、台湾网视频、福建省旅发委等 30 多个微博大 V 转发。在央视网发起的热门话题"直播中国·打卡美好生活"中，

林鲑鱼系列短视频被推荐为"打卡福州"的代表视频，总播放量227.8万次，单条最高观看104.4万次。

除了搭乘互联网技术发展的快车，海峡卫视亦注重发挥普遍联系台湾新媒体的独特优势，联合台湾媒体共同创新、共创佳绩。例如，《青春最强音》大赛由海峡卫视联合台湾东森电视台共同举办，从前期策划、活动举办、宣传推广、网络直播到后期制作、电视播出均合作完成，海峡卫视吸收并改进了东森电视台提出的"我要唱8秒"、推广专车进校园等创意，借助台湾东森脸书全程直播台湾赛区各场比赛，脸书触及率屡创台湾脸书直播史新高。《梦想新声音》两岸主持新人大赛、《发现最美海峡》两岸大学生微视频采风活动则分别与台湾旺旺中时集团、台湾联合报等展开合作，触及率排名台湾同类节目前列。此外，海峡卫视还联合台湾东森电视公司、联合报系、中时报系等主流新媒体，共同制作并同步上线了《海峡拼经济》《好食记》等一批节目，覆盖量和点阅量排名台湾同类节目前列，其中，《海峡拼经济》全年收视率有60%名列台湾同时段六大新闻"第一"。

四、总结

作为当前海峡两岸"融合"传播的重要媒体力量，海峡卫视自2016年来，根据台海形势的发展变化及媒介环境的时代变迁，及时调整频道发展方向，重新框定目标受众，提出"青春海峡"的口号，旨在搭建两岸青年交流合作的优质平台。在两年多的创新实践过程中，海峡卫视积极探索"以'青春'牵线，用'融媒'搭桥"的发展策略，充分发挥电视媒体的专业内容制作优势，集中打造了一系列以青年受众为主要传播对象的节目内容，其中既有阳春白雪的精品文化纪录片，也有下里巴人的通俗综艺节目；既注意引导两岸青年的文化品位，弘扬积极向上、朝气蓬勃的青年文化，又大力推动两岸青年的志趣相投和情感共鸣，为两岸未来的发展奠定基础。海峡卫视还充分考虑受众的收视喜好和场景化需求，既常规制作内容完整丰富、耐人回味的大电视节目，又积极尝试新媒体融合途径，量身定制适应碎片化阅读和移动终端时代的各种短视频和微内容，大力寻求两岸合作和新旧媒体融合。此外，节目和活动亦充分考虑投入产出比和实际传播效果，具有较好的可持续性和发展前景，已形成了"电视＋网络＋地面入岛活动"为渠道标配的立体传播模式。

实践证明，海峡卫视的全新定位及各种融媒体传播实践，有助于两岸青年在其搭建的平台中作进一步交流与互动，增进彼此的了解和认同，促进两岸人民的情感融合。

（作者系福建省广播影视集团海峡卫视总监）

坚持本土化创新 助力旅游业发展

——甘肃张掖台《游张掖 跟我走》栏目创新实践

王逢杰　陈海峰　郑　威

一、《游张掖 跟我走》发展概述

（一）栏目开办的背景

甘肃张掖位于多姿多彩自然生态景观线与厚重神奇丝绸之路文明线交汇的"金十字"上，被誉为"中国地貌景观大观园"，除了大海，地球上所有的地质地貌都在张掖4.2万平方公里的大地上一一呈现，冰川雪山、森林草原、沙漠戈壁、丹霞奇观、绿洲湿地、河湖峡谷等极端地貌聚于一域。其中，丹霞奇观被美国《国家地理》杂志评选为世界十大神奇地理奇观之一，被美国《赫芬顿邮报》评为全球最刻骨铭心22处风景区之一；祁连山七一冰川是世界上距城市最近的可游览冰川；祁连山大草原被评为中国最美的六大草原之一。张掖文物古迹遍布全境，古代文化瑰宝光彩闪耀，东西方文化在此传播渗透，南北民族在此迁徙融合，历史在这片神奇的土地上留下了众多丰富而厚重的记忆。

习近平总书记"一带一路"的战略构想为张掖旅游业的发展开拓了新的视角，带来了新的机遇和挑战。多年前，当张掖市把旅游文化产业作为主攻方向时，有人曾疑问地说："张掖怎么能吃上旅游饭呢？"如今，文化旅游产业的发展已经深刻地改变了张掖市的产业结构。历史上张掖市工业曾占到GDP的30%以上，但是随着供给侧结构性改革和市场消费升级，目前张掖市第三产业对GDP、税收的贡献已突破50%，从业人数接近5万人。旅游文化产业已经是新兴支柱产业。面向未来，张掖将打造国际化旅游目的地、全域旅游典范城市、文化旅游体育医养示范区、旅游市场秩序首善之区。在张掖，旅游文化产业完全可以成为龙头产业、主导产业、富民产业。

为加快宜居宜游金张掖建设步伐，广泛宣传推介金张掖特色文化旅游资源，倾力打造多彩张掖、多季旅游品牌，2013 年 7 月，张掖市广播电视台全新打造了旅游类电视栏目《游张掖 跟我走》。截至 2018 年 10 月 1 日，开办了五年零两个月，共完成 278 期。播出平台和时间为张掖新闻综合频道和公共频道的黄金时段，首播时间为周一新闻综合频道 20：14；每周一期，每期 15 分钟。

（二）栏目的宗旨、设置内容及形式

《游张掖 跟我走》以"旅游、体验、本土"为节目宗旨，定位于中青年收视人群，内容设置"畅游张掖""美味张掖""户外张掖"三个版块。栏目以宣传张掖旅游景区为核心，立足张掖宜居宜游建设，展示张掖市生态建设发展进程中的新举措和新亮点。由主持人带领镜头，走进目的地进行现场体验，以独特的视角和感受游走旅行，进而轻松活泼地逐一展现张掖的旅游景点、名优小吃、地方特产、民俗风情、大型活动、文物古迹等。栏目不仅满足了游客对张掖景区发展了解的需求，也向国内外观众展示了张掖大景区的新形象，宣传了张掖立足"一山一水一古城"的资源禀赋，打造"中国地貌景观大观园、暑天休闲度假城、丝绸之路古城邦、户外运动体验区、西路军魂传承地"，彰显多姿多彩多优势的特色风貌。

（三）成长中的进步和收获

五年来，节目不断成长成熟，得到了台里越来越多的关注和支持，在全台节目评优工作中屡屡胜出，被台里作为推优工作的重点对象，除了省、市一年一度的广播影视奖之外，还不断尝试诸如中国旅游电视周优秀旅游电视节目评选、亚洲微电影节、中国原产地特色专题节目评选、首届中国（麻城）微电影大赛、中国梦·扶贫攻坚影像大赛、金张掖文艺奖、张掖文化旅游全民宣传行动奖等一系列评优活动。

二、《游张掖 跟我走》的优势和特色

《游张掖 跟我走》之所以能经过五年的发展日渐成熟，得益于本地丰富的旅游资源、张掖日益壮大的全国品牌赛事活动、栏目创立之初就比较鲜明的

主持人引导方式以及在发展过程中电视媒体与新媒体融合的大胆尝试。活泼的节目形式凝聚了一支朝气蓬勃的年强团队，推动栏目的不断创新和优化。

（一）丰富的旅游资源丰满栏目之"翼"

张掖风光秀美、文化灿烂、物产丰富、气候宜人，是休闲度假的理想之地，也是户外运动的最佳场所，旅游业具有广阔的发展前景和巨大的市场潜力。张掖境内有国内保存最大最完整的汉明长城，全球最大的山丹军马场，有始凿于公元400年左右的肃南马蹄寺、金塔寺石窟群，还有距今900多年历史的亚洲最大的西夏国寺卧佛，等等，这些都构成了张掖独特的文化生态。曾在央视热播过的电视剧《惊沙》《大营救》等电视剧均取材于张掖。大家熟知的《神探狄仁杰Ⅲ》《三国之见龙卸甲》等电视剧都是以张掖丹霞和马蹄寺为背景拍摄的。

张掖有丰厚的历史文化禀赋，在这片4万多平方公里的土地上发生过许多可歌可泣的历史故事。西汉时期，骠骑将军霍去病进军河西，战败匈奴，率众归汉；张骞两次出使西域，"丝绸之路"开通；沮渠蒙逊在张掖建立北凉

图1　被美国《国家地理》杂志评选为世界十大神奇地理奇观之一的张掖七彩丹霞

国；历史上最著名的法显、玄奘两位大德高僧均取道张掖，前往印度，并在张掖收徒纳伴；诗人陈子昂奉旨视察张掖，写有《上谏武后疏》；王维、高适、岑参、马云奇等驻足甘州时均留下著名诗篇；意大利旅行家马可·波罗在《马可·波罗游记》中记述了张掖的富庶、城市的规模以及宗教寺庙的宏伟……

图 2　栏目记者登临祁连山七一冰川

除此之外，张掖是名副其实的"户外天堂"，常年吸引着全国大量的户外运动爱好者。同时市内拥有众多有专业水准、有实践经验，而且比较正规和完善的户外组织，他们常年都会举办一些很有创意的活动。2018 年 5 月，被称为"当代徐霞客"的旅行家——雷殿生在张掖户外组织的联络下，与全国众多的商业人士在张掖举行了为期三天的"雷殿生丝绸之路信念之行"徒步活动，张掖众多优秀的户外组织参与其中。诸如此类的活动，通过栏目的记录，均把这些典型的户外活动推向了全国。

同样，张掖富有地方特色的民间小吃，紧紧下辖的山丹县就有炒拨拉、粉皮面筋、羊肉垫卷子、烧壳子等二百多种地方特色小吃。丰富的饮食文化，让人垂涎欲滴的美食深深诱惑着众多外地游客的味蕾……

身处美丽富庶的金张掖，注定拥有了取之不尽、用之不竭的鲜活食材。

上述的任意一个题材，都可与《游张掖 跟我走》相匹配。栏目记者紧紧抓住"老天爷"赐予张掖得天独厚的自然遗产，"老祖宗"留下的独一无二的人文遗产，"老百姓"创造的独具风情的民俗文化，"老前辈"传承的独树一帜的红色文化，将它们量身定做到设定的子栏目中，为增强节目自信，加大创优意识，作出节目品牌提供了给养和保障。

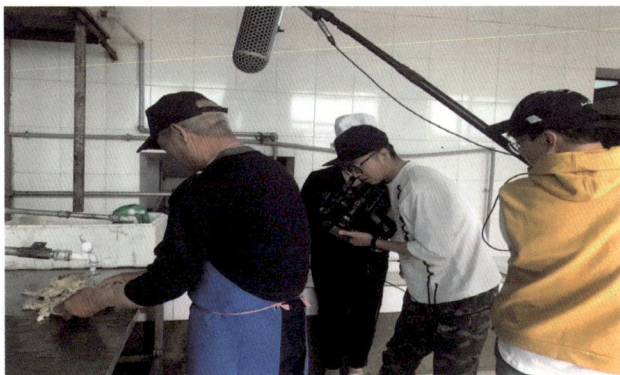

图 3　栏目记者拍摄张掖特色美食"炒拨拉"

图 4　栏目记者在张掖平山湖大峡谷出外景

（二）日益壮大的全国品牌赛事点亮栏目之"眼"

张掖地形地貌多样，自然资源富集，具有举办大型体育活动得天独厚的户外条件，是开展全国各类品牌赛事的理想之地。近年来，已先后成功举办了中国·张掖祁连山国际超百公里山地户外运动挑战赛、丝绸之路（张掖）全球商学院智慧精英挑战赛、中国汽车拉力赛等多项体育品牌赛事，成为宣传推介展示丝绸之路金张掖的靓丽名片，吸引着国内外众多户外运动爱好者和普通民众积极参与，受到了社会的广泛关注和一致好评。

2018 年 7 月，张掖国际汽车拉力赛开赛在即，栏目摒弃以往的报道形式，"换个角度看拉力"，深入樊凡车队，在炎炎烈日之下，与车队的队员一起勘路、合路书、试车，通过节目讲述了鲜活灵动的汽拉故事。

图 5　2018 年中国张掖汽车拉力锦标赛现场

图 6　栏目参与张掖七彩丹霞徒步活动

2017 年，张掖应邀参加《魅力中国城》节目竞演，活动由张掖电视台全程策划组织，作为台里唯一的旅游栏目，栏目组成员参与全程活动，根据栏目组节目制作过程中踏遍张掖旅游景点、尝遍张掖特色美食的优势，积极为活动建言献策，助力竞演活动，最终在央视的舞台上为全国观众奉献了一场大气磅礴的"张掖秀"。

图 7　张掖代表队参演央视《魅力中国城》节目

（三）主持人引领体验激活栏目之"魂"

在如今群雄逐鹿、日新月异的全媒体时代，各大媒体都在向着"更精""更深""更细"迈进。节目之初，我们也在尝试纪录片式的拍摄，尝试专家的专业讲解，后来，我们真切地体会到资金的捉襟见肘，体会到专家不方便代言的尴尬。作为地方台，如何结合自身实际，针对有限的人力、财力，用有限的节目题材做节目，栏目选择了主持人体验式风格。

张掖融汇了很多地貌景观和各种特色名优小吃，想要将这些元素一一呈现在观众面前，真不是一件容易的事，所以《游张掖 跟我走》栏目的责任就是带你观赏、带你体验、带你品尝，是真真切切地去感受，通过脚下的攀登和身体的感悟，将所思所想所感用手中的话筒告诉你张掖到底有多壮美、有多丰富、有多美味……

在 2018 年七夕特别节目中，我们在张掖市山丹县焉支山旅游景区停留了两天一夜。节目组前期对当地风土人情进行了充分了解，尤其是主持人与几对七夕特别节目的夫妻进行了前期深入的沟通，在拍摄时，通过主持人引导和交流，这些夫妻之间的真情流露和流畅表达让在场的所有人动容。对于很多中国人，表达爱是一件很难说出口的事情，而这个时候，主持人的引导和鼓励其实就是一剂最有用的润滑剂。在采访过程中，通过主持人循循善诱的引导，让参与节目的夫妻完全做到真情流露和表白，让他们全情投入节目和主持人营造的氛围中，这样才能更好地让观众感受到大家的真情真爱。在完成节目制作的同时，山丹县焉支山的大美景区也不显山不露水地得到成功的展示。

图 8　主持人在肃南裕固族自治县篝火节采访裕固族群众

在张掖国家沙漠公园的节目拍摄中，为了让观众直观地感受到沙漠项目的惊险和刺激，节目组邀请到两位体验者，由主持人带领，将沙漠极限运动项目按风险度划为五个级别依次进行体验。通过三个人的现场体验状态和表现，充分展现了沙漠项目的趣味性和刺激性，从而吸引观众前来体验、游玩。在随后的日子里，沙漠公园游客猛增，且多数都是直接冲着节目中的体验项目慕名而来。

2018 年 5 月，张掖市博物馆正式投入运行。博物馆展厅面积约 1800 平方米，主要功能区分为通史陈列区和专题陈列区。通史陈列区陈展内容分弱水溯源、张国臂掖等六个单元 21 个板块，展示张掖史前至清代具有代表重大历史事件和凸显华夏文明之源的历史文物 444 件。囊括了五千年来，张掖曾经历的过往。如何在节目中一次性承载博物馆六个展馆的丰富内容？如何有深度、有内涵地用紧凑的 15 分钟，将博物馆的核心内容展现出来？主持人在前一周就深入博物馆，通过和讲解员学习请教，深入了解了博物馆六个展馆的内容，做足了"功课"。在此基础上，主持人将要展示的提炼重点，内化于心，以讲故事的形式向观众娓娓道出了张掖的历史渊源和张掖博物馆的参观价值，吸引观众走进了博物馆，更多地了解张掖历史。

（四）加快媒体融合发展，照亮前行之路

在新媒体强势入驻的今天，我们深知，扬长避短，借其所长为我所用是很重要的。新媒体衍生出的很多视频软件，即拍即传，传播速度快，但它的深度和细节以及可信度都是短板。作为具有公信力的传统媒体，就要发挥自己的优势，做出有内容、有深度、禁得住推敲与深思的节目，然后借新媒体短、频、快之势强力推出。

2017年10月，张掖市冬春季旅游新闻发布会召开，栏目对发布会进行了现场报道及采访，将张掖市冬春季旅游产品、优惠政策和奖励补贴政策在栏目公众平台进行发布。当日，就有十多个国家、省、市级媒体主动在平台上进行了转载推出，点击量达10万+，使张掖2017年特色项目以及精品路线有了很广泛的宣传。2017年3月至今，《游张掖 跟我走》共完成微信公众号文章164篇，点击量共1000万余次。根据节目内容改编的电视MV《张掖搓鱼面》点击量达20余万次，精选评论600余条，很好地达到了电视节目与受众的良性互动。文章一经发出，就有众多商家和食客咨询广告业务和拍摄要求，确实达到了《游张掖 跟我走》的"游"和"跟"的引领作用。实践证明，只有对内大胆改革创新，形成节目活力和人才活力，对外找准与新媒体的结合点，传统广电媒体的"旧瓶"，依然可以装上时代的"新酒"。

2018年，随着"抖音"短视频、H5、360VR的大热，《游张掖 跟我走》栏目抓住短、频、快的平台特点，将栏目现场拍摄时的经典美景、特色美食镜头进行预热和发布，很好地将最新、最热的元素融入节目中，将传统媒体和新媒体很好地融合在了一起，形成了如今栏目的良好态势。以后栏目还会坚持把这些新媒体平台用下去，坚持创新，将互联网发展的每一个新的元素都融合进去，将节目做好、做新、做出去！

同时栏目还与周边地区如兰州、酒泉、金昌、阿拉善电视台等多家电视台进行节目交流，进一步扩大栏目影响。内蒙古阿右旗、酒泉等区域的受众也是通过这种形式观看了我们的节目，了解了张掖旅游，吸引他们前来旅游观光。

（五）栏目制作的"八步流程"

在《游张掖 跟我走》的制作过程中，栏目始终按照策划——联络——拍摄——初编——初审——复编——复审——终编的"八步流程"，其中最注重的就是前期策划和初审两个环节。

首先，在节目生产过程中，遵循"节目拍摄，策划先行"原则：每年年初，栏目组都会尽其所能地拟定一批今年拍摄的重点选题，包括景点的、美食的、大型活动的、户外的等，然后再按每个季节、每个月份，提前两三周去精细化地确定拟拍摄的选题。

《游张掖 跟我走》每周一制作完成，每周二早上都会开例会，其中重要的一环就是节目策划，不仅总结上一期的节目经验，还要商讨和策划下期及下下期的选题和内容，因为会提前两周策划选题，提前一周拍摄节目，这样做节目就不会太赶，不会单纯为了做节目而做节目。策划会是大家最活跃的时候，在头脑风暴中，集思广益，让优秀的作品应运而生。同时在会上安排好每个人的分工，这样大家在具体工作时就会做到心中有数。

其次，在初审这个环节，虽然有前期的策划，但在具体拍摄过程中，因为大都是户外活动，还有太多不确定的因素，所以栏目会在现场拍摄和后期制作过程中不断地去修改原始策划稿，拍摄回来后趁热打铁，迅速编辑，之后，会集合全体人员一起初审，在初审过程中提出很多或主线，或结构，或细节方面的意见去修改，甚至有时候会推翻整期节目重新去补拍、去编辑一些镜头，所以初审这个环节就显得格外重要，等分管节目的台长复审的时候，我们的作品已成熟了八九分，领导再提一些修改意见，栏目编辑完全有时间再次精编后最终打包完成。

（六）年轻人，放手去做！

青春与激情是栏目的标签。《游张掖 跟我走》栏目组目前仅有五个人，平均年龄 28 岁，却是一支特别团结、特别富有激情的团队，在户外拍摄采访过程中，忍饥挨饿、惊险受伤似乎是家常便饭。2018 年 7 月在拍摄养蜂人的节目中，大家被密密麻麻的群蜂包围，大多数栏目组成员都被蜜蜂蜇伤，但谁都没有停下手中的拍摄。

2018 年元宵节，栏目想要策划一期以"正月十五看花灯"为主题的节目。单单是反映张掖人民看灯是很容易的，但节目内容单一、乏味，且无任何亮点，我们商讨能否赋予"2018年张掖正月十五"特殊的含义？大家开了好几次策划会，都没有更新颖的方式和能再多一点的内容。正巧台里新完工的模拟演播室启用，同时确定了《张掖——厉害了我的城》这一标题和主题。随后我们用主持人与多个记者连线的方式，分数个点展示了市区的灯展、霓虹灯点缀下的城市街道和楼群、碱滩镇古老的非遗项目——"黄河灯阵"等。其中航拍手周鑫利用春节七天假期，每晚带着自己的航拍器拍摄张掖夜景，即使当时的气温已经是零下十几摄氏度也没有阻挡他拍摄的进程。节目完成后，栏目组利用全媒体力量集中进行了发布，让全张掖人民看到了家乡的大变化和大跨步，制作的微信公众号拥有了数十万的点击量，之后还做了720度全景图《夜下的张掖》，一晚点击量就八千多。更重要的是，很多在异乡的张掖人，都纷纷给栏目留言，赞叹家乡的发展和变化，记者自豪感油然而生。

图9 记者周鑫进行户外航拍

在节目拍摄中，《游张掖 跟我走》记者努力捕捉生活细节，研究多种拍摄手法，利用摄像机、照相机、航拍、Gopro等多种设备和手段抓拍运动的精彩瞬间、生活的温情场景，使拍摄回来的镜头尽可能地丰富生动、鲜活有形；在后期编辑中，更是充分挖掘和调动了所有人的潜能和智慧，大家一边做一边学，主动积极地钻研探索后期的各种相关的制作软件，学习劲头令人感动……

三、《游张掖 跟我走》对张掖宜居宜游形象的塑造

（一）以宣传张掖旅游景区为核心，全面塑造张掖宜居宜游形象

《游张掖 跟我走》以主持人现场体验为主，穿插游客互动内容，还设有旅游信息发布平台，随时对张掖景区、张掖美食的延伸和变化在娱乐中、在畅游中轻松展示传递给了观众，同时也不断强化了城乡群众对景区的关注度，一方面增加了政府建设宜居宜游工作的透明度，另一方面也让市民了解景区的特色、优势，从而在思想上接纳、认可，行动上参与到景区建设活动中去，有利于形成政府和市民之间的互动机制，从而提升政府亲和力和张掖宜居宜游的形象建设。《游张掖 跟我走》其中一期节目主持人以导游的身份引导游客来到刚刚建设好的祁连山国际滑雪场，在滑雪场里，雪橇飞舞，色彩晃动，主持人激情飞扬，游客欢声笑语；节目春节前夕播出后，又通过张掖视听网将该栏目节目向外发布，使得祁连山滑雪场在随后的一段时间里游客猛增，仅2017年2月6日一天，来滑雪的人数就有两千多人，超景区接待能力。兰州、金昌、嘉峪关等地的游客兴致勃勃地自驾车前往，滑雪场经济效益实现了开门红。《游张掖 跟我走》就是通过这样的贴近式、引导式、体验式的节目形式，提供给广大游客了解张掖大景区建设的机会，也为政府与市民之间建立了沟通与了解的桥梁，让广大游客在畅游张掖中更加具有针对性、更方便快捷，推动了张掖市的宜居宜游建设。

（二）以栏目为依托开展大型活动，向全国户外联盟推介张掖宜居宜游

长期以来，各类媒体对中国西部特别是对甘肃干旱半干旱地区的报道（也包括河西走廊）趋向于"风吹石头跑，黄沙骆驼叫""不适宜人类居住与生存"的一幅定格式的画面，还有外面的朋友问"你们张掖是不是骑着骆驼上班？"，这种导向作用长时间影响着张掖宜居宜游形象塑造问题。事实上，这样的媒体导向只是把中国西部的局部脆弱生态放大化了，覆盖了整个西部的生态。而"塞上江南金张掖"却是存在于这类媒体误区之下的一片"中国地貌景观富集区"。因此，《游张掖 跟我走》电视栏目从全局考虑，针对这类的舆论误区，联合全国户外网等媒体组织举办大型"张掖户外穿越活动"。让全国各地的朋友亲身感受到了张掖冬有冰雪娱乐、春有壮美丹霞、夏有赛车轰鸣、秋有芦花摇曳之美。2014年隆冬，张掖电视台《游张掖 跟我走》栏目组联合团

市委、市青联等单位与中国户外网、"野人部落"户外俱乐部、大漠户外、号角户外俱乐部、兰州青联网、武威乐山乐水户外等十多家媒体、俱乐部联手，举办了首届"激情冰雪季·青春励志行"青少年冬令营活动。来自全国各地100多名营员参加了"探寻冰雪祁连"中华裕固风情走廊冬日行、"张掖丹霞艳冠华夏"平山湖丹霞探险之旅、"保护母亲河"相约黑河之滨远足大联欢、"走进巴丹吉林"摩托车沙漠越野，同时还在各县区举行了"发现张掖"全国驴友张掖行、"枣乡临泽"、"红色高台"、"相约汉明长城·启梦青春"、"激情扁都口"等旅游穿越活动，《游张掖 跟我走》栏目为每次活动量身打造特别节目，除了在电视媒体播出之外，还通过张掖视听网、腾讯网、搜购网进行传播，很快在全国范围内就有很多驴友响应，为塑造金张掖宜居宜游形象奠定了良好的舆论基础。

同时，台里利用全国赛事之机，举办了许多大型活动，我们栏目都积极参与策划和宣传报道。其中每年一度的"金张掖梨花节"是我台主办的全民旅游活动，被誉为"拉开张掖春季旅游大幕的开篇之作"和"张掖市品牌旅游十大活动之一"，如今，不仅成为张掖生态旅游的新亮点，而且成为张掖旅游的新品牌。除此之外，"唱响金张掖歌手大赛""张掖形象大使选拔赛""张掖好声音""张掖厨艺大赛""青少年才艺大赛"等活动风起云涌，精彩不断。张掖市政府连续四年拿出100万元由我台承办全面文化旅游宣传行动颁奖典礼，已然成为刻有"张掖旅游"标签的品牌活动，"人人都当动员人、个个都做宣传员"的文化旅游全民大宣传格局正在悄然形成。这些大型活动的成功举办不仅增强了张掖市广播电视台的影响力，也极大丰富了《游张掖 跟我走》栏目内容。

2001年，张掖旅游人次只有52万，在甘肃省14个地州市州排名第十三位，但是经过五年的发展，旅游人次便实现了100万，之后又经过三年达到了1000万。从2012年开始，张掖市旅游人次保持在30%以上的增速，直到2017年年底实现了旅游人次2700万、旅游收入157亿元的飞跃。目前旅游文化产业已占到张掖市GDP的51%，达到了龙头产业地位。

2018年张掖旅游业的发展迎来新的"春天"，百趟旅游专列驶进张掖，智慧旅游在张掖落地生根，张掖丹霞创建国家5A级旅游景区正在火热验收评定，张掖市旅游人次首次突破3000万大关。这一成就比张掖市预定的目标提前两年完成。根据甘肃省委、省政府对张掖市的定位和张掖拥有的旅游文化资源禀赋，张掖将向国际化旅游目的进发，力争到 2020 年实现旅游游人次突破 4000 万大关，实现旅游人次 30 倍于张掖市 130 万常住人口的新跨越。

图 10　张掖市十大最佳活动之——金张掖首届梨花节

（三）感知张掖脉动，在宣传旅游的同时远播张掖美名

在建设"丝绸之路经济带"的热潮中，张掖已掀起了"建设丝路明珠金张掖，实现幸福美好家园梦"的新高潮，以宜居宜游为首位产业，通过"大景区、大互市、大博物馆、大运动场"的建设，力争把张掖建设成为区域性旅游集散中心。目前，张掖广播电视台《游张掖 跟我走》栏目抓住时机，通过创新栏目，多侧面、多角度、多形式展现张掖旅游的新亮点，宜居宜游的新成效，以丰富的节目内容和独特的视角，满足全市观众加深对张掖历史、现在的了解需求。同时，栏目还关注游客关心的吃、住、行等方面的信息，在节目中比较流畅地注入这些内容，如介绍张掖的搓鱼面、菜根香膜子面、孙记炒炮、高台面筋、临泽蒸饼、山丹炒拨拉等，让游客来张掖后，在游好玩好的同时也感受到了张掖美食的魅力。为了给自驾游的朋友提供服务，《游张掖 跟我走》节目中还开设了"旅游小常识""自驾游导航"小栏目，为来张掖旅游的外地游客和张掖本地游客提供了方便。

四、结语

习近平总书记指出：唯改革者进，唯创新者强。如果说张掖的旅游是一辆呼啸前行的时代列车，《游张掖 跟我走》栏目就是这辆列车上的一个推手；如果说张掖的旅游是一艘破浪前行的巨轮，《游张掖 跟我走》栏目就是推动这艘巨轮风帆的一股劲风。有了团队的整体敬业精神和创新精神，有了栏目的亲民化、本土化、互动化，有了与新媒体的有机整合与创新，注定《游张掖 跟我走》栏目在节目自办、上送、创优上都处在本行业前列，创优节目近一百件，不断刷新获奖纪录，成为张掖广播电视台的黄金主打栏目和节目标签。

"路漫漫其修远兮"。学习无止境，探索无穷期。张掖小、闭塞、地域不大；外界宣传不够；栏目记者年轻化、无实战经验……这些都是栏目新生团队存在的突出问题。逆水行舟，不进则退，我们唯有学习，学习，再学习，才能不断提升自我和滋养平台。我们将持续关注张掖旅游，用独特的新闻视角和深邃的艺术眼光，发现张掖、宣传张掖，凸显广播媒体的生命力和正能量。

论世间最美好的事是什么？莫过于你亲眼见证了一朵花的生长、开放，亲眼见证了一个咿呀学语的孩童逐渐长成，亲眼见证了一个电视节目的不断发展和羽翼丰满！

（作者分别为：张掖广播电视台党委书记、台长；张掖广播电视台公共频道副总监；张掖广播电视台副台长）

媒体融合

江苏广播：增强新型广播主流媒体影响力与综合实力

黄 信 张建赓 涂有权

　　江苏省广播电视总台（集团）广播传媒中心（以下简称"江苏广播"）的前身是江苏人民广播电台，成立于 1953 年 1 月 1 日，2001 年 6 月总台（集团）成立后，成为总台一级事业部。目前共办有 10 套广播节目，由 6 个二级广播部分类管理与运营，分别是新闻广播部（新闻广播、新闻综合广播）、交通广播部（交通广播、金陵之声）、音乐广播部（经典流行音乐广播、音乐广播）、文艺广播部（文艺广播、故事广播）、生活广播部（健康广播、财经广播）、新媒体部（广播互联平台搭建、广播部融合传播协同支持）。南京的收听市场共集纳了中央台、省台、市台、区县台以及邻省部分广播电台的 25 套调频节目和 17 套中波节目，行政区隔、频率重叠、定位冲突、竞争白热化，南京的上空一度被媒体描述为每天都上演着"一场场短兵相接的'空战'"。

　　江苏广播贯彻党的十九大精神和习近平新时代中国特色社会主义思想，秉承江苏广电总台"责任塑造形象、品质成就未来"的办台理念，提出"融合传播、整合营销、协同创新、系统保障"的工作思路，打造"可听、可看、可读、可感、可交互、可交易"的新型广播主流媒体，创新探索"横着打"实践，创造新动能，增强影响力与综合实力。2017 年在南京地区收听市场份额为 71.52%，2018 年上半年达到 75.3%；自主研发"微播云"跨媒体交互运营系统，以大蓝鲸客户端为平台打通传统广播与移动互联网，用户 70 万，日活率达到 18%；2017 年经营总收入近 5 亿元，收入、利润均稳步增长，稳居"全国最具品牌影响力省级广播电台"行列。

一、新闻宣传合纵连横，倍增传播效果

拓展渠道，放大音量。随着互联网特别是移动互联网的发展，移动传播成为主流传播方式，移动优先成为主要传播战略，移动互联网成为舆论主渠道、主阵地、主战场，也给新闻舆论工作提供了新空间、新手段、新平台、新渠道。江苏新闻广播作为江苏广播新闻宣传的主频率，积极拓展传播渠道，实现更高触达，放大主流声音，提升对网络舆论的引导能力。新闻聚合平台：在荔枝新闻、腾讯企鹅号、今日头条号、腾讯天天快报、网易号、一点资讯等平台形成了立体推广渠道，主动设置议题，一次成稿，多点分发，以优质的内容不断占领网络舆论阵地，持续领跑江苏企鹅号榜单，创造江苏区域单个企鹅号周阅读总量破 400 万的历史，获得"2017 江苏企鹅新媒体影响力大奖"。社交平台：微博、微信等社交平台是广播延伸新闻影响力的重要阵地，新闻广播微博粉丝数超过 260 万，上千万、过亿阅读量的报道频频出现。2017 年 6 月 22 日，该微博发布了《民工在南京地铁蹲等两小时，只怕耽误市民上班》的短新闻，一天多时间，全网累计阅读量过亿，评论近 20 万条。交通广播是江苏省应急广播，微信公众号粉丝量超过 90 万，定位交通、服务出行，众多原创报道成为网络舆论的信息源，10 万＋的推送频频，2017 年度阅读量过亿。人民网研究院发布的 2017 广播频率网络传播百强榜单中，江苏广播是唯一有两套频率（江苏新闻广播、江苏交通广播网）入围全国十强且排名最前的省级电台。音频聚合平台：在未做宣传推广的情况下，江苏新闻广播在蜻蜓 FM 的收听量屡居江苏第一，在喜马拉雅 FM 的收听量居全国地方新闻广播前三，《军情观察》《林杉声音杂志》等音频产品都有过亿收听量。在大蓝鲸客户端，《王丹今天这首歌》《阿束早读》等面向互联网生产的短音频产品也取得很高的收听量。目前，江苏广播正对自身广播音频产品进行确权，开展音频版权运营工作。视频聚合平台：新闻广播 2017 年打造"心潮视频"，目前粉丝数近 15 万，50 条短视频总播放量超过 3000 万，其中"南京 7 旬夫妻开了 33 年的柴火馄饨店"视频，播放量超过 2000 万，影响力与日俱增。2016 年年底，江苏广播联合社会机构市场化打造短视频项目"物色视频"，每周发布一至三条 3~5 分钟的生活短视频，在微博、微信、企鹅号、西瓜视频、梨视频、秒拍等平台发布，截至 2018 年 6 月，已制作发布 200 期视频，多次

获得各界举办的公益类宣传奖。江苏广播抓住短视频"风口"扩大了网络传播力。

图 1　江苏新闻广播"33 年的柴火馄饨店"视频

跨界合作，构建网络。江苏广播注意借助外力，通过对外合作，构建更广泛的传播网络，扩大影响。加大与政府部门的合作，策划并实施各类新闻、公益、文化等项目，受到政府欢迎与支持。联合江苏省经信委、江苏省商务厅、江苏省工商局等部门，实施"创造者""我苏品牌秀"等大型新闻行动，有力保障了采访报道活动的高效率、高质量；调动南京市相关区委宣传部开展"风筝嘉年华""端午龙舟赛"等传统文化项目，获得场地及经费支持，降低活动成本，并赢得社会关注。合纵连横，通过广播同行之间的联合，构建辐射面更广的宣传平台。2017 年南京大屠杀死难者国家公祭日，江苏广播联合全国48 家交通广播推出 H5 页面"祭奠南京大屠杀死难者，点亮蜡烛"，24 小时内超过 1000 万人在线点亮蜡烛，受到中央网信办网络评论工作局高度评价，并挂名指导和全网推送，至活动结束共有 1430 万人次参与，遍布全国，并传播至海外 156 个国家，为公祭日营造了良好的舆论氛围。

图2 2017年江苏广播策划推出的国家公祭日H5产品

　　2018年国际博物馆日，江苏广播又联合广播同行推出"我为国宝点赞"H5产品，让用户感知各地博物馆中珍藏的镇馆之宝，累计访问次数超过790万；与省内多家交通广播共同打造"舞动一座博物馆"活动，吸引了更多人走进博物馆体验中华文化的博大精深。江苏广播还倡议发起"江苏省戏曲广播联盟""长三角戏曲广播联盟""全国戏曲广播联盟"。"全国戏曲广播联盟"打造的"九州百戏——全国稀有剧种展演""全国戏曲广播主持人演唱会"等活动深受广大戏迷喜爱，获得戏曲界认可；发起成立"健康中国传播联盟"，传播养生文化、弘扬敬老美德；成立"江苏城市音乐广播协作网"，与全省音乐广播同行合力打造"咪豆星球音乐计划"，推广本土音乐文化。密切与文化相关机构的合作，协调更多文化类资源，展示中华优秀传统文化。江苏广播积极与江苏省文联、江苏省演艺集团、江苏省文投集团、江苏大剧院、南京艺术学院等单位协同配合，并与南京博物院、南京民俗博物馆、六朝博物馆、大报恩寺遗址公园等专业资源嫁接整合，打造主题鲜明、形式新颖的文化产品，传播弘扬中华优秀传统文化，吸引更多受众的参与。江苏广播还充分对接市场，积极发掘传统文化项目的市场价值，探索重点文化项目的市场化运作，努力实现社会效益与经济效益相统一。对"中秋戏曲晚会""金陵相声大会""江苏民歌大会""文艺中国节""新年音乐会"等活动进行整合营销，吸引企业的赞助支持，补贴活动支出，为传播传统文化奠定了物质基础，促进了活动的可持续运作。

部门协同，壮大声势。 江苏广播各频率尽管定位不同、对象各异，但服务社会发展、推进社会进步的目标是一致的。2017 年 6 月，江苏广播策划"创造者"全媒体新闻行动，横向打通新闻广播、交通广播、财经广播、广播新媒体部宣传资源与人力资源，组建由 40 多位记者和 10 多位主持人组成的报道团队，统一指挥，协同作战，深入中车南京铺镇有限公司等 22 家企业进行采访报道，聚焦江苏企业在江苏制造、智能制造和品牌打造中做出的探索和贡献，多平台、多层次、多维度个性化呈现，为企业助威点赞、提振信心。报道在广播、互联网平台推出后，政府主管部门表扬、企业满意、网友点赞。

图 3 "创造者"全媒体新闻行动启动仪式

2018 年，江苏广播再次整合新闻广播、交通广播、财经广播资源，在原有"江苏品牌秀"新闻行动基础上，升级推出了"我苏品牌秀"全媒体行动，并拓展为"网友为江苏品牌点赞""江苏广播主持人为江苏品牌代言""江苏广播新闻行动"三个主项目，采访体验成果在江苏广播三大频率的早晚高峰黄金时间段推出，助力江苏经济迈向更高质量发展，声势浩大，影响广泛。

二、内容生产统筹运作，创造更大价值

全台统筹，打造重点项目。2017 年 10 月 16 日，党的十九大开幕前夕，江苏广播策划的《总书记点击的经典诗词》系列短音频产品正式上线，在江苏广播 10 套频率及旗下微信公众号矩阵、大蓝鲸客户端中同步播出。该产品将主题宣传与传统文化紧密结合，以群众喜闻乐见的读诗品诗的形式，将诗词朗读与解读流畅衔接，契合了优秀传统文化在创新中发展的时代性要求，成为最迅速响应、最直接落实党的十九大报告"推动中华优秀传统文化创造性转化、创新性发展"精神的广播音频产品。为做好该项目，江苏广播跨部门、跨级别组建了创作团队，从总台分管领导到广播传媒中心负责人，从资深记者、名牌播音员到音频工程师，严密分工，精雕细琢，确保了内容产品品质优良，不少作品都在总书记讲话的次日就在广播与新媒体同步上线。截至2018 年上半年，《总书记点击的经典诗词》短音频项目推出 30 篇图文、音频融媒体产品，江苏省委省级机关工作委员会通过《工作与学习》杂志进行推广，还被南京市浦口实验小学万江分校纳入校本课程。类似的重点项目在江苏广播屡见不鲜，2014 年策划推出的"百名主播诵经典"项目，以中华经典诗词名篇为载体，抽调各频率优秀主持人进行精心录制，在每年的春节、清明、端午、中秋等传统节日上线播出，并在不同地点举办春、夏、秋、冬四季主题诗会，各频率主持人混编登台，推动全社会形成学经典、知经典、悟经典、传经典的弘扬中华优秀文化的氛围。

2018 年，江苏广播再次集结各部门精兵强将，联合江苏省委组织部、江苏省党史工办正在策划制作系列音频《初心》之"红色家书"，服务"不忘初心 牢记使命"主题教育。

图 4　夏韵流芳——百名主播诵经典·夏季诗会

　　横向"破墙"，激活人力资源。传统的广播节目中，主持人"单打独斗"的现象比较普遍，固定的时间、固定的节目、固定的话题，难免让听众产生收听倦怠。江苏广播统筹配置人员，打造新节目。2017 年 7 月，江苏广播研发推出融媒体季播节目《非常主播》，由在各个部门担任管理干部的 9 位老主持人担纲，在音乐广播播出。节目深耕主持人 IP 资源，复原名牌主持人对听众的号召力，很快在午间收听市场上占有了一席之地，当年即实现了超过 120 万元的广告创收，社会效益与经济效益双丰收。江苏省新闻出版广电局《江苏收听收看》对此进行了专题评议，国家广电总局广播影视发展研究中心微信公众号"国家广电智库"也发文推介。

图 5　《非常主播》节目宣传海报

2018 年，江苏广播延伸《非常主播》节目品牌，在金陵之声上线《非常新主播》，聚集各频率"90 后"新锐主持人，打造新的节目品牌。《非常主播》的推出为两代广播人同步提升业务素质搭建了桥梁。9 位管理者重新站在融合传播的起点，在中午行政岗位"下班时间"回归直播室，变换角色司职主持人，是一次历练，是对媒体融合时代广播业务的重新认识，同时也激发"鲶鱼效应"，让管理与业务"两张皮"融合起来，两代广播人同台竞技、平等切磋、互相促进。

人员的横向贯通还体现在主持人跨频制作节目，如主持人龚振在交通广播主持《极速快车道》节目的同时，在音乐广播主持《壹号公路》《汽车立体声》节目；交通广播《边走边听》节目以及 2018 俄罗斯世界杯期间推出的《1011 球迷大会》节目邀请各频率主持人参加节目制作，人员的融合带来了内容的鲜活。横向"破墙"、打破部门壁垒，实现了精品内容跨频率传播。新闻广播部所辖新闻广播与新闻综合广播同步播出《江苏新闻联播》《新闻早高峰》《政风热线》《新闻晚高峰》等名牌节目，文艺广播部所辖文艺广播、故事广播打通，同步播出《微风早晨》《小星星》等节目。其他如《双声道》节目在交通广播、新闻广播同步直播，《新闻故事》在新闻广播和故事广播双频播出，《名医坐堂》在新闻综合广播与健康广播双频播出等，既实现了资源的集约化运作，节约了人力，又放大了宣传效果。

三、整合营销扩容增量，创造聚变效应

传统项目放大效应。江苏广播各部门在实行各自目标管理的基础上，适应融合传播、整合营销的需要，广泛开展跨部门的项目化合作，实现策划资源、执行资源、宣传推广资源甚至客户资源的扩容，使项目效益倍增。文艺广播部创新推出"金陵相声大会"，同步整合了交通广播《开心方向盘》《一博碰杨阳》等娱乐节目资源，并借助交通广播在广大移动人群中的号召力，进一步放大影响力，提升营销价值。

生活广播部传统项目"健康江苏生活汇"除了立足自身拥有的健康与财经广播资源打造健康生活展、金融服务展之外，还整合了其他频率资源，推出了车展、旅游展等，增强了展会的吸引力。2018 年新年伊始，江苏广播推出"花开四季"整合营销的创意理念，每季度发起一次整合广播资源的大型

活动。首次活动在年初由生活广播部发起，新闻广播部、交通广播部、文艺广播部、生活广播部、广播广告中心五大部门 8 个频率联手举办江苏广播年货大集暨新春酒博会，广告增量超百万。总之，江苏广播在内部鼓励协同合作，横向打通人力资源，对传统项目进行重新包装、升级，在更大的平台上放大项目影响，放大宣传效果，扩大资源容量，赢得更多收益。

图 6　第三届金陵相声大会

创新项目吸睛吸金。"咪你豆"童玩音乐节是江苏广播在连续 5 年成功打造"咪豆音乐节"大型活动基础上所衍生的、立足亲子市场横向运作的创新项目。2018 年 5 月，江苏广播各频率亲子类节目打通运作，分属不同频率的《小星星》《亲亲宝贝》《周末家长会》《馨悦故事会》《你好，宝贝》《环球音乐地图》《海燕亲子俱乐部》等 7 档涉及少儿亲子的节目组成"亲子联盟"，在节目定位、线下活动、新媒体产品研发、整合营销方面进行重新分工和协同。"亲子联盟"成立后，与活动资源进行整合，14 个部门联合，于儿童节次日在大型商业综合体广场举办"咪你豆"童玩音乐节，6 小时舞台表演，14 名主持人登台，16 所学校、机构 238 名优秀学生参加演出，现场人数达 15000 人次，吸引商业体、教育、食品、饮料、专科医院、汽车、旅游、房产等品类的 30 家客户参展，共实现广告收入 160 余万元。主投客户对活动成效十分满意，表示今后要追随江苏广播的此类整合营销项目。

图 7 "咪你豆"童玩音乐节

在内容"横着打"基础上，广告经营部门以营销为导向，整合各频率宣传资源与人力资源，创新打造新的整合营销项目。2017 年，江苏广播在"广播＋旅游"创研沙龙基础上，打通各频率旅游节目，创新策划"你好，横店——江苏广播影视旅游嘉年华"活动，8 套频率及新媒体平台联动，一天时间即招募了 1400 余位听众报名参与横店旅游联欢活动，20 余位主持人带队，9 家不同行业的客户参与，创收 165 万元，受到广告客户与听众的热情追捧，也被同行所关注并复制引进。以"你好，横店"为范例，江苏广播陆续推出"你好"系列项目，"你好，太仓"江苏广播武术旅游嘉年华、"你好，砂之船"等活动，多个部门横向联手，客户、听众无缝对接，一举多赢。

"世界杯整合营销项目"是江苏广播 2018 年结合世界杯热点创意的大型体育竞技类 IP，6 月 23 日开始至 7 月 15 日，江苏广播横向打通交通、新闻、音乐等广播部优势时段资源和名牌主持人资源，策划"足金世界杯"特别宣传方案；推出《1011 球迷大会》音视频同步直播节目；针对亲子人群开展"越夜越 High，潮爸世界波"活动，组织江苏广播与社会各界的 16 支足球队参与的足球比赛、大蓝鲸龙江体育世界杯决赛之夜嘉年华等 20 余场线下落地活动、线上广告、视频直播和落地活动全案营销，迅速得到"咪你豆"童玩音乐节项目主投客户等 20 多家优质品牌客户支持，实现广告增量 455 万元，获得了品牌推广与广告创收的双赢。

图 8 你好，横店——江苏广播影视旅游嘉年华

主持人工作室多位一体。江苏广播于 2015 年出台《关于主持人工作室的指导意见》，鼓励有条件的主持人成立工作室，将整合营销、聚焦增量作为主持人工作室的主攻方向，激发微观活力。目前已经成立《快乐上班路》工作室、《爱车帮》汽车工作室、《摩登派》工作室、《音乐活力派》工作室等 4 个不同类型的工作室。工作室依托节目进行横向开拓，整合内部与外部资源，内容传播、活动推广、经营创收等多位一体运营，打造了内容延伸、新媒体覆盖、垂直细分人群三者整合营销的模式。成立工作室的主持人在工作室的运营中享有一定的自主权，获得扶持经费，同时配合广告经营部门完成相应营销指标，并在营销增量中获得奖励。主持人工作室作为一种微观的机制设计，在融合传播和整合营销两个方面均取得了良好效果，2018 年涉及金额 1200 万元，经营稳步发展。

四、技术服务创新引领，推进融合发展

新技术赋能，促进人的横向拓展。面对新的传播环境，江苏广播努力探索，推动采编、技术、营销、管理等岗位人员的整体转型。广播新媒体部的定位，一是广播融合传播的协调部门，二是为各部门、各位主持人提供新媒体技术支撑、产品研发设计的技术部门，三是具体负责江苏广播网、"两微一端"运营的业务部门。各个频率、主持人都是融合传播的主体，要持续开展产品策划、生产和运营，持续进行用户互动，持续进行品牌推广。通过广播部与新媒体的协同，努力解决传统媒体与新媒体在运营上"两张皮"的现象。为了推动整体转型、全员转型，江苏广播加大培训力度，强化能力建设，促进人的横向拓展，不但面向微博、微信、大蓝鲸客户端等应用培训使用技巧，也面向互联网传播培训摄影摄像技巧、图片处理技巧、图文编排技巧、视频制作技巧等内容，面向整合营销培训融入式广告设计技巧、广告案例剖析等内容，还针对日益丰富的推广活动培训舞台导演相关内容；江苏广播还连续组织优秀主持人参加香港大学整合营销传播专项培训，参加总台"JSBC 大讲堂"培训，使得各个岗位人员从理念到意识强化自觉，增强本领，推进江苏广播取得新成绩。

新技术引领，广播与新媒体横向贯通。江苏广播以打造"可听、可看、可读、可感、可交互、可交易"的新型广播为目标，以互动为突破点，进一步强化广播互动功能与移动互联网互动功能的贯通与对接，实现广播听众与互联网用户的横向导流，使广播成为移动互联网的新入口。在大蓝鲸 live 互动页面，用户通过文字、图片、语音以及视频等多种形式，利用话题帖、盖楼帖、问答帖、对抗帖等多种手段，与广播直播节目的主持人即时互动，广播无法呈现的图片、视频在大蓝鲸客户端展示，用户的评论与推荐成为广播节目内容的重要素材，两者相互借力，相得益彰；在节目社区和大咖社群，用户与主持人进行多向、全时、持续互动；在视频直播专区，记者、主持人借鉴自媒体"网红"模式进行直播互动，实时呈现新闻与活动现场，延伸广播的视角。

江苏广播还首创商业定制新媒体视频直播节目"荔枝逛逛"，专业主持人出镜，视频直播，获得市场快速认可，推出100余期，涉及电商、房地产、电力、

发布会、旅游等行业，实现了可观的经济效益；"荔枝逛逛"新媒体产品还在广播节目中开设栏目，成功打造了广播节目与新媒体视频直播连线的模式。

图 9　江苏广播研发的 100 多个互动应用产品使广播成为移动互联网的新入口

图 10　江苏广播"荔枝逛逛"正在视频直播

值得一提的是，江苏广播的媒体融合发展起步早、方向明、投入小、推进稳、成效好，连续多年获得省级政府引导资金扶持，较好地规避了传统媒体投资新媒体面临的资金投入与资产增值的问题。江苏广播"小而美""小快灵"的新媒体运营平台有效接驳传统广播，通过快速适应与迭代、纠错，推进互联网条件下广播的融合发展。

五、运营管理优化升级，释放全新动能

灰度管理，横向协同。在整合资源"横着打"的实践探索中，江苏广播倡导管理层协同创新的自觉，升级传统运营模式，柔化行政架构，逐步推进融合管理。分管宣传、经营和技术的负责人既各尽其责、主动工作、做好纵向的条块管理；又要强化大局意识，以整体效益为重，以核心利益为取向，有意识地模糊传统管理边界，在横向业务上交叉协同，着眼融合发展的各种需求，善于运用灰度管理的理念，以融合思维考虑问题，养成相互间会商会办的习惯，建立专题会商会办机制，尽可能做到统筹调动资源和组织实施，推动了现有业务板块之间的联动和协同，为部门之间"破墙"实现资源联动产生良好的示范效应。

机制优化，横向匹配。在推进"横着打"的实践过程中，逐渐凸显管理与机制的不协调、不匹配，甚至管理措施制约了实践的发展。在这种情况下，江苏广播因势利导，优化节目、活动与新媒体的评估办法，修改完善不适应实践发展的方面和环节，适时制定出台相应的规章制度，逐步形成面向融合传播、整合营销的综合评估体系。如在各广播部负责人的目标责任书中，加大对配合广告经营的考核分值，促进内容生产与广告经营的横向管理与贯通；在节目综合评估体系中，不断提高"融合传播表现"的权重，引导主持人更加重视融合传播，同时鼓励主持人研发能够打通线上线下、活动节目、传统媒体与新媒体的整合营销案例，对成功的整合营销案例给予资金上的扶持与激励等。

加大创新，横向突破。传统媒体要转型，需要不断改革创新，不断寻找各个环节上的突破口，破除旧有的条条框框。江苏广播多部门协同，成立了整合营销、周末节目、全媒体包装、全媒体营销、电商、亲子等跨部门创新小组，针对当前广播发展亟须解决的问题展开攻坚，以精干的队伍、创新的路径、服务业务创新拓展的需求，高效地支持相关业务取得新进展。相关部门积极支持创新小组开展工作，并做好创新小组工作成果的评估与激励。在部门内部，各项有针对性的创新小组也如雨后春笋般涌现出来，在现有体系框架内进行局部探索和革新，如新闻广播创新小组探索音频生产项目，交通

广播融媒体资讯小组打造高质量的融媒体资讯产品，音乐广播新媒体小组设计制作融媒体推广产品，文艺广播"主持人＋业务员"创新小组实现内容生产和广告营销无缝衔接，财经广播业务学习小组提升选题采访能力等，激活了微观活力，较好地解决了传统体系内难以解决的问题。

六、江苏广播创新动能的实践基础

始终坚持正确的舆论导向。江苏广播始终认为，虽然媒体产品的形态、媒体传播的渠道、受众等都发生了许多重大的改变，但是传播党和政府的声音以及社会主义核心价值观的"主心骨"和"定盘星"不能丢弃，媒体的政治责任、社会责任与文化责任不能淡化，正确的政治方向和舆论导向必须贯穿体现到工作的全过程、各方面，这样才能持续提升新闻舆论传播力、引导力、影响力、公信力，才能进一步增强自身实力，在多元传播生态中打造新型主流媒体。

始终坚持高质量建设内容平台。通过有思想、有温度、有品质的内容平台的打造，传播党和政府的声音春风化雨，传递民生民声尽心尽力，充分发挥传统主流媒体"中流砥柱"和"定海神针"的作用。在特别报道、调查报道耗时费力，多家媒体纷纷裁撤深度报道部门、调查记者陆续转岗的情况下，江苏广播依然大力度强化特别报道部的建设，留出空间，扩大版面，培养人才，担当责任。一系列特别报道如"有毒的塑胶跑道""兰菌净不是疫苗""救救骆马湖"等在全国引起巨大反响，推动了社会治理体系的完善。在广播音频版权遭遇互联网音频聚合平台侵权的情况下，积极联络广播同行，推进广播音频维权与统一化运营，并推动短音频工程建设，探索付费音频的发展模式。

始终坚持把社会效益放在首位。江苏广播把弘扬社会主义核心价值观作为报道主线和底色，在节目设置、活动推广以及广告经营等方面，都强化责任担当，强化价值引领，传播弘扬中华优秀传统文化，传递积极的人生追求和高尚的道德情操，激励人们向上向善，更好地承担起用先进文化引领社会进步的责任。对文化传播主频率文艺广播、故事广播给予政策倾斜，保障其履行公共文化服务的职能，在广告经营遭遇极大挑战的情况下，将创收的压力转移到其他频率，坚持投入扶持，每年补贴双频运营经费近千万元。在坚持采编和经营"两分开"的基础上，牢记习近平总书记"广告也要讲导向"

的讲话精神，严把广告导向关，对广告进行严格审核，并主动与监管部门沟通，确保广告真实、依法合规、符合公众利益。2018 年以来，江苏广播发现某类型广告即使资质手续合规，但仍然存在对媒体公信力带来损害的可能，主动退回了客户预付的 400 万元广告款。

图 11 "救救骆马湖"系列报道推动骆马湖严禁非法采砂，消失十多年的银鱼渔汛再现

尽管目前传统广播发展面临着"四级办台"体制下频率设置重叠与冲突、内容生产模式难以适应融合传播的要求、新兴媒体抢占传播与广告市场、音频聚合平台侵犯广播直播流版权、车载收听遭遇互联网音频挑战等问题，江苏广播坚持创新引领、坚持高质量发展，积极探索适应新形势、新要求的内部机制，逐项突破，多点开花，由点及面，横向成片，激活并创造了广播持续发展的新动能，增强了新型广播主流媒体影响力与综合实力。

［作者分别为：江苏省广播电视总台副台长、集团总经理；江苏省广播电视总台（集团）广播传媒中心副总裁；江苏省广播电视总台（集团）广播传媒中心办公室主任助理］

构建基层媒体"小、灵、快"融媒生态

——山东广电轻快融媒云平台发展实践与思考

张晓刚　申玉红　韩雪飞　黄冠卿

媒体融合是信息时代背景下传统媒介发展的理念，是传统广播电视革新图存的必由之路，是在互联网的迅猛发展的基础上的有机整合，这种整合以技术的融合为根本，推动理念、生产、运营、经营、流程、渠道、管理、团队等各方面的提升并相融。县级媒体是媒体矩阵的最小单元，是基层舆论宣传的文化阵地。近几年，大量县级媒体发展方向不明，竞争力不强，建设运营管理水平不高，专业化人员缺失等关键问题越发凸显。2018 年 8 月，习近平总书记在全国宣传思想工作会上指出"要扎实抓好县级融媒体中心建设，更好引导群众、服务群众"。这一重要指示将县级融媒体中心建设上升为国家战略，为县级媒体的改革提供根本遵循，同时以县级融媒体中心建设为路径激发县级媒体活力，提供发展的战略机遇。本文以轻快融媒云平台四年媒体融合实践为例，探讨在新的时代形势下县级融媒体中心建设的发展之道。

一、形势与建设情况：变革催生新技术、新应用；融合带来新模式、新渠道

2014 年 8 月，习近平总书记主持召开中央深化改革小组第四次会议，审议通过《关于推动传统媒体和新兴媒体融合发展的指导意见》。这一纲领性文件为媒体融合发展做出顶层设计，"媒体融合"正式成为国家行动、国家战略。这一年，被称为"中国媒体融合元年"。也在这一年，山东广播电视台顺势而为，利用自身新技术、新应用创新媒体传播方式，主动迎合舆论生态、传播技术以及基层经济社会环境和群众信息需求的变化，旗下的"中国互联网百

强企业""山东省文化企业 30 强"山东海看网络科技有限公司联合中国科学院计算技术研究所、国家广电总局媒体融合创新实验室在全国率先推出具有自主知识产权，适用于基层媒体融合发展需求的平台型智能产品——轻快融媒云平台，成为全国媒体融合先行先试的典型。

媒体融合四周年，轻快融媒云平台始终踏在时代的鼓点上，与国家媒体融合战略高度契合、同向同步。自 2014 年上线以来，轻快融媒云平台凭借可控的安全保障、强大的技术实力、贴心的运营服务和创新的共赢模式快速发展成为全国最大的区县广电融媒服务平台之一。截至目前，轻快云服务已覆盖全国 26 个省份，200 多家市县广播电视台，1000 多家政企单位，不但为基层媒体借助移动互联网巩固舆论宣传阵地提供了必要的技术支持，更是探索出了一套适用于地方广电投资少、应用多、资产轻、服务重、上线快、风险低的融媒发展模式，为融媒体中心的发展建设积累了丰富的实践经验。

二、调研与运行方案：建立可管可控、区域性中心化的智能融媒体舆宣平台

互联网中经常会提到"中心化"与"去中心化"，就是集权与分权，意在凸显运营主体，简单来说，中心化就是"我建商场你卖货"，货品的品质、包装、上架流程、销售流程商场统一标准、统一把控、统一管理。"去中心化"就是对用户赋权，"我建商铺你来租"，商铺的用途、管理、经营都由租用者决定。比如说微博、抖音、饿了么、滴滴等互联网"去中心化"应用平台，以开放式、扁平化、平等性为平台结构，催生无数个个体中心，平台仅为个体的运营工具提供方，于是在强大的赋能作用下，五花八门的信息开始泛滥传播，事故频出，监管部门也不得不出台各种管理办法，约谈相关平台，规范运营。

轻快融媒云平台在某种意义上来讲，可以说是"去中心化"平台，然而在县级节点上却建立了可管可控的区域化中心平台。主要可以从三个层面进行分析：首先，在政治层面，可管可控是首要遵循的原则，无论任何平台的发布都须先审后发，因此在媒体矩阵的末端——县级媒体就需要建立中心化的平台模式，自主可控，同时树立一体化的发展理念，一手抓舆宣，一手通过自有平台打通产业链上下游，盘活当地媒体在各行业积累的丰富资源，轻快融媒云平台完全符合区县级媒体在政治层面的需要；其次，在逻辑层面，县级媒体作为基层宣传文化阵地不仅要稳抓舆论宣传，更要把服务群众作为重要任务，这就要求中心化的平台也要担负便民服务的能力，让每一个中心平台都兼备智慧城市的关键功能，而轻快融媒云平台针对每一个区县媒体都赋予"主流舆宣＋政务服务＋公共便民＋产业协作"逻辑结构，已然成为当地群众"能用、好用、经常用"的便民工具；最后，从架构层来看，轻快融媒云平台弱化了主平台的影响力，主平台仅承担运营指导、辅助审核、分享经验、共享资源、培训人才、客户咨询等服务职能，因而，从这个层面上讲轻快融媒云平台是"去中心化"模式。综上，轻快融媒云平台"去中心化＋区域性中心化"的构建方式既解决了核心平台自主可控，又提高了容错能力，即某节点问题不影响其他节点运营。具体建设方案如下：

（一）平台目标、原则、理念

1. 建设目标

围绕一个中心媒体融合，打造四个平台"主流舆宣＋政务服务＋公共便民＋产业协作"。

2. 建设原则

服务群众、实用高效、移动优先、协同发展。

（1）服务群众：抓住"本土""服务""互动"等关键词，重构用户关系，推进与用户的深度互动，更好地服务群众；

（2）实用高效：充分考虑县级融媒体建设的实际情况，特推出简单实用高效安全可复制的"小、快、灵"模式；

（3）移动优先：建设县级融媒体中心遵循移动优先原则，通过集聚功能的客户端，打造信息资讯、生活服务和社交互动平台；

（4）协同发展：充分发挥省级平台在人员、技术、运营方面的优势，结合各市县的落地服务优势，探索省市县统一建设、分级运营、联动输出的共建共享、协同发展机制。

3. 建设理念

以用户为中心，以数据为支撑，以服务为根本。

（1）以用户为中心：围绕"有用有趣有料"，发挥传统媒体自身优势，运用互联网的思维构建以用户为中心，既重内容传播更重交互体验的具有实用价值融媒平台；

（2）以数据为支撑：通过融媒体中心对于海量内容、用户及大数据的积累和分析可作为当地党委政府决策的重要参考来源；

（3）以服务为根本：省市县共建共享，发挥轻快平台综合服务优势可为各县融媒体中心打造集约实用实效的融媒平台和专业的全媒体团队。

（二）平台业务架构

随着移动优先战略的进一步深化，主流媒体的移动传播体系越来越趋向平台化。轻快融媒云平台顺势而为，自主研发了媒体融合平台型产品，具有"融媒体+N"运营模式，符合国家移动优先战略，符合"融为一体、合而为一"的融媒建设理念，符合服务群众的建设思路，"私有云+公有云"的技术架构符合轻资产重功能的区县媒体实际需求。轻快融媒云平台打造的多元业务共生的垂直生态既能助力广电媒体传播主流声音，又可承接智慧城市建设，实现公共服务延伸，把移动互联网的基因注入媒体渠道、内容建设、产业发展等各领域，实现多元业务共生的平台生态。

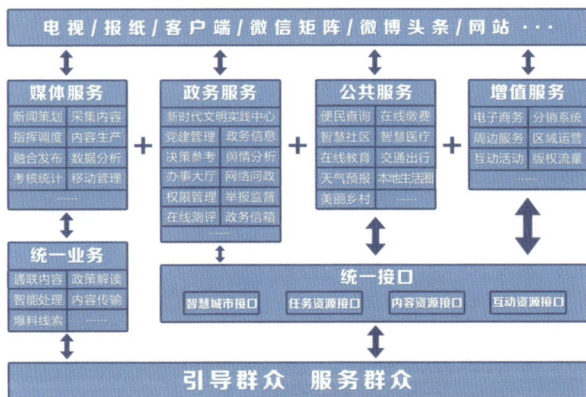

图 1　轻快融媒平台业务架构图

轻快媒体云基于云端基础架构，重点服务于县级媒体融合建设，提供移动端内容发布运营平台、中央厨房工作平台两大核心基础平台，包括轻快手机台和轻快融媒两款主要产品，并配合对"两微"的统一发布及管控功能，三者相辅相成紧密互通。

1. 轻快手机台

轻快手机台是实现"移动优先"战略的重要载体，抓住"本土""服务""互动"等关键词,为地方百姓提供专业资讯、政务服务、公共便民、文化服务等综合信息服务,整合优质资源,提升了新媒体平台综合服务效能,推进与用户的深度互动,以贴心服务把观众变成用户,以高质量的文化供给和优质服务增强人民群众的获得感、幸福感,履行县级融媒体中心建设更好服务群众的重要使命。

轻快手机台核心功能包括系统定制、视听管理、资讯管理、营销互动、应用管理、轻快发布、轻快云存储 PC 客户端、分销系统、积分商城、政企系统、轻快媒资库等 20 多类核心功能模块。

2. 轻快融媒

习近平总书记在全国宣传思想工作会议上提出的"要扎实抓好县级融媒体中心建设,更好引导群众、服务群众",这一重要指示将县级融媒体中心建设上升为国家战略。县级媒体作为最基层、最贴近群众的单位,构成了思想舆论工作的基础。可以说,在筑牢思想舆论工作底盘的意义上,县级媒体单位作用十分关键。县级融媒体中心作为打通信息传播的"最后一公里",需要按照统一部署要求,及时准确有效地传递党和国家声音,确保党的路线方针政策和决策部署家喻户晓;也要抓住本地化优势,以贴近本土、高效实用的生活服务内容,来增强用户黏度和用户活跃度,把融媒体中心建成百姓离不开、用得好的服务平台。

图 2　轻快手机台舆宣平台工作流程图

轻快融媒是为县级融媒体中心建设，旨在围绕"两微一端多屏"的融媒布局，打造高效的融媒体管理体系和运行机制。轻快融媒支持全网数据抓取、本地舆情监控、在线移动采编、远程视频连线、内容生产调度、内部考核统计等，覆盖内容选题、生产调度、信息发布、效果反馈、考核追踪等业务全流程，汇聚采、编、播、发、析等应用。更可实现与轻快手机台 APP 在内容、用户和数据的互联互通，整合渠道资源，形成新媒体矩阵，大屏可视化展现，有效盘活县属媒体资源，实现"一次采集、多元生成，多端发布"的目标。其十大系统应用可成功助推县级媒体从人员、业务和空间层面的深度融合，丰富城市传播载体渠道，建设高效县级融媒体中心。

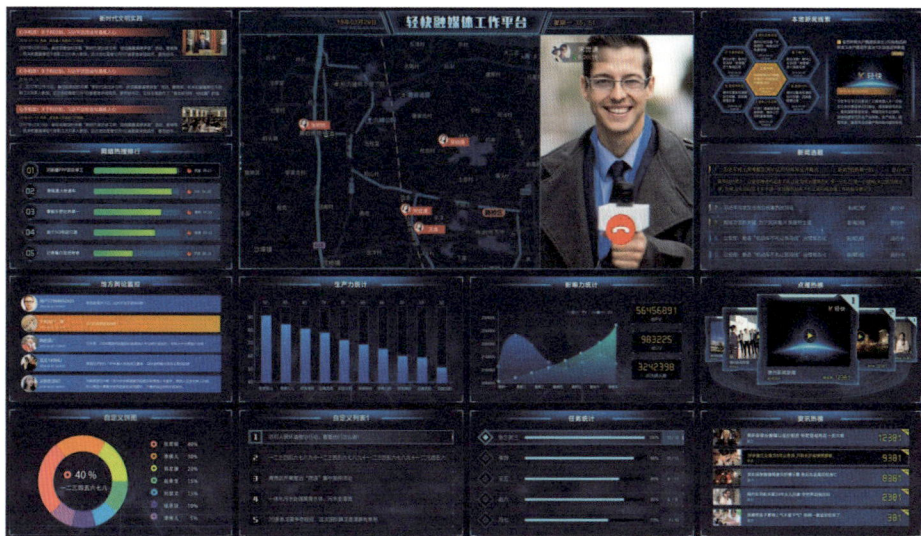

图3　轻快融媒体工作平台大屏效果图

三、模式与服务体系：媒体云主导，政企云、产业云并行的三大互联互通云版块，实现多元业务共生的垂直生态

（一）轻快媒体云：以政策为指导，以技术为依托，实现"融为一体、合而为一"的基层主流舆宣平台

近几年来，传统媒体和新兴媒体呈现出此长彼长的良好态势，推进媒体融合工作的重点已经从主干媒体拓展到了支系媒体，从省级以上媒体进一步

延伸到了县级媒体。扎实抓好县级融媒体中心建设，是凝聚基层群众向心力的有效途径，对巩固基层主流宣传阵地具有重要的意义。要使党和政府的声音及时传播到基层群众之中，县级融媒体就必须跟上时代的变化、技术的变迁，加快理念观念、体制机制、管理方式创新，切实增强群众认同度、信任度及喜爱度，才能不断提升传播力、引导力、影响力、公信力，在基层舆论引导中真正发挥主导性、关键性作用，更好服务群众、满足群众美好生活需要的迫切要求。

（二）轻快政企云：结合智慧城市建设，服务政府、服务民生，实现智慧媒体＋政务服务＋公共便民的综合服务

轻快融媒云平台政企云业务充分顺应党中央国务院"互联网＋政务服务"精神，依托轻快融媒云平台"技术＋服务"综合体系，服务政府、企业、民生，助力智慧城市建设。

轻快政企云集发票摇奖、本地服务、在线考评、信息查询、权限浏览、监督举报、政务信箱等多项功能于一身，满足精准扶贫、智慧党建、美丽校园等多行业综合信息服务。依托移动客户端"生活圈"功能板块，打造街道、社区、乡镇信息分类聚合圈，汇集舆情资讯、活动征集宣传、交流互动、便民讯息等实时发布、一键分享，不仅提高了机关效能，更让"移动互联网"的能量融入为民服务的全过程，有效助推智慧建设，打造基层政务信息枢纽。

1. 智慧政务，助推融合，利国利民

轻快融媒云平台助力地方广电，将政务服务工作与百姓生活进行深度融合。平台先后推出智慧财税"发票摇奖"、智慧测评"在线考评"、智慧安监"监督举报"等功能，赢得各地党政部门的认可，先后在各地落地实施。

截至目前，全国近百家地方广电已申请开通发票摇奖功能，其中河北安平手机台、河南汝州手机台、山东宁津手机台、山东庆云手机台等几十余家手机台率先落地，有效助力市县广电突破转型、促进党委政府财政税收，成为政府、广电、商家、百姓等多方共赢的强粘性应用。

案例 1：河南荥阳手机台依托轻快融媒云平台"在线考评智能答题系统"，顺利举办两期"创文问答"考评活动，经过全面压力测试，"在线考评"功能可稳定支持百万量级用户单日同时访问。荥阳台通过此活动广泛调动本地 126 个党政机关及企业集团共同参与，活动期间共吸引 5.6 万＋用户注册，实现累计 PV 超过 283 万。

案例 2：山东庆云广播电视台与当地财政、税务等多部门联合举办发票摇奖活动，消费者通过录入发票有机会获得大奖，极大地调动了消费者索要发票的热情，从而间接带动税收增收，促进建设良好的税收征管秩序。庆云手机台通过举办发票摇奖活动，因活动开展带来新增注册用户 1.5 万人，日均录入发票超过 1000 张，累计录入发票数量 57 万张，累计开票金额达 6 亿元。

2. 智慧街道／社区／乡镇，打造基层政务信息枢纽

轻快融媒云平台聚合街道、社区、乡镇资源，联合各地广电共同打造智慧社区、智慧街道、智慧乡镇，通过融媒体平台，为街道、社区、乡镇开通专属频道、宣传版块，设定特约通讯员，定期提供政务及宣传信息。同时，还通过移动客户端"生活圈"功能板块，打造街道、社区、乡镇信息分类聚合圈，汇集舆情资讯、活动征集宣传、交流互动、便民讯息等实时发布、一键分享，不仅提高了机关效能，更让"移动互联网"的能量融入便民服务的全过程，有效助推智慧建设，打造基层政务信息枢纽。

案例 3：江苏丹阳市广播电视集团与 60 多个镇（区、街道）、行政村（社区）依托轻快手机台，联合打造智慧镇区、阳光政务等自媒体平台，已经成为当地主流新媒体。

（三）轻快产业云：协作共享模式为县级融媒体中心建设提供多元化运营模式参考

轻快产业云基于轻快融媒云平台的强大用户基数及品牌影响力，打造的由主流媒体可管可控的全国资源对接平台，围绕轻快广告分发、轻快旅游协作、轻快商贸联销等产业方向，筛选优质产业项目进行合作，打通了产业链上下游，盘活县级媒体在各行业积累的丰富资源，形成"水平聚合＋垂直生态"，为县级融媒体中心建设提供多元化运营模式参考。

1. 诚信商贸，对接资源精准扶贫

轻快分销系统可吸引优质供货商入驻，整合资源，高效管理下游经销商，联合轻快各合作台拓宽宣传渠道，依托全国各地特色物产资源、媒体宣传资源、公信力资源，借助百台联动、轻快分销运作模式，打造出中国名优特产广电诚信直营平台。目前已运用平台跨域传播的特性，成功助推公益助农，成功帮助河南灵宝、山东阳信等多地区销售滞销商品，有效发挥平台社会效益与经济效益。

案例4：河南智慧灵宝手机台当地大枣滞销，借由轻快融媒云平台发起助农活动，7天成功出售灵宝滞销大枣150万斤，解决了当地枣农的燃眉之急，提升了手机台在当地的影响力。

案例5：2015年，山东滨州阳信地区芹菜滞销，阳信电视台、智慧阳信手机台和轻快融媒云平台联手开展了公益广电联销活动，帮助菜农卖出了4000万公斤芹菜。

图4 轻快公益助农案例图

2. 智慧旅游，聚合资源跨域共赢

轻快旅游传播协作体是由国内旅游行业主管单位、知名高校旅游研究机构、文化旅游企业等联合成立，以宣传、推广、联合各地市广电、旅游资源

为主旨，通过媒体推介会、媒体采风行，电视＋手机全媒体推广、共建移动互联网平台、平台联动聚合推广、落地活动和旅游产品等形式，助力智慧旅游发展。

案例6：2017年轻快融媒云平台积极参与青海海北州旅游局与山东省旅游局合作开展"十万山东人游海北"活动，为海北州旅游局搭建轻快App，轻快联合全国200多家广播电视台同步直播。

（四）服务体系

遵循"服务即增值"的理念，轻快融媒云平台建立了四层服务体系，包括运营层、智库层、培训层和客服层。层与层之间通过积分体系互通，形成服务紧耦合，解决区县媒体资源匮乏、能力缺乏、人力贫乏等现实问题。

从运营层来讲，目前已与全国200余家地方广播电视台在内容联推、活动联办、节目联播、产业联销等方向建立起抱团协作的创新模式，形成跨地域传播，低成本推广，借力借势携手打造轻快百台联动品牌影响力。

案例7：2016年1月25日，轻快融媒云平台联合河南三门峡广播电视台发起全国百家电视台"三门峡天鹅湖"直播活动，通过智慧三门峡手机台取得圆满成功。全国18个省市自治区76家电视台参与直播，在线观众达119万人。

图5　轻快百台联动案例图

案例 8：2017 年 9 月 1 日，第九届中国花卉博览会在宁夏银川拉开序幕。中国花博会是国家级花事盛会，被誉为中国花卉界的"奥林匹克"，全国 30 多个省区市携珍贵花卉参展，5800 多亩美丽的花海、60 多个风格各异的场馆展区全情期待游客前来观赏。为了能让全国各地的观众一睹此次花博会的盛况，宁夏看银川手机台联合轻快融媒云平台发起百台联动。全国 109 个市县的轻快手机台参与此次联动，"百台联动"最大范围地演绎了一场全国花卉嘉年华。

图 6　轻快百台联动案例图

智库层，顾名思义，是轻快融媒云平台与合作台联合出品、运营、维护的"智慧抱团"的资料库，其目标和宗旨是为合作台建立一个可经验分享、互动交流的线上资源知识综合体。目前已入库 3000 余份，涉及新媒体撰稿发稿、平台运营、活动营销、组织架构、融媒体管理体系、人员考核及绩效考评等多方面。

轻快云平台建立了完善的培训体系，涵盖线下培训班、线上培训、典范台现场交流考察、大中型全国台长研讨会、定制培训班等多种样式。据不完全统计，在四年多时间里，从轻快学院走出来的新媒体学员遍及全国 26 个省份 400 余家广播电视台，累计 2000 余人。真正为地方广电融合发展提供了强大的人才智力支持。

图 7　轻快融媒体云平台智库体系

7×24 小时不间断、多渠道电信级专业客户服务，分级分层多角度运营维护；提供全年不低于 300 天的技术保障与支撑。全年四次平台版本迭代、每月两次常规版本升级。服务是基础也是长久发展的保障，轻快融媒云平台以服务赢得信任，截至目前，已合作三年以上的地区及县级广播电视台占总合作台数的 70%，掉台率仅为 8.4%。

四、应用与实践成果：轻快融媒云平台建设案例分析

上线四年来，轻快融媒云平台积极探索、勇于实践，积累了大量的运营服务经验和市县广电融媒样板典范案例，200 多家基层广电媒体融合的经验沉淀，为下一步县级融媒体中心建设打下了坚实的基础。

（一）融媒案例 1：山东德州广播电视台

德州广播电视台依托轻快融媒云平台搭建"奏嘛"手机台。自上线以来，点击量累计 7000 多万，成为当地老百姓"用得着，看得见"的随身媒体，真正为德州广电烹好"地方菜"、做活"德文化"提供了抓手，在全国新媒体的建设中，德州"奏嘛"手机台已成为媒体融合的典范和标杆。在流程再造方面，德州广电将传统电视节目、广播节目与新媒体奏嘛手机台"合而为一"，真正实现从机构到生产再到人才的融合发展，使受众"需要什么"与媒体"生产什么"结合起来，为用户提供个性化、精细化服务。

（二）融媒案例 2：山东宁津广播电视台

宁津广播电视台借助轻快融媒云平台打造的本地"贴身媒体"智慧宁津手机台，已发展成为党委政府重要宣传平台、当地百姓的主流服务平台。

2018 年 8 月，宁津县融媒体中心基于原有轻快手机台基础进行落地实施升级建设，积极推进机构融合、平台融合、流程融合、功能融合，已率先实现融媒体中心。

图 8　轻快建设的宁津县融媒体中心指挥调度平台现场图

（三）融媒案例 3：江苏宿迁市广播电视台

江苏宿迁市广播电视台创造智能融媒体发展的"宿迁现象"，宿迁手机台坚持"本土化、社会化、市场化"发展方向和"有用有趣有料"的功能定位，全面推进媒体深度融合，访问量超 5000 万，UV 数据稳居全国第一。VR 宿迁、探秘宿迁、创文第一、认领石榴树等 100 多场线下活动、300 多场直播，彰显宿迁广电新媒体传播力；合作政企 APP 超百家，硬广吸纳加速，160 余家企业投放，产业蓬勃发展，综合创收破千万。

（四）融媒案例 4：广西南宁广播电台

广西南宁广播电台实施"移动优先"战略，深度聚焦民生热点，整合资源主推手机台，始终发布"第一手消息"，单条内容在 24 小时内访问量突破50 万，创轻快手机台最高纪录，让消息与访问量本身都成为看点，造就当地巨大影响力。

五、思考与路径探索：未来县级融媒体中心建设

融媒体中心建设势在必行，但其过程依然路漫道远，如何定位？谁来搭建？如何推动实质性的"融"而非形式上的"合"？这些都是迫切需要解决的问题。县级融媒体中心建设需要遵循新闻传播规律和新媒体发展规律，不能一蹴而就，需要当地党委政府的支持、相关单位的全力配合以及全社会的积极参与。良好的运行机制媒体可以实现多形式同频共振，占领主流舆论阵地，更好引领群众意识形态工作，为舆论引导力及公信力的提升发挥出更大的能量。

轻快融媒云平台凭借多年深耕区县广电领域的技术积累和运营经验，结合基层融媒的痛点需求，从模式、主体、内容等方面总结出以下几点建议，从而能够真正建好并发挥出融媒体中心切实作用。

（一）以县级广电为主体的融媒建设

随着媒体融合的稳步推进，全国各地县级媒体已经通过移动互联网实现转型融合，通过"两微一端"等新媒体发挥主流媒体引领作用，形成了较为完整的新媒体传播矩阵，为县级融媒体中心建设奠定了良好基础。县级融媒体中心建设应充分发挥广电独特的优势，贴近百姓发声，打造成为基层文化信息传播的重要平台和基层公共文化服务的重要主体。

（二）符合县域媒体机构专业化采编流程

切实推动实质性的"融合"，通过融媒体中心建设激活县域媒体资源、优化媒体结构，重构采编发等流程，推动传统媒体和新兴媒体在内容、渠道、平台、经营、管理、技术、人才等方面共享融通，不断完善运行机制，实现全媒体运作、全终端覆盖、全方位服务，积极适应移动化、数字化、网络化、智能化等技术发展趋势，打造本地综合服务平台。

（三）坚持移动优先，打造体现集聚功能的客户端

建立多样立体、融合发展的现代传播体系，移动优先的终端策略尤为关键。县级融媒体中心需要树立"用户观念"，借助移动端重点打造信息资讯、生活服务和社交互动平台，为地方百姓提供专业资讯、政务服务、大众娱乐、智慧生活、公共文化服务等综合信息服务，从而增强用户黏度和用户活跃度，逐步从内容型媒体向服务型媒体转变。

（四）探索多元化经营渠道，激活自我造血发展模式

融合的目的在于发展，县级融媒体中心建设完成后，县域媒体更具打造现代传播能力，基于融媒体中心形成上下游商务链，打通业态，拓展市场，增加价值，获取可持续发展的动力。同时通过"融合"将重建商业模式和盈利模式，从而盘活资源，最终实现自我造血。

（五）改善人才结构，组建技术、生产、运营专业团队

融媒体中心是新技术、新业务形式的拓展，使县级媒体固有的人才短缺问题尤为突出，如何吸引人才、培养人才、留住人才需要更好的政策机制。通过县级融媒体中心建设，将对人事制度、绩效分配等方面进行改善，保障平台技术运行与维护，从而打破传统媒体与新媒体壁垒、冲破新旧思维观念束缚、突破人才使用制约，使融媒体中心以新发展模式来适配新时代人民需要。

六、结语

轻快融媒云平台开创了基层广电融合转型新局面，走出了广播电视机构单纯做信息传播及新闻传播的领域，业务范围涉及政务、民生、便民、资讯，远远超出广播电视只做传播媒体的范畴，扩展服务边界，助力地方党委政府提升社会管理能力；走出了山东，由本地扩展到全国，形成跨地域传播新方式，平台为地方广电机构特别是县级媒体机构探索出共建共享、协同发展的转型机制；走出了单一的线性的传统广播电视传播方式，真正创造平台化媒体的优势，提供媒体传播与城市智慧服务相结合的可行路径。

未来，轻快融媒云平台将会一如既往，开拓创新，充分发挥技术、运营、服务等方面的平台优势，从服务对象角度出发，根据其人才结构、经营现状、用户习惯等，从产品架构设计到全方位运营指导、人才队伍培训建设等方面不断创新突破，交出一份助推全国县级融媒体中心建设的"轻快答卷"。

（作者分别为：山东海看网络科技有限公司总经理、副总经理、部门总监、高级编辑）

创新改革传统媒体运营机制
实现由各自为政向资源集中共享转变
——江西宜春市广播电视台媒体融合发展的思路和对策

张　敏　李　鹏　唐俊辉

推动媒体融合发展，是巩固宣传思想文化阵地、壮大主流思想舆论的战略举措。融合发展，关键在融为一体、合二为一、合多为一，要尽快把传统媒体之间，以及传统媒体与新兴媒体之间，从相"加"阶段尽快迈入相"融"阶段。

媒体融合，无疑是形势所迫、大势所趋、规律使然。深受新兴媒体的冲击，传统媒体舆论引导力、传播力面临严峻挑战，不走融合发展之路，将被边缘化、丧失话语权。由此，融合是媒体自觉，是变革图存，是转型增效，是互补共赢。从中央的要求到地方的需求，要把主流传统媒体打造成为新型主流媒体，关键在于积极投身媒体融合发展，不断探索融合发展路径，大力发展新媒体业务，传统媒体与新兴媒体实现优势互补；关键在于创新传统主流媒体的运营机制，实现由以往各自为政的资源使用，转变成为集中资源充分共享上来。

宜春市广播电视台顺应当前媒体发展趋势，秉承"唯改革者进，唯创新者强，唯改革创新者胜"的理念，按照"解放思想，转变作风，融合媒体，争创一流"的目标，把创新融合作为广播电视台发展的活力和动力，转型融合初见成效。2017 年，宜春台依托优势资源，自主研发的赣西广电云融媒体平台投入使用，该平台发挥大数据、云计算的先进技术，将全市各县市区新闻资源融合成为一张网，实现了内容、用户、技术、数据和传播平台的深度融合，该平台统筹了全市宣传系统的传播源头，让受众离现场近些，再近些。一部手机，就是一双眼睛；一个客户端，就是一支笔；人人都是记者，人人都在现场，大屏小屏的互动，新闻故事直播化、主题宣传网络化、电台电波视频化，实现了分众化推出的新型传播方式，成效明显。2017 年宜春在中央电视台发稿 215 条，其中《新闻联播》发稿 34 条，《焦点访谈》发稿 4 条；在江西电视台发稿 1095 条，其中《江西新闻联播》发稿 689 条。发稿数量和质量均比上年有大幅提升。

图 1　组织采写的新闻在《新闻联播》播出

一、现状

（一）当前媒体环境

地方电视台受中央、省级卫视、省级地面频道和众多数字频道的重重挤压，近两年又被 IPTV、视频网站、移动终端等新兴媒体围堵夹击，发展步履维艰。

面对日益严峻的生存环境，如何突出重围，实现可持续发展，并挖掘适应地方台的生存空间和发展空间，已经成为众多地方台迫在眉睫要破解的重点命题。打破传统模式、创新体制机制、把脉新的传播规律、融合新兴传播手段，已经成为地方台突破重围、科学发展的必然选择。

（二）宜春台目前情况

宜春台成立于 2009 年，全台目前在岗人员 199 人。拥有传统媒体电视、广播和广电报，2016 年 5 月搭建了手机客户端和新闻网站，以及微信官方公众号等新媒体平台。

宜春台经过了前些年短暂的行业发展高峰后，面对新形势下复杂的发展环境，2017年年初，特别是新的台领导班子成立后，梳理总结发现了制约台发展的几个问题。宏观表现为：一是现有机制陈旧僵化，陈弊太多，面对当前媒体大变革机遇期的创新发展思路滞后，不适应当前媒体变革期事业发展的需求；二是媒体自我创新和自我修复能力缺失，媒体资源内耗太大；三是缺乏适当的人才激励措施，缺乏干事激励机制，担当意识不强；四是资源整合不够，媒体融合步伐滞后，缺乏激励环境和机制，经营创收无力。微观表现为：一是应对市场能力弱，职工缺乏危机意识，潜心钻研业务的工作氛围不浓；二是部门机关化，分配机制不够科学合理，干好干坏一个样，忙的忙死，闲的闲死；三是部门各自为政，各干其事，缺乏集体作战能力，"温水煮青蛙"现象严重；四是有心干事者缺乏平台，有平台的人缺乏干事热情和动力。

二、思路和对策

新的时代背景下，互联网技术发展产生了结构性的变革力量，原有的社会传播格局被打破，新的传播生态逐渐成长，新的传播现象和传播业态层出不穷，新闻舆论工作面临更为复杂的形势与挑战。这要求我们必须深刻领会

图2　宜春台组织外出学习考察

并坚决贯彻习总书记系列重要讲话精神，牢牢坚持马克思主义新闻观，牢牢坚持正确舆论导向，有效发挥引领社会、凝聚人心、推动发展的作用，为党和国家全局工作的顺利推进，为实现中华民族伟大复兴的中国梦营造良好舆论环境。2017 年 3 月，宜春台在创新机制、完善制度、新闻改革、整合资源、融合转型、队伍建设等方面作了积极的探索与实践，探寻地方台在媒体发展新时期主流媒体新的运营机制。

（一）解放思想，更新观念

"知者行之始，行者知之成"。要对内部机构和机制进行有效的改革和创新，形成资源围绕优势转、机构围绕节目转、节目围绕受众转的良性运行机制。

1. **解放思想，建立起以责权清晰为导向的岗位责任体系。** 尽快明晰各生产一线部门各岗位的工作职能，通过管理上去机关化，体制上去行政化，打破现有的行政体制构架；多种形式促进媒体融合发展，激发一线记者编辑团结一心围绕节目生产干事业，"有责有为才有岗有位"的创新思维。

宜春台明确栏目分配制度，栏目人员工资福利市场化运作，鼓励无创收的非盈利栏目人员主动提出到新闻一线部门工作。这样既解决了新闻一线人手缺乏的问题，又解决了栏目臃肿、尾大不掉的陈弊。

2. **清晰导向，建立起以市场需求为导向的节目生产体系。** 按照受众市场需求来重新审视各频道和栏目的定位，推行频道负责制和栏目制片人制度，重新编排和整合领导满意、观众叫好的节目；从而促进媒体深度融合，形成特色鲜明的广电媒体宣传矩阵。

3. **制度兴台，建立起以业绩考评为导向的目标管理体系。** 用受众市场指标（电视收视率、电台收听率、网络点击率）来考核栏目的发展空间；用量化的考核指标来决定收入分配制度；最终形成"受众市场——节目策划——制作传播——反馈完善"的良性节目生产机制。

4. **人才旺台，建立起以公平竞争为导向的人才激励体系。** 细化记者编辑晋级标准，增强员工归属意识，营造能上能下的人才竞争氛围；既要着重培养政治水平高、技术能力强的业务精英，又注重打造懂新闻宣传，还懂新闻管理的人才，以适应融媒体市场条件下的不同人才需求。

（二）重构体制，创新发展

重构管理体制，激活创新热情。台党组在深入调查研究、充分尊重民意的基础上，2017 年 3 月，宜春台启动广电内部机制改革，打破了长期以来各自为政、部门互不往来的管理模式，重构行政体制，推行了大片区管理制度，实现了"五个重构"。

1. 部门机构重构。 将原来各自运行的 11 个部门划分为五个大片区，实行大片区管理部门，部门管理栏目，栏目再具体管人的管理办法。第一片区由新闻节目中心、总编室、大型活动节目中心和新媒体中心组成；第二片区融合《月都红绿灯》和《法治宜春》栏目，为全市指定性社教节目服务；第三片区由经济节目中心、社教节目中心组成；第四片区为广播电台和广电报社；第五片区则把办公室、技术中心、财务中心等后勤服务类部门融为一体。

2. 目标任务重构。 第一片区，承担全台中心工作——新闻宣传，集中力量重点打造宜春一套新闻综合频道，把新闻台做大做强；第二片区打造法治频道，将专业类服务节目的内容做好；第三片区重点打造宜春二套公共频道，负责全台所有创收类专题节目，将经济生活服务类节目内容做活；第四片区探索做好广电空间节目和纸媒平台节目的融合方式，试行电台和报纸融合工作；第五片区将全台服务工作做细。

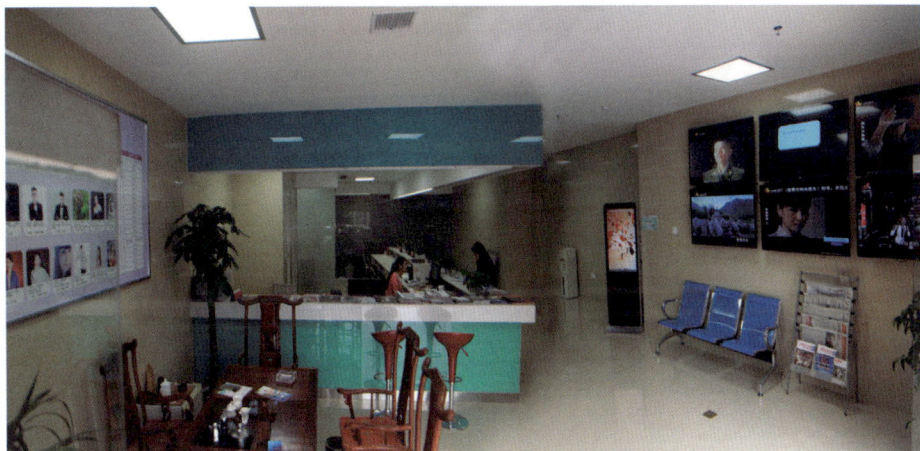

图 3　宜春市广播电视台服务大厅

3. 人员管理重构。 我们对片区实行片区长负责制，人员原有身份不变，全员实行定岗定责，分类进行绩效考核，由一个萝卜一个坑变成一个萝卜多个坑，过去人浮于事的现象基本消失，大幅提高了工作效率。第一片区的肖立群就认为，"我现在不但要做原来负责的新媒体的管理编发工作，还要负责新闻节目中心的文字编辑工作，因为实行片区管理后打通用稿通道，我们的微信、微博更新快多了！解决了原来新媒体采访力量不足的问题！"同样，播音员全部归新成立的播音部统一管理，打破了播音员栏目管理带来的使用率不高的弊端。

4. 奖惩机制重构。完善考核机制，各个片区一线工作人员拿出一部分工资作为绩效跟工作质量和工作数量挂钩，并根据不同岗位制定相应的工作职责，设定不同的工作任务，实行绩效考核按劳取酬，多劳多得，从而激发了职工干事创业的热情，深受大家的点赞和认可。

图 4　宜春台考察其他地市的融媒体中心

5. 设备管理重构。所有设备由片区长负总责，根据节目需要科学调配，一举打破了过去部门之间固定资产重置、机器设备互不流通的工作壁垒，从硬件和基层设施上促进了媒体之间的进一步融合以及现有资源的集中共享和充分利用。

重构体制，一是有利于各个节目生产一线的部门实现集中统一管理，有效清除各干其事的懒政现象，为之后的融媒体平台建设提供必要的制度保障；二是打破了行政化管理体制，在全台范围营造了一个新闻立台、节目活台的强烈信号，除了经营部门和后勤部门，其他所有人员都全身心投入节目创作当中，全台不同媒体的力量都集中到如何生产出好的精品栏目和节目上来。

（三）内容为王，新闻回归

新闻立台是新闻媒体追求的永恒主题。尤其在现今媒体形态日益复杂的情况下，重申新闻立台、强调导向立台显得更为重要。新闻立台是地方台在体制转换、传媒竞争激烈形势下的唯一出路，是非走不可，不走好也不行的必由之路。

坚持新闻立台，增强主流媒体的传播力、公信力和影响力，仍然是各级广播电视台需要面对的重要课题。唯有不断深化和推进新闻立台，才能在激烈的竞争中站稳脚跟，赢得发展。只有通过重架新闻节目结构，强化新闻传播的本土性、服务性和思想性，突出报道发生在百姓身边的本土新闻，方能增加广电媒体与受众的粘合度，积聚人气，树立形象，提升视听率。

1. 优化资源配置，让新闻阵地强起来。新闻立台不仅仅看新闻节目的质量，还要看新闻信息播出数量多少，达到多大的影响力。没有一定的新闻播出量，新闻立台只是一句空话。因为受到新媒体的冲击，许多地市台普遍压缩新闻播出时段，而我们却大幅增加了新闻阵地。围绕做大最强地方特色新闻节目，把本地观众和听众的眼球吸引回我们的节目中来。

宜春台在 2017 年年初把综合频道定位为地方台新闻频道，5 月起推出《整点播报》滚动新闻。参照央视新闻频道，结合观众收视习惯和本地特点，滚动新闻轮流推送，每天拿出 8 个整点时段，分别固定时间推播动态新闻，重在快速及时，不断更新，打造了全天候的动态新闻的快速传播，使得宜春电视台一套新闻综合频道的新闻播出时间延长到每天 6 个小时以上。

在重点新闻时段，宜春台整合资源重磅打造了每日 30 分钟的版块式的杂志新闻栏目《宜春新闻联播》。"时政要闻"版块内容为会议报道和领导活动；"重点报道"版块以主题性和指令性的各个主题宣传中心工作为主，其他市本级动态信息为辅；"县市区报道"则汇集宜春下面 13 个县市区的政治、经济、文化、旅游等信息，展示全市各地的各种动态内容；"民生直通车"版块则关注社会万象，传递市民心声，追踪新闻故事，做活民生热线，把新闻触角延伸到社会各个层面角落，以关注百姓的柴米油盐、婚丧嫁娶、喜怒哀乐为主，展示平民生活，反映市民心声，节目更有生活味、人情味，更具贴近性，发挥了党和政府联系人民群众的桥梁纽带作用。这些版块综合一起叫作《宜春新闻联播》，它搭建起了一个地方新闻信息快速、准确、全面、深度、立体化、综合性的电视新闻综合播发平台。

目前，宜春台新闻以当日的新闻为主，当天新闻由之前的 15%~20% 的比重，上升到 50%~60% 以上，增加了新闻的时效性。同时通过挤水分，上质量，增加信息量，上短消息，还增加了现场报道和言论引导功能，让宜春传统电视新闻媒体扬起龙头，重拾地方传统媒体的公信力、影响力和权威性。

同时，宜春台增大新闻出口率，成立了台对外宣传工作领导小组，有效地打破了电视台和电台之间的工作壁垒，把电视台和电台的外宣人员全部统一管理，划归业务流程，从而抓好上送中央台、江西台的对外宣传工作，确保外宣工作保持了在全省发稿领先的位置，为有效整合新闻资源发挥了整体力量。

2. 整合社会资源，增加新闻信息渠道，转变新闻获得渠道的传统观念。我们把包括政府在内的社会资源当作广电最大的客户，通过向政府申请专项经费，获得了开通全省第一个电视法治频道的每年 300 万元专项资金。不仅成功解决了频道运行资金来源问题，而且通过新频道开辟的《法治播报》《法治视界》《月都红绿灯》《记者再报告》等新闻栏目，让地方台新闻类栏目趋向专业化、精细化，扩大了地方性新闻的延伸度。同样的道理，我们和市纪委合作开展行风整治专题行动，与市城管局、市环保局联合举办打击城乡整治暗访专项行动，与市卫计委协同整合社会资金 100 万开办《健康宜春》等新闻专题节目。这些新闻专栏和节目的播出，大大增强了社会各界参与新闻采编播制作的工作主动性和积极性，同时也极大地提高了我们新闻节目的关注度和收视率，新闻立台成为一种社会共同努力的方向和结果。

在纸质媒体市场低迷的情况下，宜春广播电视报一改原有的办报思路，开拓创新，进行了全新的改版与扩版，报名改为《宜春广播电视报——民生周刊》，整份报纸从里到外焕然一新：在封面我们安排刊登主持人风采，对宜春台自身形象起到了非常好的宣传作用；版面由之前的 20 个版扩为现在的 28 个版，除保留原有的一些品牌版面外，新开辟了《新闻聚焦》《理论园地》《赣西发现》《花样年华》《拍客宜春》等版面，更加贴近民生、贴近生活、贴近本土。改版后的《宜春广播电视报》包装更精美、内容更丰富、可读性更强。

到目前为止，宜春广播电视报《民生周刊》已经出版发行了 23 期报纸，反响非常不错，受到了广大读者与订户的一致好评。

图 5　改版后的《宜春广播电视报》

（四）融媒体平台让媒体融合，改造采编业务流程

　　坚持正确的舆论导向不放松永远属于新闻舆论工作过程中的核心与灵魂。在地方上，作为党的主流媒体，其权威性和公信力仍然在于要及时发出"主流声音"、构建"主流叙述"。同时，由于网络技术和数字技术的裂变式发展，以及舆论环境、媒体格局的颠覆式变化，新闻舆论工作应该改变，更需要在创新理念、工作方法、工作内容以及工作体裁等方面作出改变，不断增强其针对性及实效性。因此，加快推进传统媒体和新兴媒体的融合工作，已经成为全国各级媒体深化发展的重要一步。在前期整合电视、电台、新媒体所有新闻有生力量，做强拳头新闻栏目，集中报道资源和技术，打造电视新闻综合频道、电台新闻综合频率和两微一端统一发布的新闻矩阵的前提下，2017

年9月，宜春台启动了"赣西广电云"建设，着力搭建"融媒体平台"，实现广播、电视、网络、客户端、微信、微博等多平台播发，在台网融合、全媒体传播上迈出了实质性步伐。目前新媒体中心主要负责宜春传媒网、宜广传媒新闻客户端。

宜春台微信公众号有三大新媒体平台。目前宜春传媒网总点击量突破750万人次，宜广传媒客户端总浏览量近300万人次，微信公众号用户关注量近2万人次。2017年宜春传媒网共发布视频新闻4750条，约26700分钟，发送图文资讯类稿件335篇；宜广传媒APP发送视频图文稿件6082条；微信公众号发稿1450条。

图6　新媒体"宜广传媒"手机客户端页面

宜春台争取政府资金1300万元，按照初级的中央厨房式的"一次采集，多次生成，多元分发"模式，打造了全省地级市首个融媒体平台。"赣西广电云"融媒体平台已实现了本台广播、电视、网站、报纸、手机终端全媒体传播矩阵，成为地方台打造新型主流媒体，用新技术抢占舆论高地的一个新平台。该平台是集信息收集、舆情研判、采访调度、记者写稿、编辑审核、图像回传、节目串联、报纸和网络新闻编辑、新媒体制作推送、大数据处理等功能于一体的融媒体集群平台，通过该平台，宜春台"赣西广电云"实现了如下功能：

　　一是融媒体集群管理系统。不仅能够实现宜春台自己的电视、广播、广电报，以及新兴媒体"两微一端"各平台的信息共享、资源共享、数据共享，还可以实现同宜春下面十个县市区电视台，甚至各个合作单位的平台共享，打通了制约宜春全市信息资源共享的瓶颈。目前，宜春台基本实现了广播、电视、报纸、网络内容共享，形式多样、各具特色、全媒互动。宜广传媒先后与宜春学院、宜春职业技术学院等大中专院校合作，并按制播分离的要求，组建新闻专业师生采编队伍，为平台提供稿源；积极加强与行政事业单位合作，让政府部门为平台及时提供政府各种公共信息资讯；运用新媒体平台展示各县市区经济、社会发展新成就。"宜广传媒"开设了"县市区频道"，各县市区电视台设独立端口，自行上传本地新闻和资讯，形成了立体式、多渠道信息资源的平台共享。

图 7　全新的广播电台直播

　　二是移动采编管理系统。新闻线索统一采集、集中加工、多平台分发、后台数据实时监控。前方记者实现与指挥中心的实时沟通、交流、传输。支持在后台实时查看记者的位置，遇到突发新闻，可以根据定位为记者指派任务。记者可以通过这个系统进行移动办公，报线索，抢线索，提交稿件、图片和音视频。指挥中心可以指挥记者采访、搜集素材等。

　　三是多媒体采编播系统。以各种新兴技术为手段的文字、音频、视频多媒体内容的同步生产制作，并实现分发渠道的同步进行，在融媒体平台上真正实现了"一次采集、多元生成、多渠道发布"的传播目标。依托"赣西广电云"移动直播微信平台，我们自办的直播活动每场的点击量都是上百万，同时新闻传播量多了、速度快了、覆盖面广了，极大地提升了传统媒体的影响力。

图8　全新的电视演播间

　　四是大数据与舆情监测系统。筹建大数据与舆情监测系统，专注于通过海量信息采集、智能语义分析、自然语言处理、数据挖掘以及机器学习等技术，不间断地监控网站、论坛、博客、微博、平面媒体、微信等信息，及时、全面、准确地掌握各种信息和网络动向，从大数据中发掘事件苗头、归纳舆论观点倾向、掌握公众态度情绪，并结合历史相似和类似事件进行趋势预测和应对。

　　配合"赣西广电云"融媒体平台建设，我们建立健全新媒体转型全媒体记者，下发全媒体稿件任务，记者日常采访工作的考核管理制度，利用台新闻采编队伍的"双重身份"，记者全员接受新媒体责任编辑调度安排，采回稿件做到一次采集，多元播发。

　　当然，媒体融合发展不会是简单地相加，对于传统主流媒体来说，要实现深度融合，就需要打破原有的体制、机制、人员和结构，这是一次洗礼，也是一次浴火重生。在目前改革的基础上，宜春台实行高效、可持续的融媒模式，实行"三个统一"，实现"三个转变"，以求达到最终的深度融合效果。

图 9　宜春台"赣西广电云"融媒体指挥中心

"三个统一"：一是统一身份。除保留重要时政口记者、深度报道记者和名栏目记者外，将其他部门全部打通，人员身份均为广电全媒体记者。二是统一指挥。所有记者全部进入融媒体集群指挥中心，统一指挥，统一调度，所有稿件全部进入融媒集群"新闻超市"，供电视、报纸、网络和新媒体根据各自的特点抓取选用。三是统一考核。集团成立大考核部，重新制定分值体系，按照稿件质量和传播效果比如点击率、阅读量等考核打分。记者采访的新闻，以新媒体采用稿为主进行基础分值评定，再根据电视、报纸、网络选用情况进行加权计分，选用次数越多加权越大。

"三个转变"：一是记者从单一型向全媒体全技能型转变。组织对记者的新闻素养特别是新媒体技能进行多次培训，实现从单一摄像、文字记者到文字、图片、音频、视频、VR 运用及制作的全技能记者转变。二是工作重心从以电视、报纸为主向做精电视、报纸最终到做活新媒体转变，以新闻报道的内容为主，实现"移动优先、直播优先、短视频优先"。宜春新闻、广电报保留重要时政口记者和优秀评论人员、优秀编辑、名栏目编辑精英团队，负责从融

133

媒体集群平台上精选编发新闻，做精做强宜春新闻，守好主阵地。其他人员优化组合进入一线、进入新媒体，采写新闻、创造亮点。三是工资结构向优质稿件和优秀创意策划倾斜。考核标准量化到新媒体点击率和点击量上，用受众欢迎程度来决定稿件的优质程度。

赣西广电云融媒体平台将不仅是一个全媒体的信息汇集和生产、发布平台，下一步将整合宜春市三级媒体机构（广播电视台和报社、区县电视台、记者站等）及媒体资源，打造强有力的宜春市媒体集群，同时将承担更多的社会功能，从新闻传播平台拓展成为功能更强大的社会服务平台、智慧平台和经济平台。

（五）产业融合助推媒体融合

1. **产业融合推动传播力建设**。媒体通过进军其他产业，可以更好地扩大其产品的覆盖面尤其是对年轻用户的覆盖面，也可以通过更接地气的产品服务更好地传播媒体的价值观，这种润物细无声的方式能够更好地起到"以文化人"的效果，也能够更好地实现舆论引导功能。宜春台拓宽渠道成立宜春广电影视制作中心，经营视音频制作、各类直录播等，还成立宜春广电影视艺术培训学校，暑期第一期广电夏令营开营，反响就非常好，取得了较好的社会效益和经济效益。探索制播分离，继续与有关单位合作创办《月都红绿灯》《法治宜春》《行在宜春》《生态铜鼓》《畅游明月山》等栏目，使栏目更接地气。大力发展广电文化产业，积极探索产业兴台的路径，成立了宜春市微电影协会。《宜春故事》全面改版，制播分离开始启动，制作了 50 多部专题片推向市场。广告经营本着广告栏目化、栏目市场化的要求，保持不滑坡，实现了平稳过渡。

2. **产业融合有效倒逼媒体融合**。宜春台在进行媒体融合时，更为可行的路径是"增量稀释存量、增量倒逼存量"，即新项目、新业务成为主要业务支柱之后，存量的风险自然就很小；新业务、新项目采取全新的市场化体制，这种体制有利于激发从业人员的积极性、主动性和创造性，能够有效地倒逼存量改变不适应发展的旧体制，培养适合新市场的骨干人才。由于产业融合都是新业务和新项目，既可以采取全新的体制和机制，又有较大的发展潜力，不仅能够倒逼传统媒体的观念转变，又能倒逼旧体制的改革和完善。目前，宜春台产业发展正当时。

图 10　组织开展"我爱朗读"活动

　　时代的发展和技术的突破，将会不断改变媒体传播的方式。但无论何时，主流媒体都是舆论引导的主阵地、引领人们思想的主力军。主流媒体不仅要做时代的追随者，更应做时代的引领者，要在把握当前媒体传播规律的同时，研判未来媒体传播的趋势，用高瞻远瞩的思维，通过融合发展开疆拓土，引领人们的思想，引领时代的发展。

　　（作者分别为：宜春市广播电视台党组书记、台长；宜春市广播电视台党组成员、副总编辑；宜春市广播电视台办公室负责人）

"乐美"融媒体平台：商丘模式的可贵探索

曹凤礼　赵国立　齐　永

近几年，随着互联网及移动互联网的迅速普及，我市县广播电视台的广告创收受到了极大的影响，以至于影响到了我们的生存。

是什么？为什么？

方向在哪里？怎样能自救？

一、影响我们生存的是什么？

2014 年是个当初我们并不在意、而现在看起来意义重大的年份。就在这一年，互联网广告收入首次超越了电视广告收入，并且自此之后一路高歌猛进逐年增长，我们的电视广告收入却在节节萎缩。请看图 1、图 2 两图：

两图对比，一目了然。电视广告在 2013 年达到顶点，为 1119 亿元人民币，

图 1　我国电视广告收入
2010 年至 2018 年走势图

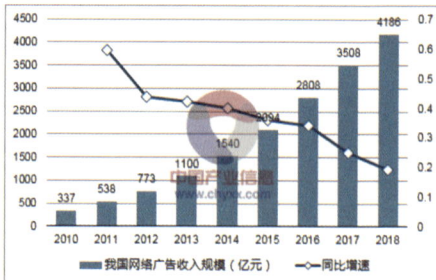

图 2　我国网络广告收入
2010 年至 2018 年走势图

（来源："中国产业信息"公开资料，截至 2018 年上半年）

而后逐年下滑。而互联网广告 2013 年略低于电视广告，而后一直保持高增长，2017 年达到 3500 多亿元，2018 年上半年，已经突破 4000 亿元人民币，这种趋势直至今天。据国家广电总局财务司的数据显示，2017 年广播电视广告收入稳中趋降，总收入 1518.75 亿元，同比下降 1.84%；请注意，这是"广播""电视"的广告总量，还不及当年互联网广告的 44%。

更令人无奈的是，电视广告这样的体量，还进一步向央视和"五大卫视"集中。2016 年全国电视广告收入 1031 亿，同比略有下滑，而仅五大卫视收入合计就超过 300 亿（央视数字没有透露）。整体来看，一方面，电视广告收入整体自 2013 年来开始逐渐下滑，每年下滑 2%~3%；另一方面，五大一线卫视收入规模不断提升，广告时间段也呈现进一步的集中化趋势。

"马太效应"进一步彰显。其他的省级电视台的广告收入已经是无可奈何地大幅滑落，更不要说我们市县广播电视台了。

当然，不否认有的市县广播电视台，如浙江长兴县台、湖南浏阳市台以及广东、江浙经济发达地区等市县广播电视台，他们有的依仗传统经济发达地区的优势，有的锐意改革、创新驱动，发展得红红火火，但这些毕竟是极少数，全国其他绝大多数的市县广播电视台都已经陷入困境乃至生存都受到严重威胁，已是不争的事实。

过去，主流媒体大多是行政或事业单位，这些工作是"铁饭碗"，在广播电视台工作是一件多么令人自豪的事情，但时过境迁，使我们不得不直面市县广播电视台的生存环境问题。

目前，全国有地市州盟 333 个，县及县级市（旗、特区、林区）共 2861 个，这 3194 个县市级行政区划，几乎都有一件广播电视台。这是最基层的、传播最广的媒体，党和政府在县市级区域的发声主要靠此，所以，市县广播电视台的生死存亡问题绝不是一个小问题。

市县广播电视台（本文特指全国大多数的市县广播电视台，并非全部。下同）的生存状况，到了应当受到强烈关注的时候了。

影响我们生存发展的到底是什么原因？

第一个因素：内部因素。体制因素所导致的内部活力不足，创新不足，内容老套、千台一面等。

第二个因素：外部因素。这就是大环境使然，外部因素成为更重要的、决定性的因素。网络媒体的冲击，手机客户端的迅速普及，自媒体雨后春笋般地繁荣昌盛，腾讯、爱奇艺网站以及快手、火山等短视频网站的迅速发展，都成为击垮广播电视台的致命一击。正像去年（2017）击垮的著名数码相机品牌尼康，使他不得不关闭中国工厂的不是佳能、不是索尼，而是跟相机完全不相关的另外一个产品——智能手机！

手机也是如此。从开始的手机老大摩托罗拉到崛起的世界品牌诺基亚，当诺基亚傲视全球没有敌手的时候，突然出来一个"苹果"，一个原来做电脑的"苹果"，它做出了触屏的智能手机，很快把手机世界老大的"诺基亚"给干掉了，而且没有还手之力！

再有，国内方便面市场的老大康师傅，在中国多少年都是独占鳌头，当它得意洋洋、看不到对手的时候，崛起的几家跟它毫无关联的新型互联网公司——饿了么、美团等，使康师傅的销售量呈现每年几亿包的下降。打得康师傅节节溃败的不是统一，不是今麦郎，更不是白象，不是任何一个平日里厮杀惨烈的竞争对手，而是美团、饿了么这些新兴互联网公司，是散布在城市里大大小小的靠外卖生存的小作坊。

我们都知道：美团是做外卖的，滴滴是做打车的，两者井水不犯河水。然而忽然有一天，一则"滴滴骑手招募令"在网上曝光，也就是说，打车起家的滴滴，竟然要和美团抢送餐的业务了！这下可好，美团也宣布要进军打车业务了！为了抢夺司机资源，美团给前2万名报名的司机（北京是前5万名）享受3个月零抽成的优惠。

这就叫：我消灭你，但与你无关。

与什么有关呢？时代！时代的残酷在于，往往你被抛弃了还一头雾水，事先不会和你打一声招呼。

在时代的列车面前，没有人是可以逃离的，如果不做好准备，如果没有这方面的危机意识，那么当噩运降临的时候，往往会招架不住，犹如天塌地陷。

对于我们市县广播电视台来说，这个"天塌地陷"就是：广告主跑了，广告没了，他们有更迅捷、更便宜的平台了。

时代——这就是个让人爱、让人恨、让人哭笑不得、让人无可奈何的时代！

二、为什么？

这个让人爱、让人恨、让人哭笑不得、让人无可奈何的时代为什么就影响到我们市县广播电视台的生存？为什么让千千万万的马云、马化腾如鱼得水、事业蒸蒸日上、一日千里，而偏偏让我们遭遇生存危机？

为什么？问题的症结在哪里？

表面上看，是在于广告少了，营收降了。但往深层看，有三个原因：

（一）思想陈旧，跟不上时代的发展

我们广播电视台一直以传媒界老大自居，几十年走着相同的道路，做节目，收广告费。墨守成规，不思进取。但现在，你必须知道，走了几十年的老路不能再走下去了，你必须转型！

新时代的到来，互联网技术得到快速普及和发展，新媒体凭借方便、快捷的特点迅速被应用到人们的生产和生活中。而随着人们在线的时间、特别是移动客户端在线的时间越来越长，中国的广告支出正迅速而持续地向数字化移动互联网媒体转移，广告主们也尤其重视视频和社交媒体的广告投入。这样，就必然给我们传统的广播电视媒体带来巨大的压力，甚至带来部分市县广播电视台尤其是经济欠发达地区的中西部市县广播电视台面临生死存亡危机。

我们相当多的市县广播电视台并没有意识到时代的发展是必然促使我们与时俱进的，没有去找原因寻求突破，只是唉声叹气、怨天尤人。还是老套——做节目，收广告费；收广告费，做节目。当然要落后于时代了。你跟不上时代，时代就要抛弃你。

（二）丢了一个身份

这是更为严酷的事实，许多人都还没有意识到的更深层的原因是：我们的身份变了——从两个身份变成了一个。

以前，广播电视台既要管生产（内容），也要管传输——通过有线网络或者无线电波传输。也就是说，广播电视台既是内容生产商，也是渠道供应商，两个身份。那时，用户想看电视，他们得想方设法打通接通电视信号的通道，城市的市民要接通有线电视网络，农村的农民往房顶上或者树上架设天线收天上的电波。而现在情况变了，不是客户想办法去接通电视信号，而是各种通道多了，如有线的、无线的、广播电视台、网络公司，再加上中国联通、

中国移动、中国电信三大运营商等，都在想方设法抢客户，都在迎合客户需求主动送货上门。当广电网络公司还在为传输费高低费脑筋时，人家三大运营商干脆一个字："免"，全免费赠送信号传输，全免费光纤扯到家里，还全免费赠送你机顶盒。

这样，随着时代的发展，广播电视台的"渠道供应商"的份额被挤压得越来越小。上星的卫视台还可以，地面台，特别是市县广播电视台，已经被四面八方的渠道挤压得岌岌可危，几近断流！

以前两支枪，已经丢了一支，成了一支枪了，仗就不好打了。

（三）另一个身份也岌岌可危

我们已经失去了一个重要的身份——"渠道供应商"，即使是第二个身份"内容生产商"，大家如果认真想一想，也是岌岌可危。

一个最简单的例子，货架上的货物，顾客没有买走的时候叫货物（其实许多大超市一个准确的称呼为"料"，摆放货物称为"上料"，撤架货物称为"下料"），顾客买走了才叫商品。

所以，我们必须明白这样一个道理：我们虽然还是内容生产商，但是，内容必须要传输到观众那里才有用、才叫"内容"。没有传送到那里，对不起，那不叫内容，那叫"稿子"。

当现在人手一机甚至很多人两个手机的时代，我们认真想一想，有多少人在用手机看我们市县广播电视台的节目呢？

恐怕绝大多数的市县广播电视台都不敢正视这个问题，或者说不好意思正视这个问题。

全家坐在客厅里围看电视的时代已经结束，人手一机随时随地看新闻看电影、电视剧的时代已经来临。当看手机的人不看我们的节目时，我们还有自信心说我们是"内容生产商"，至少说我们是绝大多数观众的"内容生产商"吗？

所以，必须变革。

三、方向在哪里？

在这个深化改革的时代大背景下，我们市县广播电视台下一步发展的方向在哪里？道路在哪里？能够变革成什么模样？

在时代发展的大背景下，社会前进的步伐骤然加快，社会变革在各个领域如火如荼，我们——广播电视人，要自救，要改革，首先必须认清当今时代发展的大趋势。

那么，什么是大趋势？我们认为，摆在我们面前的，有四大趋势：

（一）第一个大趋势：互联网、互联网 +

中国经济的发展走到 2015 年，李克强总理首次提出："推动'互联网 +'行动计划，推动移动互联网、云计算……健康发展。"① 这个重大经济战略一经提出，各个领域争先恐后拿起"互联网 +"的武器，转型升级。

（二）第二个大趋势：平台及平台经济

平台经济是一种以互联网为基础的虚拟或真实的交易场所，虽然平台本身并不生产产品，但可以促成双方或多方供求之间的交易，收取恰当的费用或赚取差价而获得收益。目前，一日千里发展的以 BAT 为代表的百度、阿里巴巴、腾讯以及淘宝、京东商城、凡客诚品、一号店、当当、亚马逊、携程、艺龙、途牛、去哪儿等，无一不是平台经济。

（三）第三个趋势：共享经济及分享经济

共享经济最核心的两点要求：一、竞争要非常充分；二、剩余产值特别大。关键就在于怎么组合，看把市场资源怎么样重新分配利用。共享经济的拥有者和使用者不是一个人，比如说，滴滴快车，这其实就是租赁经济，共享经济就是租赁经济。分享经济不一样，分享经济的拥有者和使用者是一个人，比如滴滴顺风车，还是你的车，你分享的只是多余的时间和空间。

共享经济与分享经济在今天能够大行其道是有背后逻辑的，所谓存在即合理。共享经济商业模式最需要的是流量和资源，这个是关键。而分享经济不一样，更强调互动和碎片化的整合。互联网的一个重要价值就是碎片化的整合。谁能够最大限度地碎片化结合，谁的未来发展方向就最好。

共享经济就是把全世界大量的、碎片的、闲置的资产整合到一个平台，把闲钱、闲人、闲思想、闲 IP 整合到一个平台，建立价值洼地，迅速完成，重构市场。

---

① 李克强总理在十二届人大三次会议上所作的《政府工作报告》。

（四）第四个趋势：媒体及媒体融合

这是我们的领域，我们做媒体的对此本应该得心应手。然而恰恰相反，大多数人不明白或者说理解有偏颇。以为媒体融合就是我们自己的几个媒体相加。我们的媒体融合，更应该做的就是传统媒体和新兴媒体的融合，甚至和其他不是媒体的融合，而不是我们自己 N 个老媒体的相加。N 个老媒体相加，还是老媒体，绝不是时代要求的新媒体。新媒体，不仅仅是媒体的主要介质变了——由广播电视变成了互联网、移动互联网，更深刻的含义是，一个时代结束了，另一个崭新的时代开始了。

只有深刻认识到了以上四个大趋势，市县广播电视台的深化改革、转型升级才有可能，否则便无从谈起。

认清了趋势，方向在哪里？

2014 年 8 月 18 日，习近平总书记在中央全面深化改革领导小组第四次会议上讲话，指出："推动传统媒体和新兴媒体融合发展"；[1]2015 年 12 月 25 日，习近平总书记在视察解放军报社时又说："要研究把握现代新闻传播规律和新兴媒体发展规律，强化互联网思维和一体化发展理念，推动各种媒介资源、生产要素有效整合，推动信息内容、技术应用、平台终端、人才队伍共享融通。"[2]2016 年 2 月 19 日，习总书记在党的新闻舆论工作座谈会上讲话时说："尽快从相'加'阶段迈向相'融'阶段，从'你是你、我是我'变成'你中有我、我中有你'，进而变成'你就是我、我就是你'，着力打造一批新型主流媒体。"[3]2018 年 8 月 21 日，习近平在全国宣传思想工作会议上讲话，更加明确地指出："要加强传播手段和话语方式创新，让党的创新理论'飞入寻常百姓家'。要扎实抓好县级融媒体中心建设，更好引导群众、服务群众。"[4]这个大方向，习总书记已经给指得非常明确：推动传统媒体和新兴媒体融合发展；强化互联网思维和一体化发展理念；尽快从相"加"阶段迈向相"融"阶段；抓好县级融媒体中心建设，更好引导群众、服务群众。

这就是大方向：媒体融合！认清了时代的四大趋势，认清了习总书记指出

---

① 《习近平：推动传统媒体和新兴媒体融合发展》，《人民日报》2014 年 8 月 18 日。

② 《习近平视察解放军报 洞悉传媒发展大势》，《人民日报》2015 年 12 月 28 日。

③ 《习近平在党的新闻舆论工作座谈会上强调：坚持正确方向 创新方法手段 提高新闻舆论传播力引导力》，《人民日报》2016 年 2 月 20 日。

④ 《习近平出席全国宣传思想工作会议并发表重要讲话》，新华网 2018 年 8 月 22 日。

的大方向，剩下的，就是具体怎样做的问题了，融什么？怎么融？摆在我们面前。

四、怎样做才能自救？

在哀声一片中，也有许多市县广播电视台在"创新、转型、发展"方面进行尝试，努力闯出新路，但是，绝大多数都是局限于某些侧面，比如做一些卖水果、卖楼盘、卖酒等实体项目，效果并不太理想而且可持续性较差，并不是普遍有效的治病良方。

商丘广播电视台在市委市政府以及广电行业领导的关心和支持下，与中国传媒大学凤凰学院合作，解放思想、大胆创新，在如何实现广播电视的转型升级方面做了有效的探索。

认准大方向：媒体融合！

首先要解决的一个认识问题：什么是融媒体？新媒体，怎么样算新？融媒体，怎么样算"融"？

许多兄弟台认为，我们的"广播电视＋互联网＋手机客户端＋报纸"，加起来就是"融"媒体了，并且用了一个新名词叫"中央厨房"。

首先，一定要认识到，加在一起，并不一定就是"相融"了。媒体的"相加"和"相融"并不是一个概念。

"融"绝不是穿新鞋走老路；"融"，有四个要素：

1.互联网与新闻宣传之"融"；

2.新闻宣传与经营创收之"融"；

3.经营创收与便民服务之"融"；

4.便民服务与区域经济发展之"融"。

这四个"融"做到了，咱们才是真正做到了融社会，真正做成了"媒体融合"，才真正做到了脱胎换骨，浴火重生。

其次，我们认为，"中央厨房"的概念并不太适合市县广播电视台，而且，做中央厨房的概念还是老观念：我给你做的菜什么都有，不怕你不吃。错了，不是你先预备好什么菜都有的大厨房，而是看吃客点什么菜我就上什么菜，点的多了，我就知道这几个菜受欢迎，我就重点准备。

也就是说，做大而全的产品然后等客户来买，这是老思维；先做好市场，看客户需要什么产品，喜欢什么产品，我就生产什么产品，推送什么产品，这才是市场经济，才是媒体融合的强项。事实上，"今日头条"就是靠这样一条准确推送之路而成功的。

有人乐观地认为，融媒体中心使市县广电重回主流媒体地位。有没有这个可能？从理论上来讲，是可能的。但是，有一个前提：你得保证你的 APP 在你的县里阅读率、粉丝量占据第一，你得超过中央台，超过人民网、新华网、今日头条，超过新浪微博、腾讯视频……你能吗？

市县融媒体中心建设正在激活市县广电媒体，融媒体中心再造的内容整合式、融合型、智能化、移动化采集聚合分发机制和巨大社会动员及服务功能，就有可能让市县广电媒体成为既具有主流媒体公信力、引导力，又具备互联网思维、互联网用户意识、互联网传播功能的基层新型主流媒体。因为，其他的媒体再强、其他的 APP 再大，群众也永远是首先需要身边的——身边的事情、身边的政策、身边的服务。

河南商丘广电的融媒体平台——"乐美同创·智慧城市"平台，就是看准这一条，大胆创新，才走出了一条成功之路——我们市县广播电视台的"融媒体"的取胜之路。

"乐美同创·智慧城市"平台是中国传媒大学凤凰学院、河南乐美供应链管理有限公司合作的课题项目，是一个崭新的广播电视融媒体跨界运营平台，创造了一个崭新的模式：以"互联网+"为基础，以跨界运营为手段，以客户需求为导向，以移动客户端为目标，深耕本地市场，服务于客户、服务于商家，打造一个"媒体搭建平台→平台运营跨界→跨界催生产业链→产业链提升媒体影响力"的巨大商业闭环生态链。

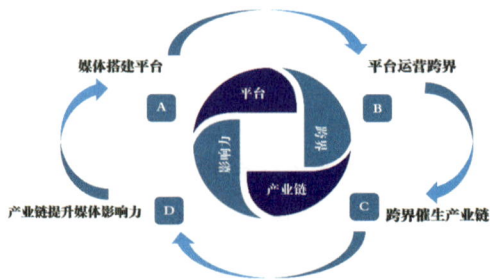

图 3 商业闭环生态链

这个模式的中心是"四个整合,一个闭合圈":

(一)整合自身媒介

目前的局面,各频道、频率及各栏目几乎都有自己的公众号,看似热闹,其实是分散了本来就不太多的客户流量,台里的人员还重复配置。资源浪费,人员浪费,效果事倍功半。我们把自身的所有媒介,广播、电视、网络电视、各频道频率及各栏目的微信号、手机报等,在平台上融为一体,做成一个内容丰富的宣传矩阵,形成从中央到地方的新闻全席(注意:重点要突出地方),以全新的推送形式满足群众的新闻需求,从而落实党和政府交给我们的新闻宣传任务,落实习总书记交给我们的"引导群众"的任务。

(二)整合地方政务

广播电视台的媒体属性是党和政府的喉舌,所以,将本地的政务门户网站整合在一个平台上,进而扩大政务门户网站的浏览量、扩大政府声音的覆盖面就是我们义不容辞的任务,也是地方政府乐意看到的局面。所以,我们整合地方政务门户网站是顺理成章的。整合之后,便于我们政务信息的采集与分发,同时我们建成了线上政务大厅,使群众足不出户就可以办理一应事务,譬如工商执照的网上办理,社保金的查询、缴纳,医保费的查询、报销,住房公积金的缴纳以及申请使用,交通违章的网上处理缴费,等等。不但方便了群众,而且服务于政府部门、扩大了服务渠道。对于各政府部门来说,他们对于网络运营、微信公众号运营并不熟悉,还要扩大招收计算机专业人员、网络专业人员、新闻专业人员等。我们就可以代为运营、托管服务,专业的人干专业的事,对于双方来说,都是好事,形成双赢的局面。

(三)整合民生服务

现在国内的各个城市,水电暖等费用的缴纳渠道不尽一致,因为电费、通信费是全国性的条条管理,而水费、取暖费、燃气费等是地方性的块块管理。这样,没有一家渠道能够完成所有的民生缴费服务。这样就给我们留下了施展拳脚的机会。我们将这些民生收费项目集合到一个平台,群众就乐于只上这一个平台解决所有问题,而不是交一项费用就得上一个 APP,甚至有的还没有 APP,得跑路去交。我们整合了之后,将给当地的群众带来极大的方便。

（四）整合社会服务资源

这是我们的平台区别于全国性的大平台——淘宝、京东等的独特优势。我们广播电视台有一大批在社会各个领域熟悉的记者、编辑，他们有良好的社会人脉资源，可以迅速建立各个行业的"行业联盟"，譬如餐饮联盟、旅游联盟、教育联盟等，将本地的商家整合到我们的平台上，用平台上的大量的优质客户为商户引来优质客流，让实体商户生意不再难做。同时，初始会员都是商家的原始终身会员，商家就可以享受会员在其他行业、其他门店消费的即时分润，达到"开一家店，赚千家钱"的目的。

而千千万万的会员们，我们为他们打通全市全县的吃、住、行、游、购、娱商家，手机在手，到哪里都是 VIP，都享受优惠折扣；以后，我们的县域、市域连成一张网，会员们走遍全省乃至全国，吃饭、住宿、购物、娱乐、旅游等都有优惠，真正是"进一家店，享千家惠"，他们就一定是我们忠实的粉丝级会员。

这样，在千千万万会员消费的同时，在千千万万会员享受打折优惠的同时，因为我们的服务，我们也能获得即时的分账收入。而且，有几万几十万忠实的粉丝会员，还愁广告商不上门吗？广告收入已经是我们广播电视台的次要盈利模式了。

这样，四个整合就构建了"媒体搭建平台、平台运营跨界、跨界催生产业链，产业链提升媒体影响力"完整的、完全新型的融媒体生态闭合圈。

这个闭合圈的运营，有一个永远的方向盘：服务。

商家得实惠，才能尽力发展会员；群众得实惠，才能做你的忠实粉丝。我们有几十万上百万的粉丝，才能牢牢地占领阵地，把握导向，完成党和政府交给我们的神圣使命。

"乐美同创·智慧城市"是"互联网＋广播电视＋创新驱动＋商业流通＋消费端"共生的新型媒体融合平台，虽然开始时费力，但盈利模式创新，转型升级自然，是一个可持续发展的、适应性极强的、可以广泛移植的"商丘模式"。

习近平总书记在全国宣传思想工作会议上讲话时说："要加强传播手段和话语方式创新，让党的创新理论'飞入寻常百姓家'。要扎实抓好县级融媒体中心建设，更好引导群众、服务群众。"

图 4　河南市县广播电视台台长论坛代表到乐美同创跨界运营中心考察

只有服务好群众，才能让群众用你的 APP，看你的新闻。想吃饭，上广电 APP 查查哪家饭店的饭好吃、哪家饭店折扣打得多；想住宿，上广电 APP 查查哪家旅馆又干净又便宜；想唱歌、旅行等，都上广电 APP 查查；县里有什么政务动态、最新政策、便民措施，上广电 APP 查查；我们踏着脚下这块土地，深耕这块土地，做谁也替代不了的本地服务市场，广电 APP 就变成大家都须臾不可离开的工具，我们就成功了。这才真正是"加强传播手段和话语方式创新"，我们才能在完成"引导群众"的任务的同时，不断发展，不断壮大。

"服务"就是广电融媒体平台永远的主题，也是我们市县广播电视台今后赖以生存的基础。

郡县治，天下安。市县融媒体中心建设首先是一项政治任务，关系到最接近基层群众的这块意识形态前沿阵地掌握在谁手里，关系到党和国家的大政方针到达的深度和广度。

2018 年 9 月 20 日至 21 日，在浙江湖州市的长兴县召开的县级融媒体中心建设现场推进会上，中宣部对在全国范围推进县级融媒体中心建设作出部署安排，要求 2020 年年底基本实现在全国的全覆盖，2018 年先行启动 600 个县级融媒体中心建设。

随着中央作出相关部署，市县融媒体中心建设在全国各地广泛展开。我们——市县广播电视台的融媒体建设之路刚刚开始，找到适合自己的方式，撸起袖子加油干，前景无限广阔！

（作者分别为：商丘广播电视台台长、总编辑；商丘广播电视台融媒体中心主任、"乐美同创"平台创始人；商丘广播电视台高级记者、商丘市影视家协会常务副主席）

推进媒体深度融合　打造融合发展"县级样板"

——江西分宜县属媒体融合先行先试初探

李建艳　兰韶强　李耀刚

2018年，中央对推进县级融媒体中心建设进行了部署。国家广电智库将建设县级融媒体中心定位为新一轮事关全局的基层媒体改革。全国多个省正在铺开市县级层面的媒体融合改革。

"四级办台"曾经是中国特色广电体制的重要一环，县级广播电视台是自上而下广电事业的基础支柱和神经末梢。我国有2300多家县级广播电视台，是县域最主要的媒体之一，拥有相对独立的机构、稳定的人员队伍和固定的办公场所，是县级实施媒体融合的主阵地和主战场。当前，县级广播电视台与其他媒体平台之间的融合不仅成为其生存发展、谋求未来的必由之路，而且是巩固发展壮大的必然选择。2016年以来，分宜县以原县广播电视台为主体，率先推进县属媒体改革创新，成立正科级融媒体中心，实现一体策划、一次采集、多种生成、多元发布，改革经验做法被新华社《国内动态清样》报道，得到中央领导批示，并在2018年全国文化体制改革经验交流会上作为典型介绍，得到中宣部的高度肯定。已接待陕西、内蒙古、山东、四川、江苏等省内外170多个市、县（区）同行考察交流。

一、树立改革意识，推动县属媒体融合

媒体融合，并不是新兴媒体代替传统媒体，也不是传统媒体加上新兴媒体，而是传统媒体与新兴媒体相互激发、相互碰撞，产生化学反应。

（一）超前谋划改革

分宜县新闻媒体资源共有七个："分宜报""分宜发布"微博、"分宜发布"

微信公众号、"江西手机报分宜版""分宜电视台""广播 FM99.1""中国·分宜网",分别由分宜县委宣传部、分宜县文广新局和分宜县信息中心承办,存在媒体分散弱小、各自为战、覆盖率和影响力不大、新闻宣传力量严重不足、缺编缺人、留不住人才、管办不分、重"办"轻"管"、职能错位、内部管理机制不活、文化产业经营停滞不前等诸多矛盾与问题。2016 年起,分宜县向改革要动力,在江西省委宣传部、新余市委宣传部的支持下开始县属媒体融合试点,经过征求意见、调研摸底,形成了可行性调研报告,率先拉开改革大幕。

(二)有序推进改革

分宜县坚持机构融合先行,把推动媒体融合发展列入县深化改革重点项目,成立以县委副书记为组长的专项改革工作领导小组,制定县属新闻媒体融合发展改革工作方案,列出任务清单,建立联席会议制度,确保改革顺利稳步推进。2016 年 9 月 1 日,分宜县融媒体中心挂牌成立,将报纸、微信、微博、手机报四个媒体平台从县委宣传部剥离出来,将县广播电视台、网络传输中心从县文广新局分离出来,将县政府网新闻频道从县政府办分离出来,整合成立分宜县融媒体中心,升格为县委直属正科级全额拨款公益类事业单位,归口县委宣传部管理。

图 1　分宜融媒体指挥调度中心

(三)保障延伸到位

增加配足编制,使融媒体中心编制数达到 40 个,允许人员不足部分以聘用方式解决,在岗人数短期内翻了一番。县财政逐年增加预算和全额返还预算外收入等方式,保障融媒体中心基本运行、宣传报道、公共服务等核心主业的财政经费，同时将融媒体软硬件建设及技术改造工程列为政府投资重点项目，安排 900 万元资金予以支持。在政府的支持下，分宜融媒体中心 2017 年先后完成了统一的融媒平台建设和薪酬分配制度改革，从软硬件保障、内部管理、队伍建设等方面加以推进，激发了整体的内生活力。

二、建设统一平台，打通融媒技术瓶颈

统一融媒平台，是打通媒体间固有壁垒、推动媒体深度融合的根本所在，也是各媒体实现资源共享、提升新闻生产效能的必然要求。2017 年 4 月，分宜县融媒体中心新闻采编与运营管理的指挥中枢和中控平台建成并正式上线运行，包括一个 200 平米的物理空间、一个智慧云平台软件、一个独立客户端以及一个移动采编系统，可调控中心所属媒体，高效、协作实现新闻产品的采集、制作与发布。

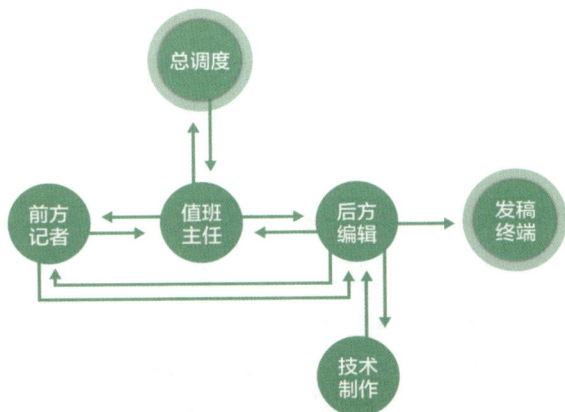

图 2　全新融媒体工作流程

（一）重构新闻生产流程

这个平台包括移动采编系统、信息储存系统、信息加工系统、信息分发系统、集控管理系统等。值班调度员通过移动采编系统对前方记者进行调度，记者接受指令后第一时间来到新闻现场，通过音视图文形态报道或直播新闻事件，采集的新闻信息进入云稿库平台，后方编辑通过加工工具"烹饪"新闻，经三审三校后，加工成适合手机客户端、手机网站、微博、微信，电脑端 PC

网站等不同媒体终端的不同"菜肴",即多种生成,一键下发各终端(把做成的"菜"端给用户享用),发出的新闻重新回到公共云稿库(大数据库)。中央、省、市各媒体通过中央厨房媒体资源库调集我县的各种信息,大数据中心对发出的新闻进行传播效果分析,做到报纸、广播、电视台、网站等媒体单位数据上的互联互通,从内容、用户、技术、终端四个维度上实现共享。

(二)配套多平台建设

先后配套建设了移动采编、舆情监控、大数据中心,依靠三个配套平台实现多样化的新闻采集、及时的舆情监测、精准的用户分析。通过移动采编,前方记者可以用手机与后方连接,进行现场采访、现场发稿、现场直播,大大提高了新闻时效性;值班调度通过手机调度记者,或者远程指导采访,责任编辑在手机端实现稿件审核,新闻信息的采编发基本实现了移动端的第一时间采集和审核,最大限度地提高了新闻信息的时效性。舆情监控系统通过对全国范围内的新闻、微博、微信以及 APP 等涉及分宜县的媒体信息进行采集,准确了解分宜县在网络上的舆情情况,服务新闻生产。大数据中心对发布的新闻和用户反馈建立了数据库,分析新闻发布情况、用户阅读习惯,及时发现舆情热点、参考选题和读者习惯,开展信息服务,指导新闻生产。

图3 采编发联动,人机无缝衔接

(三)新闻来源获取多样化

统一的融媒平台实现了多渠道新闻来源获取,建立了全方位、多层次、立体化的媒体资源库。融媒体记者、县属各部门宣传员、乡镇信息采集员可以通过移动采编采集新闻,并将收集的图文信息通过客户端爆料平台,传至私有云稿库后,编辑再对音视频、图文资料进行编辑。技术手段的支撑使专业记者、"业余记者"都变成了新闻采集员。同时，舆情监控平台的使用，实现了互联网上涉及分宜的信息以及网络热点新闻实时采集，其他媒体平台播发新闻再经过编审后播发，新闻来源得到极大的扩充。

（四）打通上下传播渠道

一方面向上打通传播渠道，与省、市媒体共用一个平台互联、互通、互动，形成连接省、市、县的新闻素材库和新闻生产链，主动向上级媒体"喂料"，让分宜新闻走出去；另一方面，实现乡村微信公众号全覆盖提升向下传播力。创新宣传手段，不断改进工作方式方法，充分利用互联网优势，在全县范围内大力建设村级（社区）微信公众平台，进一步拓宽了联系群众、服务群众渠道。全县乡、镇（街道、办事处）、村级（社区）微信公众号全部开通，基层微信公众号数达到182个，微信群300多个，实现了村级（社区）微信公众平台全覆盖。并将开通、运行情况与村级（社区）年终考核和干部绩效考核挂钩，确保村（社区）微信公众号正常运行。基层微信公众号全覆盖后，既打通了县公众号信息向下传送的渠道，又突出展示各村（社区）民俗文化、人文风情、旅游资源等地域特色，受到广大群众的欢迎。

三、聚焦新闻主业，强化内容生产优先

没有优质内容就没有竞争力。县级融媒体中心是宣传主阵地，应主动适应媒体格局新变化、新挑战，瞄准"新闻生产要快、新闻传播要广、新闻形式要活"目标，担负新闻宣传和舆论引导的功能，拿好手中的"麦克风"，把传统媒体的"稳"与"准"和新媒体的"快"与"活"结合起来，主动亮剑、自信表达，明辨是非、扶正祛邪，在多元中立主导，抢占舆论高地，掌握话语权，巩固壮大主流思想舆论。

（一）坚持正确舆论导向

党性原则是党的新闻舆论工作的根本原则。党和政府主办的媒体是党和政府的宣传阵地，无论时代如何发展、媒体格局如何变化，党管媒体原则不能变[1]。在日常工作中，分宜融媒体中心坚持靠前指挥，强化政策保障，切实管好导向、管好队伍，当好党的声音的"放大器"，把宣传习近平新时代中国

---

[1] 陈力丹：《坚持党性，尊重规律，以人民为中心》，《新闻记者》2018年第7期。

特色社会主义思想作为头等大事，加强选题策划，对中心工作、重大选题、好新闻进行采访前的策划，做到心中有数、忙而不乱。紧紧围绕县委、县政府提出的"四县"战略，发展"五大"产业，打造"两个基地"，建设"分外宜人地 天工开物城"思路和目标，在项目建设、脱贫攻坚、农村七项重点工作、服务民生、扩大对外影响上下功夫。尤其是加大了经济的广度、深度报道，做到思想性、指导性、可视性有机结合，努力使新闻报道更好地体现时代性、把握规律性、富有创造性。先后开辟了《在习近平新时代中国特色社会主义思想指引下——新时代、新作为、新篇章》《晒成绩 看亮点》《凝心聚力 加快推进重点项目建设》《脱贫攻坚 分宜争先》《保家行动》《提升执行力 党员当先锋》《我奋斗 我幸福》《拆三房建三园》《我们的节日》《航拍分宜》《扫黑除恶在行动》《诵读红色家书 牢记初心使命》等30多个专栏，把镜头对准基层、把话筒交给群众，产生良好的社会反响。

（二）提升新闻时效

利用融媒体指挥调度中心统一管理和移动采编快速编发功能，注重发挥多媒体的协作配合，让新闻快起来、活起来。规定时政新闻不过夜，当天的新闻当天及时播发；热点报道采取第一时间采访报道、新媒体发布、多平台滚动等方式，先以消息、简讯的方式在移动端首发，先入为主、先声夺人，再以画面、文字、通信、新闻专题等传统媒体深度报道方式使观众和读者在最短的时间内获得详尽的信息，客户端、微博、微信、广播、电视、报纸等媒体平台连续推出系列报道，使报道更加立体、更有深度。

（三）扩大传播效果

依托江西省委宣传部主导、江西日报社开发的"赣鄱云"平台，以较小的投入实现"借船出海"，通过"云"端输出，形成省、市、县新闻宣传协同作战的"羊群效应"。2018年端午节期间，分宜融媒体与中央、省、市媒体合作，龙舟竞渡和端午民俗的新闻连续在央视《新闻直播间》《朝闻天下》《新闻30分》《东方时空》等栏目现场直播和滚动播出，时长分别为6分钟和2分钟，客户端直播点击观看人数达到235万人次，影响力和传播辐射力度均超历史。全年在中央级6个考核媒体发稿达41篇，突破历史，有4条新闻被中宣部网信办全网推送。2018年3月分宜县荣获"江西省移动新媒体综合传播力十强县(市、区)"称号。

四、创新管理制度，构建良好运行机制

推进媒体融合发展，必须加强人财物保障，激发内生动力，提升社会效益。

（一）明晰组织架构

根据县委办、县政府办下发的《分宜县县属新闻媒体融合发展改革工作方案》（分办字〔2016〕68号）精神及人员、设备和业务运行需要，明确县融媒体中心主要职责、内设机构和人员编制，打破原有部门设置，中心领导职数设两正三副，下设办公室、总编室、新闻采访部、编辑制作部和技术部五个职能股室，界定岗位职责，对原有媒体的业务职能、业务流程、人员配备等进行了有效调整，"编随事走、人随编走"，原属县广播电视台、县网络传输中心的在编在岗人员全部划入县融媒体中心管理，其人员原有身份、待遇和经费渠道维持不变；原县广播电视台借出人员和"分宜报""分宜发布"（微信、微博）"江西手机报分宜版"的兼职人员及原县新闻网络宣传中心在编在岗人员，根据其个人意愿及其专业技能水平，分别理顺归属关系，既解决了人员关系不顺的历史遗留问题又优化了资源配置，提高效能。

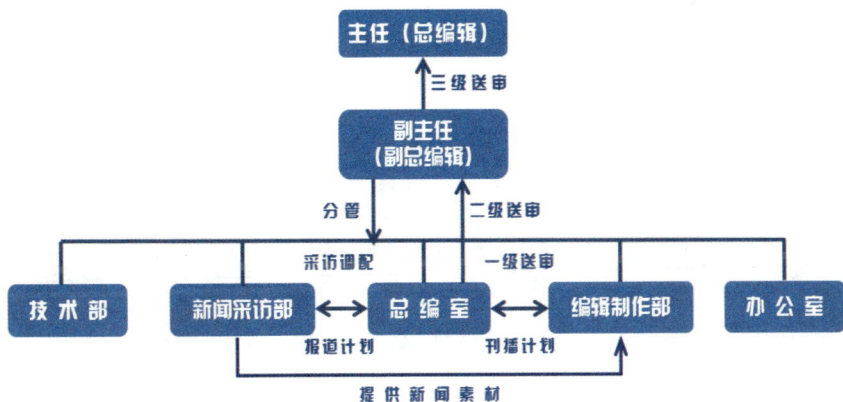

图4　分宜县融媒体中心组织构架、工作流程示意图

（二）实行薪酬改革

制定出台全媒体考核评价和薪酬分配制度，建立以岗位责任与业绩为依据的薪酬分配制度，实行"基础工资＋绩效工资＋绩效奖励"的分配模式，

实现了由员工身份管理向岗位管理的转变。统一采取"采编发数量＋优稿数＋网上供稿数量＋阅读点击量"为主的考核指标核算绩效，打破编内人员和编外人员的身份差别，用一把尺子量人才、评业绩，做到"同岗同责、同工同酬、优劳优酬"，极大地调动了人员的工作积极性和创造性，原创稿件增加一倍以上，原创优质稿件增加三倍以上，全年原创作品阅读量达 500 万人次。2018 年的第二十五届江西新闻奖评选中，两件广播作品《同乡缘 异地情——操场乡井塘村小组爱心救助意外受伤老乡》《小城大爱——"爱心妈妈"唐才英的故事》和两件电视作品《老乡——我送你们回家过年》《扎根山林 38 年的"油茶人"》分获江西新闻奖三等奖，成为江西省获奖最多的县级媒体。

（三）加速人员转型

坚持每周召开一次新闻阅评和业务研讨会，邀请省、市资深专家每月开展一次全员专题培训，利用上级媒体记者来县采访的机会派人跟班学习，利用每年承办"百姓春晚""分宜最美人物颁奖晚会"等大型文化活动进行直播实战，先后派出 30 余人次到外地学习考察，开阔视野，更新观念。目前分宜融媒体中心平均年龄 33 岁，一批擅长新闻写作、编辑、摄像、摄影，熟练运用文字、图片、音视频处理软件，甚至能利用互联网技术手段辐射传播的创新型人才、经营管理复合型人才在实践中提升了技能。

图 5　新闻阅评和业务研讨会

（四）采编经营分开

分宜县融媒体中心人员主要负责新闻宣传和内容制作，另成立一家独立核算、自主经营、自收自支的文化传媒公司，负责中心七个媒体平台的经营创收，实现"专业人做专业事"。中心和公司机构分开、人员岗位分开、业务流程分开、财务安排分开、考核评价分开；既保持编采业务的相对独立性，始终坚持正确导向、弘扬正能量，又保持经营创业和产业发展的生机与活力，做到了"两分开两促进"。

图6　改造后的融媒体综合演播室

五、拓展媒体平台，做活产业经营文章

县级媒体是党领导的基层媒体，主业是宣传，主业做好了才能实现发展。在融合发展中，分宜县七个媒体平台互为补充，互为支持，各有优势，传播能量在融合中集聚，赢得市场的认可。

（一）做实"新闻＋政务"

打造的独立客户端"画屏分宜"集成所有媒体平台，向下打通乡镇村传播通道，构建起"分宜政务微矩阵"，共有100多个活跃账号入驻。开设了政务服务功能，为市民提供政务服务23项，涵盖教育、医疗、就业、旅游、食品安全等各个领域。开设问政栏目，回复并落实问政信息32条，回复率100%。围绕解决百姓的"衣、食、住、行、玩、乐、购"等民生问题来打造开发相应功能，最终实现群众掌上办事"不排队、不跑腿、不找人"，增加便民缴费、文化旅游、交通出行、教育培训、健康养生等服务内容，使客户端融入受众，服务生产生活。

（二）提升服务意识

面对新的舆论生态，分宜县坚持"移动优先"，鲜活的新闻素材第一时间通过移动端发送出去。2018 年 7 月 23 日，分宜融媒体记者了解到凤阳镇一贫困户种植了近 30 亩 20 万斤冬瓜滞销的消息后，第一时间采写新闻并通过融媒体各平台发布出去，先后发动市县国有企业、工业园区、单位食堂订购，最后本地电商企业"菜东家"利用自身电商采购配送优势，对滞销冬瓜做出销售策划方案，一举包销所有冬瓜。从分宜发布微信公众号发出第一条消息，后台网友留言、点赞不断，纷纷为销售出主意、想办法，仅用三天时间就圆满解决了贫困户的农产品销售难题，彰显了新闻的强大号召力。同时，利用媒体融合后的各大平台的公信力和影响力，融合广告、大型活动策划、栏目合作、图文服务、信息发布等业务，打造信息最集中的新闻传播平台。我们积极与地方党政部门单位合作联办节目，广播电视方面与县卫计局联办了《健康分宜》栏目，与县就业局联办《职通分宜》栏目，与县城市管理局联办《城市之窗》栏目，与县交管大队联办《畅通分宜》栏目，微信公众号"分宜发布"与县移民和扶贫局联办"脱贫攻坚"系列报道，与党政部门单位的合作不仅服务了当地干群，还树立了单位的形象，展示了合作单位的工作成效，赢得了群众的情感支持。

（三）承办活动增收

通过大型活动提升媒体形象和影响力，拓展经营创收渠道，是传统电视台应对竞争的主要方式。分宜融媒体中心依托原广播电视台品牌资源，下放活动资源给公司，每年策划、设计大型综艺活动，先后主办"声动分宜歌手大赛""少儿才艺大赛""形象大使"三个大型综艺活动，并接连开展第二季、第三季后续活动。抓住县委、县政府实施"文化活县"战略契机，组织策划大型节庆文化活动和群众文艺晚会；承办首届洋江龙舟文化旅游节，通过各媒体直播推广，在一个不到 2000 人的小镇吸引 10 万人次参与，将龙舟竞技等非物质文化遗产移动直播，网上点击量和浏览数超 170 万人次；举办三届"分宜有爱"最美人物颁奖晚会、三届"百姓春晚"和"江西好人"发布仪式。特别是"百姓春晚"，坚持百姓春晚百姓办，不要政府一分钱，所有节目都是中心导演、编排，节目经过层层选拔、审定，最终演职人员 1000 多人，节目高雅大气，华美绚丽，群众参与度高，反响热烈，一票难求，加上利用广播电视、"画屏分宜"客户端和微信、微博等新媒体，立体传播，整合营销，吸引了 28 万人次观看。同时，相关职能部门的大型庆典、晚会、大型展览、展销会，各职能协会的专业活动、会展等，本地知名企业的庆典、年会、晚会等活动贯穿全年，如主办的警营文化成果展示汇演、卫计系统"最美护士"颁奖晚会、"红色家书"主题演讲比赛、重阳节晚会、少儿艺术节晚会等，目标明确，资金有保障，易操作、带动效益明显。

图 8　大型文化活动多路采编播人员直播实战

（四）拓展多种经营

除广告之外，还涉足文化产业，设计施工一些文化院墙改造、设施改造等工程。并计划参与投资发展潜力大的项目，比如文化教育培训，景观设计施工等，年经营收入较之前单纯的广播电视收入翻了四倍，实现了社会效益和经济效益的双赢，为媒体融合向纵深发展提供了有力的财政保障。

媒体融合发展只有进行时，没有完成时。目前，媒体融合发展还存在一些问题，比如融媒平台技术还不成熟，传统媒体生产过程完全融合尚待时日，平台内部不同传播介质之间存在明显的界限和矛盾；在内容、生产、营销、人才等方面都呈现不同程度的分离和割裂，没有形成良性联动运营的生态系统；传播力度并没有达到很好的效果；渠道间同质竞争，内容与经营脱节，真正的融媒体作品不多等问题突出。发展中的问题，唯有在发展中才能迎刃而解[①]。县属媒体唯有主动顺应每一次变革，在积极的尝试和不断创新中，

---

① 张雯鑫：《中国媒体融合未来发展呈现四大新趋势》，《中国媒体融合发展报告（2017—2018）》，https://www.pishu.cn/psgd/517115.shtml，2018-03-01。

保持与时代脉动的同步，方可在全媒体时代扩大自身的影响力，提升自身的竞争力，最终才能使传统媒体和新兴媒体达到更好的融合发展，让县内主流声音发出更强音。

（作者分别为：江西省分宜县融媒体中心总编辑、办公室负责人、技术部负责人）

基层广电建设

筑牢根基　把握宣传舆论主导权

——西藏广播电视传输覆盖能力建设调研报告

范成军　宋建波

西藏自治区广播电视坚守舆论宣传阵地，坚持民族团结、社会稳定，充分发挥广播电视的喉舌功能，积极主动为稳定和发展大局服务，凝聚强大的正能量。围绕学习贯彻习近平新时代中国特色社会主义思想、习近平总书记关于治边稳藏的重要论述，在党的十八大、十九大和中央第六次西藏工作座谈会、自治区成立50周年、区党委政府政策措施等重要会议、重要活动、重大节庆、重大决策部署、重大突发事件等重要时间节点，均按照上级的要求，实行重要安全播音保障期制度，均未出现政治事故和责任事故，未发生技术事故、灾害事故，圆满完成了各项播出安全工作。

一、西藏广播电视传输覆盖基本情况

西藏自治区7地（市）、各区（县）均设有广播电视行政管理部门。全区共有广播电视台77座（其中，自治区级广播电台1座、电视台1座，地市级广播电视台7座，县级广播电视台68座），广播电视节目制作经营机构110家，100瓦以上调频发射台78座、50瓦以上电视转播发射台78座、中波广播发射台27座、卫星地球站1座。

（一）安全播出保障能力不断提高

面对高科技条件下日益严峻的安全播出形势，全区各级广播电视部门通过加大投入、健全体制、建立制度、完善技术，使得安全播出水平显著提高。经过多年建设，全区各级广播电视安全播出的基础设施普遍加强，形成了反应快捷、指挥有力、调度灵活、令行禁止的覆盖全区的安全播出调度指挥和

管理机制，完善了广播电视安全播出预警信息体系，各个播出单位都制订了广播电视安全播出应急预案，安全播出工作实现由重点防范向安全运行转变，全区广播电视安全运行保障体系正在逐步构建。

（二）公共服务更加完善

深入贯彻落实中央关于加快构建现代公共文化服务体系的意见和自治区实施意见，始终坚持以人为本、为民惠民，加快推进广播电视公共服务体系建设，保障人民群众基本文化权益，使各族群众共享广播电视发展成果。扎实推进广播电视"村村通"工程，一次性集中更换34.1万套直播卫星清流机顶盒，实施11.8万新增户广播电视"村村通"、新通电寺庙广播电视舍舍通项目，加快实施中央广播电视节目无线数字化覆盖工程，全区七地市开通有线数字广播电视，县级有线数字电视项目投入使用，并向乡镇延伸。西藏所有寺庙实现了广播电视全覆盖。

根据党和国家的优惠政策，西藏各级新闻出版广播影视行政管理部门扎实开展对口援藏工作。落实一大批援藏项目资金，从内地广播电视对口单位引进各种急需的人才，同时，派出技术骨干到内地相关局、台、站、院校进修学习，有力助推了西藏自治区广播电视事业的发展。

（三）设施建设紧跟时代

广播电视频率频道建设取得阶段性成果，广播电视节目覆盖不断扩大，质量稳定提高，覆盖能力显著提升。西藏卫视在全国各地实现政策性落地，在尼泊尔、印度、不丹等周边国家部分落地，藏语广播电视节目传播空间得到拓展。不断加强县级广播电视播出机构制播能力建设，68个县级广播电视台获总局批准并陆续开播，结束了西藏自治区无县级广播电视播出机构的历史。截至2017年年底，全区共开办广播电视频率频道111套，边境广播电视覆盖能力进一步提升。在广播电视"村村通"工程的带动下，截止到2017年年底，全区广播电视人口综合覆盖率分别达到96.17%和97.26%。

（四）阵地管理切实加强

充分发挥广播电视在维护意识形态安全中的主阵地作用，建立健全《广播电视宣传工作管理规定》等规章制度，加强广播电视节目收听收看监管。定期开展非法卫星地面接收设施整治等集中行动。2017年，重点围绕迎接、宣传、贯彻党的十九大，开展全区新闻出版广播影视系统安全大检查，以最高标准、最严要求做好意识形态责任制落实、安全播出、安全保卫、保密安全等各领域工作；党的十九大重要保障期，全区新闻出版广播影视系统 7000余人坚守岗位，圆满完成广播电视安全播出任务，得到区党委政府、区党委宣传部和国家新闻出版广电总局充分肯定。

（五）自身建设全面推进

坚持党要管党、全面从严治党，加强思想政治建设，迅速兴起学习宣传贯彻党的十九大精神热潮，在习近平新时代中国特色社会主义思想引领下，深入开展党的群众路线教育实践活动、"三严三实"专题教育、"两学一做"学习教育，在思想上、政治上、行动上同以习近平同志为核心的党中央保持高度一致。加强队伍建设，选好配强各级领导班子，做好人才教育培训和引进工作，规范开展职称评聘工作。深入推进党风廉政建设，落实主体责任和监督责任，开展行业项目经费管理使用情况专项检查，用好监督执纪"四种形态"，驰而不息纠正"四风"，营造风清气正的良好政治生态。

二、无线传输覆盖情况

（一）中央广播电视节目无线数字化覆盖工程

1. **基本情况。** 2015 年，总局印发《中央广播电视节目无线数字化覆盖工程总体技术方案》及确认和上报补点建设任务的通知。西藏自治区新闻出版广电局科技处对全区各地（市）、县无线广播电视发射台（站）基本情况进行了摸底调研，并委托总局广播电影电视研究设计院进藏完成了中央覆盖工程项目实地勘察、设计、调研等工作。2017 年 3 月，西藏自治区新闻出版广电局给各地（市）新闻出版广电局下发了《西藏自治区中央广播电视节目无线数字化覆盖工程实施方案》。截至 2017 年 7 月，已经完成天馈系统设备、前端及节传设备、发射台自动化设备、项目监理等合同签订。2017 年 8 月 20 日，西藏自治区新闻出版广电局中央广播电视节目无线数字化覆盖工作全面启动。该工程涉及全区 112 座广播电视发射台站，涵盖全区所有县级以上城镇及 33个乡（镇）。

2. **具体建设任务。**（1）全区 71 座县级发射台站每台新增 1KW 数字电视发射机 2 部，合计 142 部；6 座地（市）级发射台站每台新增 1KW 数字电视发射机 1 部，合计 6 部；以上共计新增 1KW 数字电视发射机 148 部；33 座乡镇发射台站每站新增 50W 数字电视发射机 2 部，合计 66 部。

（2）2008 年已实施数字化试点工作的 7 座区、地（市）级发射台站改造 1KW 数字电视发射机，其中自治区级发射台 2 部，6 地（市）级发射台各 1 部 1KW 数字电视发射机，共计改造 1KW 数字电视发射机 8 部。

（3）7 座区、地（市）级发射台站新增调频频段数字音频广播发射机，其中自治区级发射台新增 1 部 3KW 数字广播发射机，日喀则市、昌都市各新增 1 部 1KW 数字音频广播发射机，其他 4 地（市）各新增 1 部 300W 数字音频广播发射机，10 座县级发射台站各新增 1 部 100W 数字音频广播发射机，共计新增数字广播发射机 17 部。

（4）更新改造各发射台站节目源、天馈线、塔桅、防雷接地、新风空调、设备环境监测、供配电等配套系统。

（二）广播电视高山无线发射台站基础设施建设项目

根据《国家新闻出版广电总局财政部关于实施中央广播电视节目无线数字化覆盖工程的通知》（新广电电发〔2014〕311 号）文件精神，2015 年开始，根据技术需要，在当时的乡镇级发射台站中，增配小功率数字广播电视发射系统，最终实现中央 12 套电视节目、8 套广播节目在全国的无线数字化覆盖，"十二五"已完成了一期项目，对全区 20 座县级广播电视转播台基础设施进行了建设，总投资 4000 万元。全区现有 106 座广播电视无线发射台站的省级 2 座不列入本项目建设任务中。因此，"十三五"期间还需对余下的 84 座广播电视无线发射台站机房、道路、给排水、围墙、台站环境等进行改造。

2016 年 3 月 31 日，国家发展改革委办公厅、国家新闻出版广电总局办公厅《关于做好 2016 年新闻出版广播影视基础设施建设中央投资申请工作的通知》（发改办社会〔2016〕846 号）下发，通知附件指出西藏 2016 年中央投资额度为 8800 万元，其中包括"广播电视无线发射台站基础设施建设工程二期"，该工程即是广播电视高山无线发射台站基础设施建设项目在"十三五"时期的延续。2016 年已经对全区 31 座广播电视无线发射台站机房改造，总投资 6200 万元，其中 20 座广播电视转播台，11 座中波发射台。

（三）自治区级中波台建设情况

1. 27 座中波台建设基本情况。（1）拉萨等 14 座中波台上划西藏自治区广播电视局。根据原国家广播电影电视总局调整地方中波转播台隶属关系的要求，2000 年 11 月，拉萨、林芝、山南、隆子、错那、米林、普兰、芒康、日喀则、昌都、江孜、亚东、阿里、那曲 14 座 1KW 以上的中波转播台成建制正式上划到原自治区广播电影电视局管理，2001 年 1 月，原西藏自治区广播电影电视局增设中波管理处和广播台（站）技术维护队。从 2001 年至 2005 年，西藏自治区总投资 6310 万元，先后对上述 14 座中波台进行了改扩建。这 14 座中波台已基本与原国家广播电影电视总局要求的管理模式接轨，使西藏自治区广播事业发展有了质的飞跃。

图 1　野外收测中央无线覆盖效果

（2）下察隅等 9 座中波转播台改造情况。按照国家广电总局通知要求，2005 年开始对下察隅、当雄、索县、樟木、拉孜、日土、浪卡子、波密、定日 9 座中波转播台的新建任务，并于当年建成播音。建成后扩宽了西藏自治区中波广播的无线覆盖范围，使更多边境县能及时收听到党和国家的声音。

（3）新建丁青等 4 座中波台的情况。按照国家广电总局通知要求，2009 年新建丁青、察雅、南木林、工布江达 4 座中波台，并于 2009 年 4 月至 6 月开工建设，同年 12 月建成投入使用。

2.27座中波台播音基本情况。截至目前,自治区新闻出版广电局直接管理的中波转播台共27座,用122个频率、122部中波发射机转播中央人民广播电台第一套节目(中国之声)、第二套节目(经济之声)、第十一套节目(西藏藏语广播),以及西藏人民广播电台藏语、汉语、康巴语节目,每天累计播音时间总计2565.2小时,功率总量达到249KW,覆盖总人口达到140万人。

三、有线电视传输覆盖情况

(一)全区有线电视数字化建设

西藏有线电视网络没有自己的区内传输网络,区内电视节目和广播节目的干线传输是由西藏自治区财政局承担租用光纤传输的费用,全区6地(市)和68县实现了"六统一"的技术标准。全区县级有线电视数字化建设项目已于2018年8月中旬完成新建部分的终验工作并正式投入运行。目前各县能接收到由西藏自治区总前端传送的110套电视节目和10套音频广播节目,同时可接收本地(市)1~2套电视频道和1套县级自办频道。同时,为确保安全播出,本地备份了26套中央及各省频道节目为应急播出节目。

图2　西藏广电网络传输中心机房

(二)拉萨市区有线电视数字化建设

西藏7地(市)因人口分布、经济发展等因素,造成拉萨市的有线电视发展及规模在全区占比较大。

1. 西藏自治区级有线数字电视前端播出系统始建于 2007 年，于 2009 年升级为全区 6 地区有线数字电视总平台，自 2009 年 12 月起，已相继将总平台信号通过租用电信光缆干线方式传送到了西藏昌都、那曲、山南、日喀则、阿里和林芝等 6 个地区所在地及全区 68 个县。截止到 2018 年，已完成了拉萨市主城区有线数字电视一级光环网建设，4 月开始实施拉萨市一级光环网扩容及教育新城、经济开发区二级光缆线路建设工程。有线电视光缆总长约 820 公里，光节点机房 8 个，覆盖约 690 个光节点。

2. 有线数字电视总前端系统传输 131 套电视节目和 12 套广播节目，其中 22 套高清电视节目，改造后的有线数字电视总前端系统计划传输 44 套高清电视节目。目前，已经发展有线数字电视用户近 11 万户，覆盖拉萨市主城区。

3. 为满足国家广电总局第 62 号令中"建立同城异地灾备系统"的相关要求，根据西藏维护社会稳定和广播电视安全播出的需要，西藏广电网络传输中心规划在拉萨市柳梧新区建设灾备机房，搭建灾备系统，实现双机房同城异地灾备，当前正在积极推进项目审批及初设工作。

4. 西藏广电始终坚持有线电视网络的舆论阵地属性，将社会效益放在经济效益前面，为了切实推进公共文化服务均等化，保障弱势群体的收听收看权益。不但对革命老同志、城市低保对象、农村五保户、儿童福利院、烈士家属、敬（养）老院、残疾人为主体的家庭、义务教育学校教师及学生宿舍、公办幼儿园等用户制定了明确的减免政策，免收 2521 户低保用户有线数字电视收视费用，以半价的优惠向 565 户孤儿及养老院收取有线数字电视收视费用。还以不加密的方式向广大在网用户免费传送了 CCTV1、CCTV7、西藏汉语卫视、西藏藏语卫视、西藏资讯和拉萨台六套公益性电视节目。

西藏因特殊的地域、人口聚集、环境等原因，造成有线数字电视网络实力弱、市场小、运营成本高、盈利能力差、市场化程度低，为确保西藏广播电视公共服务均等化，应在政策和资金方面给予西藏有线数字电视网络一定的倾斜。

四、直播卫星覆盖情况

（一）广播电视"村村通"工程建设情况

西藏自治区的广播电视"村村通"工程建设自 1999 年在全区正式开展

以来，在党中央、国务院的亲切关怀和西藏自治区党委、政府的正确领导下，2006 年完成了全区乡（镇）、行政村和部分自然村的建设任务。截至 2008 年年底，建成广播电视村村通（4+3）、（6+3）、（8+3）一体化广播电视收转站、农村小片网有线电视站、共用无线接收分配网入户（村锅）站、太阳能藏汉双语广播电视收看站等不同类型"村村通"站 9371 座。随着"村村通"工程的稳步推进，越来越多的农牧民群众深切感受到了党和政府的关怀，他们亲切地称广播电视"村村通"工程给他们装上了"千里眼"和"顺风耳"。

2008 年 6 月中星 9 号直播卫星成功发射并投入使用，中央在京召开"全国广播电视村村通工作会"，下发了《国家发展改革委办公厅 国家广电总局办公厅关于扎实做好"十一五"广播电视村村通工程建设有关工作的通知》（发改办社会〔2008〕1097 号），提出"20 户以上已通电自然村'盲村'广播电视村村通工程建设主要采用直播卫星方式"的要求，开启了"村村通"工程直播卫星数字覆盖阶段。2008—2015 年的 8 年间，西藏自治区通过中央投资建设、受赠受援设备、自主筹资建设等多种渠道和方式共计发放直播卫星设备 53.85 万台，仅此一项共计投入资金 9565 万元。所发放的直播卫星设备主要有两种情形：一是向已通电村农牧户发放直播卫星接收设备；二是向未通电村农牧户发放便携式太阳能直播卫星接收一体机。这个时期的建设可具体分为"十一五"和"十二五"两个时期：

"十一五"时期（2005—2010 年），2008 年，中央下达资金 805 万元，利用直播卫星对全区 805 个自然村"盲村"16409 户实施广播电视"户户通"工程，2009 年建成，直播卫星接收设备为清流型。

2009 年，"3·28"百万农奴解放纪念日，党中央、国务院赠送给西藏自治区直播卫星接收设备 287359 台，自治区进行了免费发放，直播卫星接收设备为清流型。

2009 年，中央下达专项资金 1960 万元，利用直播卫星对全区 1960 个自然村"盲村"37190 户实施广播电视"户户通"工程，2010 年建成，直播卫星接收设备为清流型。

以上"十一五"时期共计发放 340958 台清流型直播卫星接收机，约合 34.1 万台。

"十二五"时期（2011—2015 年），2012 年，中央下达专项资金 2500 万元，对全区 2734 个已通电自然村 50500 万户实施了广播电视"户户通"项目，发放直播卫星接收设备 50500 台，此项目为"十二五"第一阶段项目。

2011 年中央下达资金预算 4300 万元，对全区 83950 户实施广播电视"户户通"项目，项目名称为"8.4 万户盲点覆盖项目"，其中通电自然村 33408 户，西藏自治区乡镇、机关、学校、派出所等广播电视盲点 50542 户。该项目延续至 2014 年建设，成为 2014 年重点项目，在 2014 年藏历年前建设完成。由于中央资金未及时下达，项目建设所需资金暂时由自治区财政厅先行垫支 4156 万元。此项目为"十二五"第二阶段项目。

2012 年，中宣部、国家广电总局赠送西藏自治区 21189 台便携式太阳能直播卫星一体机，自治区为未通电农牧民户 21189 户进行了发放，实现了 21189 户未通电户的"户户通"覆盖。

2015 年，区发改委同意追加户户通"十二五"项目，该项目依据各地市 2012 年上报数据进行，只包括已通电户，不包括未通电户。项目名称为"全区'十二五'新通电 36834 户农牧民家庭广播电视户户通"。此项目于 2016 年上半年建设完成。2015 年，区外事侨务办实施"侨爱工程——点亮藏区牧民新生活"项目，由广大侨胞捐赠 5050 台便携式太阳能直播卫星一体机，为阿里地区未通电农牧民 5050 户实现了"户户通"覆盖。

以上"十二五"时期共计发放 19.75 万台，其中直播卫星接收机 17.13 万台（备注：农牧户 12.08 万台，基层干部群众 5.05 万台），便携式太阳能直播卫星一体机 2.62 万台。

（二）实施直播卫星清流设备置换升级项目

为解决西藏自治区 34.1 万户农牧民群众在总局关闭直播卫星"村村通"清流解码器信号后能正常收听收看广播电视节目的问题，巩固广播电视覆盖效果，提升广播电视公共服务均等化水平，在自治区党委政府、总局高度重视下，在自治区财政厅、发改委的大力支持及帮助下，2016 年年初，落实了西藏自治区 34.1 万户农牧民群众直播卫星清流机顶盒升级置换项目，2016 年年底全区直播卫星清流机顶盒升级置换项目全部竣工完成。

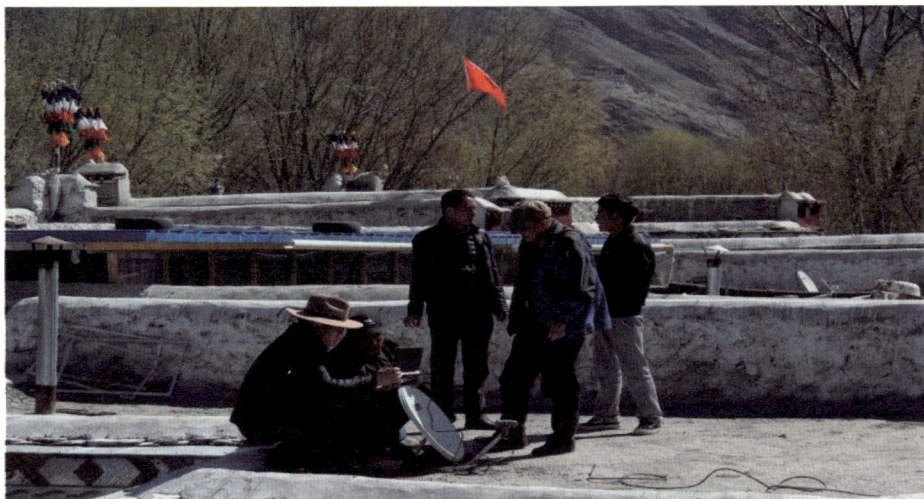

图3　户外调试直播卫星接收设备

（三）广播影视进寺庙项目基本建设情况

2009 年 3 月，原西藏自治区广电局和拉萨市先后在拉萨市当雄县、尼木县、曲水县的 44 座通电寺庙，采用直播卫星覆盖方式开展了广播影视进寺庙试点工作。2010 年 8 月以来，又在哲蚌寺、色拉寺、大昭寺开展了有线数字电视"舍舍通"和数字电影进寺庙试点工作。2011 年 12 月开始，在西藏自治区全面开展广播影视进寺庙项目建设。截至 2012 年年底，采用有线数字电视、地面无线数字电视、直播卫星、太阳能数字广播电视等覆盖方式，提前圆满完成了全区广播影视进寺庙项目建设，西藏自治区所有登记在册的寺庙实现了广播影视全覆盖。其中近千座已通电寺庙实现了"舍舍通"（每间僧舍配备一套直播卫星接收设备及一台 19 寸电视机），余下未通电的寺庙实现了"寺寺通"。由于未通电寺庙基本上都是在偏远的地区，路途遥远，交通不便，每寺只配置一套太阳能数字电视接收设备，设备一旦损坏，返场路途远，无法保障僧尼正常收听收看广播电视节目。当年，为了确保未通电寺庙实现真正意义上的"寺寺通"，西藏自治区新闻出版广电局为未通电的每座寺庙增配了一套直播卫星接收设备和一台 42 寸液晶电视机，还为已通电的增配了 1500套设备"舍舍通"直播卫星接收设备。截至 2018 年 8 月，西藏自治区新通电寺庙广播电视"舍舍通"建设项目已经完成招标工作，2018 年 10 月底基本完成项目建设。

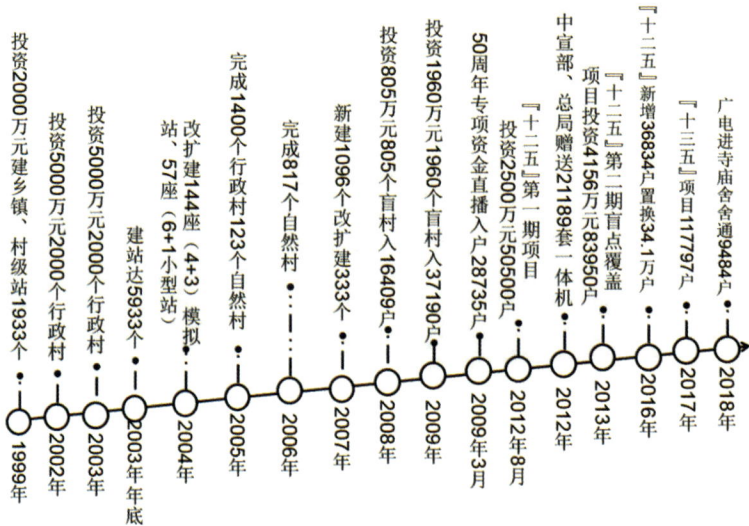

图 4　西藏广播电视村村通建设历程

西藏自治区广播影视进寺庙工作得到了中宣部、国家广电总局的大力支持，得到了西藏自治区党委、政府、党委宣传部和各级领导的高度重视和充分肯定，得到了自治区统战部、自治区发改委、自治区财政厅、自治区民宗委以及各级广播影视进寺庙工作领导小组成员单位的全力配合，受到了广大僧尼的热烈欢迎。

僧尼们通过听广播、看电影电视，更直观地了解了党和国家的各项方针政策、法律法规、民族宗教政策和各项惠民政策，通过聆听和目睹国家的强大、西藏的巨变，坚决有力地抵御了达赖集团及西方反华势力的反动思想渗透，有力引导宗教与社会主义社会相适应。

（四）"十三五"期间新增户的建设项目

2015 年下半年，西藏自治区新闻出版广电局向自治区发改委报送了"十三五"期间农牧民家庭实施广播电视户户通新增户覆盖建设方案的请求，对"十二五"以后新增的 12.9 万户农牧户实施广播电视直播卫星覆盖，其中已通电 11.8 万户农牧户采用直播卫星方式建设，目前正处于终验收尾阶段。未通电 1.1 万户农牧户采用太阳能便携式直播卫星接收方式建设，正在积极申报中。

同时，我们也看到西藏还是全国唯一的集中连片贫困地区，地理、气候等环境具有特殊性，需要制定符合西藏区情、社情及高寒环境的高于国家标准和行业标准的直播卫星接收技术标准。

五、广播电视行政管理情况

（一）播出机构设立情况

国家新闻出版广电总局分别于2017年1月和7月批复同意当雄县等24县和贡嘎县等44县设立广播电视台，结束了西藏自治区无县级广播电视台的历史。

（二）卫星广播电视地面接收设施专项整治工作

1. 年度专项检查情况。2016年、2017年、2018年连续三年，西藏自治区新闻出版广电局都在年初联合自治区文化市场综合执法总队、自治区工商局、自治区工信厅、自治区质监局等成员单位，在拉萨市城区和日喀则城区的电子产品市场、家电商城、酒店、居民区及城乡结合部进行了专项检查，对违法、违规行为依法给予查处，并对相关商户、用户进行普法工作。

2. 成立厅际联席会议情况。2016年年底，西藏自治区新闻出版广电局联合自治区党委宣传部、自治区网信办、自治区综治办、自治区工信厅、自治区公安厅、自治区工商局和文化市场综合执法总队等20个部门和单位成立了西藏自治区境外卫星传播秩序专项整治工作厅际联席会议并起草了会议制度。

（三）打击治理"黑广播"情况

1. 高度重视打击治理"黑广播"专项行动。西藏自治区新闻出版广电局制定和下发了《西藏自治区新闻出版广电局打击治理"黑广播"违法犯罪专项行动工作方案》，要求各单位认真贯彻落实。按照"属地管理、分级负责"原则要求，各级新闻出版广电局要明确目标、精心组织、突出重点，不断创新打击方式方法，综合采取多种措施，多管齐下，充分发挥职能优势和技术优势，加强与本地无线电管理部门，公安部门的协调联动，建立起各层次、全方位行之有效的协同作战长效机制，及时查找辖区内是否存在"黑广播"，如发现"黑广播"违法犯罪活动及时上报区局，通报当地无线电管理机构，联合开展监测、查找、定位，提供证据材料并配合公安、工信等相关部门给予严厉打击。

2. 抓好宣传教育，加强行业管理。 加强对本单位相关工作人员的警示教育，切实增强遵纪守法意识，防止发生类似某省广播电视台下属部门工作人员违法犯罪案件，加强对本地播出机构传输部门的管理，维护好广播电视媒体形象。充分利用广播电视的优势，加强对专项行动的宣传，通过对典型案例的曝光，以案释法等形式，在全区掀起依法打击治理"黑广播"的良好舆论氛围，深刻揭露"黑广播"的危害性，增强公众自我防范意识，提高群众参与基层自治和依法维权的意识，震慑"黑广播"违法犯罪活动。

3. 积极配合联合执法，主动打击违法行为。 根据西藏自治区厅际联席会议办公室安排，西藏自治区新闻出版广电局参加了西藏自治区打击治理"黑广播"专项行动动员会议。2017 年 10 月，积极配合参与由西藏自治区厅际联席会议办公室组织，自治区无线电管理局、自治区工商局、自治区公安厅等相关单位参与的联合执法检查工作，针对拉萨市贡嘎机场、山南市贡嘎县、拉萨市城关区、经开区、柳梧新区、空港新区等重点区域，开展了为期两天的打击治理"黑广播"的突击执法，并进一步对重点区域进行了"黑广播"非法信号的排查，对各商铺进行突击检查，检查"黑广播"及相关非法设备的销售情况，同时对广大人民群众发放"黑广播"宣传手册，并利用媒体宣传的优势对"黑广播"的危害和典型的案例进行宣传报道，提升群众防范意识。

此次打击治理"黑广播"专项行动有效遏制了"黑广播"等违法犯罪活动在西藏发展蔓延的势头，共同维护了西藏广播电视的安全，促进了西藏广播电视行业的全面发展。

通过实施以上工程，到 2018 年第一季度，西藏自治区县以上城镇全部开通有线数字电视信号，到"十三五"末期，西藏自治区地（市）以上广播电视系统将力争从采、编、播到传输覆盖全部实现数字化，并通过无线、有线和卫星等三种传输方式，形成数字广播电视覆盖城乡、服务到户的新型数字广播电视覆盖服务体系。届时，将使地面无线广播电视基本实现数字化，有线广播电视网络全面实现数字化，并向双向化、智能化演进。

六、下一步工作打算

（一）优化升级公共服务

西藏广电将在 2018 年完成 11.8 万户广播电视"村村通"项目，加快实施西藏新通电寺庙"舍舍通"项目，积极争取 1.1 万户未通电农牧户"村村通"项目，全面运行中央广播电视节目无线数字化覆盖工程，做好基层应急广播体系建设工程工作，确保 2018 年年底全区广播电视人口综合覆盖率达到 97.14% 和 98.21%。实施贫困地区县级广播电视播出机构制播能力建设项目、广播电视无线发射台站基础设施工程二期等重点项目，助力打赢脱贫攻坚战。

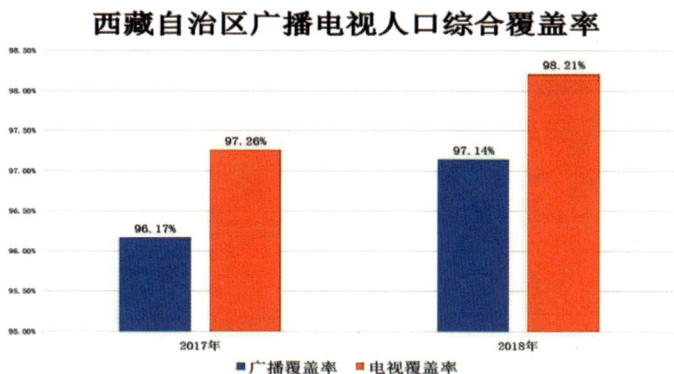

图 5　西藏 2017 年和 2018 年广播与电视人口综合覆盖率

（二）做优做强事业产业

进一步深化"放管服"改革，积极稳妥推进行业单位体制机制改革。推进区、地市级广播电视台高清制播能力建设和县级广播电视台数字化网络化建设。加快落实西藏有线数字电视总前端灾备中心建设等"十三五"规划项目，积极发展有线电视互动业务。

（三）牢牢掌握意识形态工作领导权

认真落实意识形态工作责任制，提高政治站位，严格落实属地管理和主管主办责任。加强广播影视机构准入管理和日常监管，加强行业管理，做好安全播出工作。

西藏自治区有着长达 4000 多公里的边防线，边境广播电视传播覆盖能力建设对于维护西藏社会稳定、维护民族团结、维护祖国统一，具有极其重大的意义。调研组对西藏自治区广播电视工作取得的成绩给予了高度评价：全区广电系统围绕中心、服务大局，扎实推进各项广播电视惠民工程建设，事业取得了重大进展，阵地管理不断强化，真正做到了"把敌对势力的声音压下去，让党和国家的声音传进千家万户"，构筑起了维护意识形态安全的坚固屏障。

（作者分别为：中央和国家机关第八批援藏干部、西藏广电局公共服务处高级工程师；西藏广电局办公室副主任）

青海海西州广播电视台少数民族语言广播电视发展实践

谢 涛

青海省海西蒙古族藏族自治州（简称海西州）地处青海省西部，位于青、甘、新、藏四省区交汇的中心地带。总面积32万多平方公里，总人口63万多人，其中以蒙古族、藏族为主体的少数民族人口占比近34%，是全国唯一一个蒙古族藏族自治州。近年来，海西州广播电视台把做好以蒙古语、藏语为主要内容的少数民族语言广播电视工作，作为党和国家新闻舆论工作的重要阵地，繁荣发展少数民族优秀文化的重要载体，维护民族团结进步的重要工具。全台各类少数民族语言广播电视节目在数量和质量上取得了明显成效，在舆论引导、精品创作上取得了较好的成绩。

一、蒙古语、藏语广播电视节目发展概况

作为青海省民族自治州中最早成立的广播电视机构，海西人民广播电台先后在1980年和1987年分别成立蒙古语、藏语编译室，并制作播出民族语言自办节目。经过不断发展，电台从2000年开始在882千赫中波频率中每天制作播出蒙、藏、汉三种语言自办节目11小时。受人员、设备等限制，两种语言电视节目起步较晚。2011年1月1日正式在海西电视台新闻综合频道开播蒙古语、藏语《海西新闻联播》节目，并在几年间逐步拓展了其他电视节目。为进一步整合资源、做好两种语言的广播电视节目，在2016年1月成立海西广播电视台的基础上，组建了海西广播电视台蒙古语节目中心和藏语节目中心。目前制作播出两种语言广播节目13个，电视节目4个，同时利用"云上海西"手机客户端播出以上全部节目。

图1　海西州广播电视台办公大楼

二、用改革创新的思维办好蒙古语、藏语广播电视节目

近年来，我国广播电视事业得到了迅速的发展，尤其是在节目内容创新上，各级广播电视台都在寻求突破。突破点就在于能否更加符合党中央对新时期广播电视工作的要求，能否更加符合受众收听、收看需求。近年来，海西州广播电视台少数民族语言广播电视工作在逐步发展中虽然取得了一定的成绩，但离党和人民群众的要求还有很大的差距。由于地处祖国西部、经济社会发展滞后、在广播电视发展理念和专业性人才等方面明显落后于中东部地区。为此，海西州广播电视台积极借鉴先进经验，通过深化学习教育、整合采编资源、优化管理制度等措施，克服体制机制、资金投入、人员力量以及思想观念等方面存在的不利因素，努力在舆论导向、节目内容创优、电视电影创作等方面取得更好成绩，助推少数民族语言广播电视事业发展。

（一）确保新闻类节目正确的舆论导向

新闻类节目是地级广播电视台自办的重点节目，也是传递党和国家大政方针，围绕当地党委、政府中心工作凝聚各族群众思想、激发广大干部群众干事创业热情的重要节目。海西州广播电视台一直以来重点突出"新闻立台"的思想，就如何在蒙、藏、汉三种语言新闻节目中确保正确的舆论导向，确保统一尺度、统一标准、统一底线、统一推进，海西州广播电视台在新闻节目资源整合和把关力量上进行了改革。

1. 整合全台采编力量。 在过去，全台新闻采编人员尤其是广播电视记者分散在汉、蒙、藏三种语言广播电视的不同部门，加之全台采编力量本身就很有限，所以新闻节目的质量一直得不到提升，正确的舆论导向也很难把控。为此，海西州广播电视台将全台新闻采编人员进行了整合，重点将分散在各部门的摄像、记者统一纳入新闻采访部，由部门统一调度采访力量。此举让一线记者队伍得到了很大充实，形成了集中力量做优质广播电视新闻的局面。

2. **在新闻采访部统一采访的基础上，实行"双三审""三统一"新闻节目制作播出机制。**"双三审"，即：汉语《海西新闻联播》实行三审后，蒙古语节目中心和藏语节目中心对编译、制作、播出的节目再次进行三审。由此形成汉语新闻经过三审确保了舆论导向，蒙古语、藏语节目中心编译主任和编译人员、节目制作人员对编译后的少数民族语言新闻节目再把关、再保险的模式。"三统一"，即：汉语、蒙古语、藏语三种语言广播电视新闻节目《海西新闻联播》统一播出新闻内容，由此进一步把控舆论导向、形成"两台、三语"集中力量、集中时段、统一发声。

图2 少数民族语言节目准备录制

在长期的实践中，我们发现编译工作是少数民族语言新闻节目的核心环节，提升少数民族新闻工作者的编译素养尤为重要。在编译环节，要把忠实于原文放在第一位，在此基础上用通顺的译文形式进行翻译。此外编译人员要有较好的中文和少数民族语言理解和表达能力。特别是要掌握大量的词汇、谚语、修辞技巧，从而用不同的方式来表达同一思想内容。因为新闻采访中经常接触一些专业术语，这就要求编译人员不仅要及时更新自己的专业知识储备，还要在编译时多查、多问、多想，精雕细琢让译文更加准确。

（二）提升新闻节目的内容和社会影响力

新闻类节目不仅要把好舆论导向关，在节目内容日益需要创新的今天，新闻节目内容的创新和求活也极为重要。为此海西州广播电视台在集中采访力量的基础上，在新闻采访中努力深化"走基层、转作风、改文风"要求，在后期制作中强化精品意识，把过去死气沉沉的新闻节目办得好看、耐看。

1. 加大新闻策划力度、讲好海西故事。为紧扣州委、州政府中心工作，展现各行各业呈现出的欣欣向荣、热火朝天的动人景象。海西州广播电视台通过抓住时间节点、加大策划力度、细化报道方案，对三种语言《海西新闻联播》节目在编排上进行了进一步的优化和完善，突出新闻报道舆论导向、提升主题新闻报道质量、突出重大新闻播出时效性、合理安排不同类别新闻编排时段。以 2017 年为例，全年三种语言播报的《海西新闻联播》中统一设置了 40 多个专栏。这些专栏主题突出、内容丰富、跟进及时、制作精良、编排合理，体现了海西州广播电视台作为州级媒体，牢记使命职责，围绕党的中心工作，唱好主旋律，打好主动仗，讲好海西故事，传递好海西声音的具体行动。例如，在 2017 年，习近平总书记视察青海海西工作一周年之际，本台抽调骨干记者重访总书记在视察青海海西时走过的地方，重温总书记在视察时提出的重大要求，重忆总书记与当地群众亲切交流的感人场景，并由此推出专栏《牢记总书记嘱托 建设现代化强州》。专栏用八个篇章，采访长江源村藏族群众与总

图 3　记者深入蒙古族群众生产一线采访脱贫致富故事

书记亲切交谈后的激动心情；走进盐湖集团展现企业职工牢记总书记嘱托，建设"镁锂钾园"的生动场景；探访摘掉贫困帽子、过上小康生活的蒙古族家庭，聆听他们高唱"共产党好、总书记好、听党话、跟党走"的时代赞歌等一个个鲜活、生动的故事。这一专栏在汉、蒙、藏三种语言广播电视节目《海西新闻联播》统一播出后，在受众当中引起了强烈反响，受到一致好评。

2. **有限资金投入采编一线，提升新闻节目整体水平**。近年来，海西州广播电视发展得到了州委、州政府的高度重视和大力支持。目前全台电视节目实现了高清拍摄和编辑。此外，还建设了 200 平方米高清综合新闻演播室，三种语言电视节目演播室从过去的一个摄像机加一块蓝布，发展成为省内各州、市数一数二的一流演播室，再加上新闻航拍、3D 动画等手段的应用，新闻节目整体水平有了一定提升。而以"云上海西"手机客户端为主要建设内容的全媒体综合运用平台的上线投用，让三种语言的各类节目有了更大的传播平台。特别是少数民族语言节目真正实现了走出省内、走向全国。

图 4　过去简单的演播室

图 5　藏语主持人在 200 平方米高清综合新闻演播室录制节目

不论是新闻节目的策划、选题还是整体包装，最终目的是提高少数民族语言新闻节目的可听性、可视性。在这方面我们的经验是：首先要坚定"政治家办台"的理念，时刻与党中央保持高度一致，及时宣传党的路线、方针、政策。在此基础上要全面展现少数民族地区日新月异的经济社会发展成就和少数民族群众逐步走向小康生活的幸福场景，以此激发他们热爱祖国、感恩党、跟党走的信心。其次要在新闻选题中突出一定的服务功能，针对少数民族群众生产、生活需要，为他们自力更生鼓劲加油，为他们自主创业介绍典型经验和方式方法。此外不能忽视舆论监督在创造各族群众高品质生活中的特殊作用，新闻工作者要抱着对党和人民负责的精神，认真进行调查研究，用事实说话，以理服人，把群众的声音及时传递上去，把政府解决问题的举措真实展现出来。

（三）办好综艺类节目、繁荣发展少数民族文化

世居生活在海西州的蒙古族和藏族具有自己的民族文化。生活在这里的蒙古族群众创造和发展了高海拔地区特有的德都蒙古文化，这一独特文化在当今全世界蒙古族文化中具有一定的知名度。以州内天峻县、都兰县为主要生活聚集地的藏族群众，在当地繁衍生息世世代代，让藏族特有的文化习俗成为海西民族文化中不可或缺的重要内容。如何让这两种民族文化在电视荧屏和广播频率中充分展现、传承发扬，是海西州广播电视台发展好少数民族语言广播电视事业的核心，因此少数民族语言综艺类节目成了重要抓手。

1.蒙古语、藏语综艺类节目丰富多彩、体现特色。综艺节目以其丰富的内容、活波的形式深受广大受众的喜爱，这也为海西州广播电视台办好少数民族语言综艺类节目打下了坚实的基础。

藏语广播节目《藏语文学之窗》是藏语文学创作、展示、推广、访谈于一体的原创文学节目。节目先后邀请哇热、三木才等本土知名藏族作家及文学爱好者，通过朗读、访谈的形式为文学爱好者和青少年文学创作提供一个展示自我、宣传自我、交流进步的优质平台。藏语广播节目《藏语民歌欣赏》除了播放当地藏族听众爱听的民歌外，节目主要对歌者、音乐作品做详细介绍，让听众进一步了解藏族民歌的一些发展历程，在享受民族音乐的同时感受深厚的民族文化。

蒙古语广播节目《综合文艺》已经开办并播出近30年。针对过去节目内容大而全，一周一期重复播出的问题，节目针对不同受众对内容进行了细分。例如：星期一播出的《经典老歌》抓住了50岁以上人群最关注、最在意的怀旧情结；星期二播出的《德都蒙古文艺》，选择具有当地特色的音乐语言，以独特的地方风格情调彰显本台个性，使当地受众喜闻乐见，让更多的听众了

解和传递地方音乐的魅力，强化了节目的影响力和感染力。星期四播出的《儿童童话》，让蒙古族小听众在学习民族语言的基础上，了解多彩的蒙古族童话故事。此外星期六播出的《说唱歌曲》聚焦全球蒙古语流行音乐最前沿，深受年轻听众的喜爱。

图6　播音员录制广播节目

海西州广播电视台少数民族语言电视节目起步较晚，但也一直在创新和突破中不断前行。藏语电视节目《阅读者》积极在藏族受众中倡导"全民阅读"和"建设书香社会"。本土藏族作家、教师等阅读爱好者作为嘉宾在节目中朗读优秀藏文学作品、谈自己的体会感受，节目一经播出，立即引起了业界的广泛关注，得到了广大观众和网友的好评。此外藏语电视节目《唱响柴达木》为本土歌手及艺人提供了一个自我展示的平台。节目播出的《一个牧羊女的心声》等内容，展示了藏族艺人背后的成长经历，通过故事的挖掘、情感的描绘，让观众走进主人公的内心世界，感悟他们的成长和创作历程。

蒙古语节目中心开设了一档以文化娱乐为主要内容的电视综艺节目《佳片欣赏》。该节目内容主要来自于内蒙古蒙古语卫视播出的《索艺乐》《开心辞典》等优秀节目。转播这些节目让海西当地蒙古族群众对民族传统文化的传承和保护有了进一步认识，尤其对青少年来说，观看这档节目是一个集知识、益智、趣味性为一体的学习过程。此外，海西州蒙古语电影译制中心把国内外优秀电影用当地蒙古族群众通俗易懂的语言进行翻译，配音和制作。

这些优秀的译制电影在《佳片欣赏》栏目中播出后，丰富了节目类型，让当地蒙古族群众能够更加理解精彩的影片内容。

图 7　藏语电视节目录制现场（一）

　　思考：少数民族是中华民族大家庭中不可或缺的一员，灿烂夺目的民族文化共同形成了中华文明的博大精深。保护和传承少数民族文化应该成为少数民族地区广播电视台站的一项光荣使命。特别是要发挥广播电视媒介特有的传播优势，在少语综艺节目内容挖掘、编排、包装、推广运作等方面积极向优秀的汉语综艺类节目看齐，让精品化的少语综艺节目能够更好地吸引受众的关注，特别是青年一代的关注，让他们在全新的视觉、听觉感受中领悟民族文化的魅力所在，坚定民族文化自信，更好地去传承民族文化。此外也要发挥广播电视台站的专业性，用数字化的视音频搜集、记录、整理各类民族文化符号。特别是对列入非物质文化遗产，依靠口手相传的史诗、技艺等进行完整的记录和保存。

　　2.**服务民生，民族语言更接地气**。服务民生是广播电视节目承担的一项重要使命，在这方面，海西州广播电视台也在一步步摸索前进。例如藏语广播《藏语农牧天地》分两个版块《法治天地》和《健康之窗》。《法治天地》每期通过以案释法、传播法律知识等形式，为农牧民普及法律知识，引导农牧民群众尊法、学法、守法、用法。《健康之窗》版块通过将医疗健康与日常生活结合起来，专家访谈结合起来，力争打造成"人人都想看、人人都受益"的卫生健康知识普及节目。在电视节目方面，由于刚刚起步，目前只开设了蒙古语、藏语《天气预报》。

图 8　藏语电视节目录制现场（二）

3. 少数民族语言电视剧、纪录片创作成绩喜人。在媒体发展日益繁荣多元化的当下，影视剧依然是观众热捧的主流之一。用镜头记录下少数民族的生活点滴，展示民族的优秀文化，这不仅有利于提升各民族群众的文化自信，也有利于提升各民族群众对中华民族文化的认同感，更有利于民族团结和各民族繁荣发展。近年来海西州广播电视台以藏语节目中心为创作核心，集中全台力量，创作、播出了一批优秀的藏语电视剧和纪录片，打破了过去在影视剧方面"只译制无原创"的不利局面，不仅传播了藏族文化民俗，也让海西州广播电视台影视剧创作品牌在全省享有一定的知名度。

2013 年藏语节目中心主创并制作了海西州第一部藏、汉、英三语电视剧《终极的黑帐篷》。该剧采用电视的独特手法，利用史实、民间传说故事等素材，全方位介绍了藏族传统民间民俗文化，让观众在观赏中感受到藏族民间文化的美丽，认知藏族的传统文化。作为海西州广播电视台创作的第一部少数民族语言题材的电视剧，该剧通过一个家庭的经历，讲述了黑牦牛皮制作技艺在牧民中逐渐失传的故事。片子上下两集, 90 分钟, 演员全部是群众演员，但该剧在青海卫视藏语频道播出后却广受好评，因为牧民们觉得它太亲切了，讲的就是他们自己的事。该剧不仅受到好评，还在"首届亚洲微电影节金海棠奖"上，从 1700 多部作品中脱颖而出，一举摘得最佳品牌作品奖和优秀作品奖。2014 年这部作品又在第六届《金鹏展翅》奖评选当中荣获原创影视剧类一等奖。《终极的黑帐篷》的获奖，为传承和弘扬藏族民间文化起到了积极作用，这一系列的奖项也创造了海西广播电视节目的获奖记录，成为海西少数民族语言广播电视节目中最为璀璨的一颗明珠。而在这之后，海西藏语广播电视节目人再接再厉、勇创佳绩，创作了全国首部藏区预防艾滋病民族语言电视连续剧《失落的幸福》，我省首部法制教育题材藏语电视连续剧《失色童年》，两部作品先后获得全省、全国各类奖项。《失落的幸福》以倡导保护和关注妇幼保健为主旨，讲述了原本和谐美满的李智和桑姆夫妇，因为丈夫在婚外性接触时感染了艾滋病，导致一个和睦家庭、一段深厚感情走向毁灭的故事，揭示了艾滋病已严重威胁世界人民健康的严峻事实，以此宣传艾滋病防治知识，唤起人们对预防艾滋病的重视。该剧由青海大学藏医学院资助，演职人员全部由当地藏族群众及医疗卫生、文化等部门职工志愿出演。担任《终极的黑帐篷》《失落的幸福》《失色童年》三部电视剧导演和编剧工作的海西州广播电视台藏语中心青年导演索南多杰深有感悟地说："深度挖掘藏族地区在文明进程中所发生变化的题材，就要在情感上向普通人靠拢，保证影视的节奏和旋律对观众的亲和力。"

图 9 电视剧《失色童年》拍摄现场

从这几部电视剧的创作中我们感受到，丰富多彩的少数民族文化，给广播电视节目的创作提供了广阔的舞台。在少数民族影视剧中原原本本的生活场景、质朴的民族语言，这些最普通的文化元素，经过创作就能够给地级广播电视媒体丰富节目内容中带来新鲜血液。地级媒体无法实现省级卫视在广播电视节目制作中的大投入、大明星、大制作，但接近本地受众的独特优势，让这类投入和制作并不大的影视剧能在观众当中深受欢迎，"接地气"是其中很重要的因素。

图 10 《终极的黑帐篷》导演索南多杰在颁奖现场

四、海西州广播电视台少数民族语言广播电视工作面临的问题

毋庸置疑，随着海西州经济社会的发展，海西州广播电视台少数民族语言广播电视工作取得了一定的发展。但节目内容供给不足、质量参差不齐等问题，制约着当地少数民族群众文化生活质量的提升，也不利于进一步繁荣和发展少数民族文化事业。

1.专业人才缺乏。海西州人口资源缺乏，再加上地处高原腹地，气候恶劣生活条件艰苦，以及地级媒体的平台吸引力较小，导致很难吸引到专业人才。目前，两种语言节目中心共有工作人员 29 人，虽然人员学历中有研究生 4 人，本科生 21 人，但没有一人有广播电视专业背景。尤其是主持人、播音员、摄像、节目后期制作等专业性人才为零，更缺乏实现采、编、播一体化的复合型人才。这对蒙古语、藏语节目数量的增加，在今后向高质量发展造成很大的人才制约。

2. 节目内容单一、缺乏竞争力。受人才以及资金投入的限制，无论是新闻节目还是综艺节目乃至电视剧的创作，几年来一直在内容创新上"原地踏步"。新闻类节目虽然实现了统一发声，但自采新闻没有突破，在"三贴近"上存在严重不足。综艺类节目没有创新意识，照猫画虎、滥竽充数等现象普遍存在，严重缺乏竞争力。电视剧创作一直依靠几个人在努力，成立专业的工作室和摄制团队一直受制于资金的短缺。

3. 频道资源紧缺。目前，汉、蒙、藏三种语言的电视节目全部集中在"海西新闻综合"频道播出，大而全的综合频道不能适应分众化传播，导致节目的指向性、贴近性差，节目很难满足观众需求。

五、海西州广播电视台少数民族语言广播电视发展思考

在当下，进一步办好海西州少数民族语言广播电视节目，让这一"小众化"节目能够满足更多受众的精神文化需求，需要广播电视人在学习先进经验加强人才队伍建设、立足自身优势打造特色节目品牌、转变观念促进媒体融合发展等方面进行更多的思考和实践。

（一）做优做强本土频道、频率

在少数民族地区，不懂汉语、地处偏远、信息闭塞的特殊性，决定了收看广播、电视节目是各民族同胞获取信息的重要来源，再加上海西州处于"稳藏固疆"战略支点的重要地理位置，做优做强本土频道、频率不仅可以满足当地各民族群众对多元化信息的需求、对高品质精神文化生活的需求，也是发挥州级主流媒体舆论引导力，在维护国家统一与藏区社会和谐稳定等方面积极发声的重要渠道。

1. 加强人才队伍建设。人才是推进广播电视事业发展的基础。加强人才队伍建设，一方面需要当地政府在人才引进机制上提供更多优惠政策、拿出具有足够吸引力的引才条件，这对于海西州广播电视台这样市场化运作不高、自身吸引力严重不足的媒体平台尤为重要。第二个方面要加大与高等院校等机构的合作，特别是在少数民族语言广播电视节目内容创优、创新上，要主动走出去，充分利用高等院校教师专业化程度高的优势，为节目发展助力。

第三个方面借助一切可以借助的资源加大现有人员的培训力度。在台内部、几种语言之间开展互帮互学，自我加压、自我奋进，同时积极开展专业化的培训。近年来，海西州得益于浙江省的对口帮扶，在教育、医疗方面开展了深层次的交流和合作，通过派驻优秀教师和医疗团队，手把手的培训出不少当地的专业技术人才。目前在广播电视方面，仍然停留在听几堂培训课、参观几个观摩点的现状，这方面需要借鉴在教育、医疗帮扶中的先进经验，开展深层次的培训。

此外，在少数民族地区，能够用民汉双语进行采访的记者，对挖掘更具民族特色的新闻有着重要的支撑作用。记者在基层一线采访，与农牧民群众进行沟通和交流时语言成为障碍。有些情况下无法进行有效的提问，挖掘不出鲜活生动的新闻故事，有时甚至因为不懂民族语言和民族习俗，造成双方的误会。因此在台内鼓励汉族记者编辑不断加强少数民族语言的学习，少数民族记者编辑也要不断提升汉语水平。随着以移动客户端、微信、微博等新兴传播手段的兴起，通过创新机制体制激活优化内部人才，培养全媒体记者、全媒体编辑、全媒体管理者，有力夯实媒体融合发展的人才基础，也将是今后人才队伍建设的重要内容。

2. 积极争取上级支持，开办少语频道。 20 世纪 80 年代开始，少数民族地区电视台就开始在频道中将少语节目和汉语节目混播混编，随着国家支持力度的加大，少语卫星频道、地面频道不断出现。而在媒体对受众划分越来越细的今天，没有专门的少语频道，更是很难满足观众要求，对提升节目影响力和吸引力也极为不利。通过开设蒙古语、藏语频道，丰富了电视荧屏，同时也在一定程度上加强了人才队伍建设。也为下一步与国内优秀少语频道的合作交流奠定了基础。通过进一步的合作和交流，积极借鉴先进经验，节目内容单一的问题就有解决途径，海西州少语广播电视节目就有与国内其他优秀少语节目竞争、交流的机会。

（二）加强少数民族语言节目生产能力

对于媒体来说，传播力、公信力和影响力的根本在于内容。特别是在传统媒体与新媒体融合发展的今天，内容永远是根本，是核心竞争力，是决定其生存与发展的关键。

1. 突出鲜明的民族特色和地域特色。 依靠"本土化"和"贴近性"来打好"民族牌""地域牌"，是加强海西州广播电视台少语节目生产能力的根本。在打好"民族牌"方面，独具特色的德都蒙古文化就是不二的选择。目前蒙古语节目只在广播上开设了一档《德都蒙古文艺》专栏，很难全方位展现多彩的德都蒙古文化。在下一步的节目创作上，例如：邀请非物质文化遗产传承人、说唱艺人以伊科里弹唱的形式，讲述英雄史诗《汗青格勒》。海西蒙古族英雄史诗《汗青格勒》在蒙古族民间文学中实属罕见，具有重要的历史研究价值，被省内外学者推崇为青海蒙古族民间文学三个顶峰之一。通过开设《汗青格勒》（故事说唱），以便使这部史诗在更广泛的领域得以普及，并使之能够真正起到激励民族进取、提高民族文化自信等作用。在打好"地域牌"方面，海西州辽阔的地域、独特的自然环境、丰富的地理元素，是吸引国内外游客观光探险，当地发展旅游业的重要资源。以独特的地理地貌为依托、借助手机 APP、微信公众号等现代传播手段，辅以无人机航拍、VR 展示等极具感官效果的体验方式，地域特色将成为丰富节目内容、吸引观众眼球、拓展收视群体的一大利器。

2. 把关注民生、服务群众作为提升节目影响力的重要抓手。如今民生服务类节目越来越成为广播电视媒体的主流，做好接地气、连民心的民生服务类节目对提升媒体影响力具有显著的作用。海西州广播电视台现有的几档少数民族语言类民生服务节目，内容单调、创新力度不足，与广播电视传播规律、受众的收视、收听体验严重不符，很难有效聚拢观众、听众的收看、收听热情。这也成为全台节目创新、创优的一大难点和痛点，也是今后加强少数民族语言节目内容生产力的一大突破点。例如在今年新开办的蒙、藏、汉三种语言《海西新视线》节目中，就专门设置了民生关注类版块，2018 年 7 月栏目编辑与格尔木电视台记者共同曝光了一起"黑校车"和严重超载的新闻，在随后的几期节目中持续曝光交通不文明现象，这些民生热点新闻就是将媒体应该承担的社会责任和百姓的关注点放在了首位。但是，由于没有专门的民生服务类节目，零散分布在不同节目的这类民生服务板块没有明确的定位和稳定的受众群体，很难形成一定的影响力。因此，要积极借鉴内地优秀民生服务类栏目创办经验，量身定做符合海西当地实际的民生服务类节目，特别是在服务少数民族群众生产生活、关注他们的喜怒哀乐方面，一定要摒弃说教式制作方式，充分把握受众的心理，以故事性、情节性提升观众、听众的收视、收听体验层次。

（三）加快推进移动客户端建设

党的十九大对新闻舆论工作作出重大决策部署，对推动媒体融合向纵深发展提出了更高要求。海西州广播电视台把移动端发力作为推动传统媒体与新兴媒体融合发展的主要方向。2018年8月海西州广播电视台手机APP"云上海西"正式上线。从短暂的实践过程中我们也发现，目前这一移动终端存在如何吸引用户、形成强大影响力的问题。对此，我们今后要做一下内容的探索。

1. **从广度和深度上加强内容建设。** 目前"云上海西"手机客户端只是对广播电视节目的简单移植，没有实现报纸、网站、社交媒体等多媒体形态内容的全方位覆盖。因此今后要在内容广度上覆盖州内、国内热门资讯，快速推送重大新闻，在深度上重点开发"本地资讯和身边的信息"。

2. **好的移动客户端要运营长久，就要增强互动性。** 尤其是在用户互动方面，参与话题投票、新闻爆料、用户维权等板块能够吸引不少用户的关注。

3. **打造紧贴民生的融媒体服务云平台。** 在整合广电内部资源，提供视音频直播点播以及图文资讯外，要努力突破只发布信息的局限，努力建立起服务平台的概念，把客户端现有的出行、天气、旅游服务版块进行提升，让服务功能更加凸显，带来"好看、好用"的体验。努力把听众观众转化为用户、将单纯提供内容转变为多层次服务。

（作者系青海省海西州广播电视台副台长）

引领舆论保稳定　融合改革促发展

——四川阿坝州探索基层广电改革新机制调研报告

阿郎　春梅　周金揆

一、阿坝州现状

阿坝州位于四川省西北部，紧邻成都平原，北部与青海、甘肃省相邻，东南西三面分别与成都、绵阳、德阳、雅安、甘孜等市州接壤。1953年建立四川省藏族自治区，1955年更名为阿坝藏族自治州，1987年更名为阿坝藏族羌族自治州。全州面积84242平方公里，人口总数93.46万，其中藏族占58.1%，羌族占18.6%，回族占3.2%，汉族占20.6%，其他民族占0.2%，是四川省第二大藏区和我国羌族的主要聚居区，有线电视用户8.78万户，广播、电视综合覆盖率分别为92.2%和98.2%。改革开放40年来，阿坝州经济发展步伐不断加快，农业和农村经济稳步发展，工业经济不断壮大，城乡市场蓬勃发展，交通通信网络日臻完善，社会事业欣欣向荣，人民生活不断提高，综合经济实力明显增强。

图 1　转经筒的藏族阿妈

二、阿坝州广播电视台运行机制改革

（一）阿坝州广播电视台运行现状

1. 阿坝州电视台基本情况

阿坝州广播电视台成立于 1995 年，2012 年更名为阿坝州广播电视台，为财政全额拨款的正县级事业单位。编制 90 名，在册职工 84 名，设有新闻中心、四川阿坝安多藏语译制中心两个副县级内设机构，10 个正科级内设机构。目前该台设有新闻综合、文艺两个电视频道；一个广播频率；一个网站（阿坝州广播电视网）；一个官微（阿坝州电视台官方微信平台，藏汉双语）；一个客户端（美丽阿坝 APP）。开设有《阿坝新闻联播》《藏语阿坝新闻》《阿坝民声》《圣地阿坝》（藏语）、《阿坝法制》《阳光问廉》《口述历史》《案例教学》《故乡情》《行游阿坝》《文化阿坝》《航拍阿坝》《记录阿坝》等多个自办栏目，节目覆盖全州 13 个县城及公路沿线重要乡镇。

2. 阿坝州电视台主业开展情况

阿坝州广播电视台紧紧围绕州委、州政府中心工作，牢牢把握正确的舆论导向，有计划、有重点、有深度地组织宣传报道工作。

图 2　阿坝州广播电视台办公楼

（1）常规报道

近年来，阿坝州广播电视台围绕工作大局，积极在创新节目形式上下功夫，推出了《阿坝新成就》《情满暖冬》《代表委员在基层》等专栏，重点围绕全州旅游、教育、医疗、民生、党的建设、民族团结等方面进行宣传报道；在服务群众体现民生上下功夫，创办栏目《阿坝民生》，策划采访报道紧贴群众关心关注的难点节目；承办大型现场问政类节目《阳光问政》，努力构建"媒体＋群众＋纪检"全方位监督新模式，倒逼党风廉政建设"两个责任"落地生根，媒体监督作用得到了充分发挥；同时将"走转改"贯彻落实到日常工作中，推出《新春走基层》《记者蹲点日记》等一系列接地气的新闻节目。

（2）重点报道

对于重点报道，该台超前运作，特别是在各个重要事件节点，提前谋划，做好宣传方案，如为做好党的十九大宣传报道工作，精心策划《走基层看变化》《喜迎十九大》等多个专栏，展现全州各族人民爱党护党跟党走的坚定决心和对国家繁荣稳定发展的满满信心。为纪念5·12汶川地震十周年，阿坝州电视台携手多个电视台开展"十年——5·12汶川地震十周年大型记者行动"，播发16期新闻报道、6期专题报道、1期特别报道和10余期新媒体报道，受到全社会的广泛关注，为纪念5·12汶川地震十周年发挥了重要的舆论引导作用。

此外，还根据不同时期宣传重点开设《富民惠民改善民生》《重点工程巡礼》《花开阿坝》《干正事干实事干成事》《三态三微全域旅游新实践》《环保督察在行动》《脱贫摘帽进行时》等一大批主题报道，使得全年的电视荧屏和新媒体发布平台节目更贴实际、重点突出。

（3）全媒传播

阿坝州广播电视台以"本地、资讯、视频、直播"为传播理念，深入推进媒体融合发展。2017年年底，"美丽阿坝"手机客户端建设完成，手机客户端已于今年全面上线，主要提供新闻资讯、政务服务、市县频道个性定制、网络直播、便民服务等多项功能，为13县广播电视台免费开设APP服务端口，融合资源，形成合力。

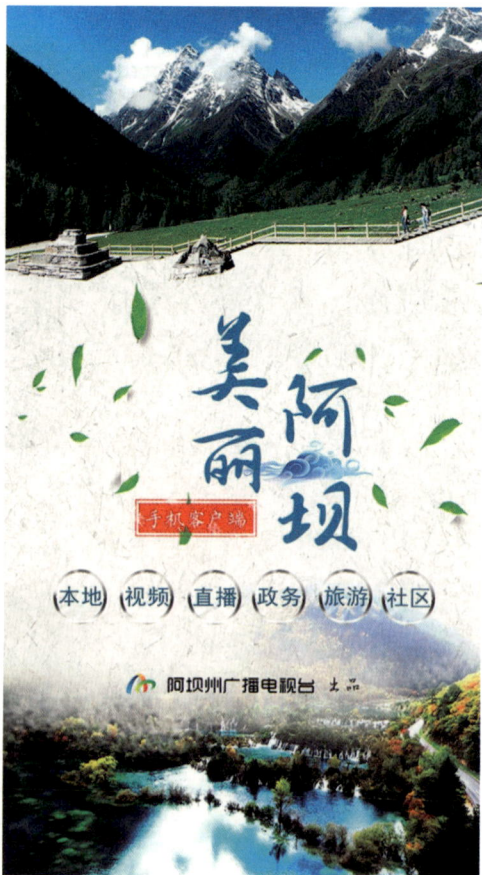

图3　美丽阿坝 APP

对各项重大活动采用藏汉双语网络直播、电视录播的方式进行推广，微信单条阅读量均突破 20 万，全年网络直播观看量超 300 万人次，创网络直播历史新高，《九寨沟震后 7 个月开门迎客 依旧是人间天堂》被腾讯新闻首页推荐，视频点击量超过 1 亿次，使阿坝州广播电视台的全媒体平台影响力得到了巨大提升。

为进一步扩大影响力，该台入驻了新华社、四川观察、天天快报、美拍、搜狐视频等国内重要媒体平台，并与四川台、央视等上级媒体建立了新媒体发布渠道，实现了信息的全网发布和推广。美丽阿坝客户端还将辐射五省藏区，逐步建成突破地域限制的区域性综合传播平台。

图 4 点击量超过 1 亿次

（4）外宣工作

对外宣传一直是广播电视台的工作重点，阿坝州广播电视台也努力突破、狠抓外宣，积极为中央广播电视总台、四川广播电视台、康巴卫视、安多卫视等上级平台选送大量优秀作品。历年来，阿坝州广播电视台在央视上稿量排名和四川省其他地市州的广播电视台相比一直都比较靠前。2017 年，四川电视台采用阿坝台新闻稿件 346 条，比前年同期增长 50%；康巴卫视采用阿坝台新闻稿件 256 条；安多卫视采用阿坝藏语电视新闻 302 条。同时，该台还加强了互联网对外宣传工作，积极与上级台站、新媒体沟通和联系，采访制作了大量互联网新闻稿件，生产的电视纪录片《传承》作为四川省 2017 年首批对外交流的重点节目，推送到长城精品影视，节目首次交流到国际播出平台，在美国的播出平台上展示了阿坝州纪录片制作团队的专业水平，进一步拓宽了阿坝州外宣渠道。

（5）突发事件宣传报道

2017 年"8·8"九寨沟地震、"6·24"茂县特大山体滑坡灾害等突发事

件发生后，该台派出强大采访团队赶赴一线，充分发挥州级主流媒体在危急时刻的重要作用，及时播发音视频资讯，从关爱生命角度出发，采访了大量抗震救灾中发生的感人故事，经过十余天的不间断编辑，制作了《九寨沟景区灾情报告》《生死不离——九寨沟 8·8 地震抗震救灾纪实》等汇报片，为灾后重建提供了更加客观、全面的音视频档案，成为灾后重建政策制定的重要参考。该台新媒体开通的地震图文直播，累计刊发新闻 300 条，编辑的《九寨沟震后十分钟视频》《震后九寨依然美丽》等视频网络点击量超过 10 万次。

（6）《口述历史》栏目

2012 年 3 月，阿坝州率先在全国少数民族地区开展了主题为《历史的记忆 和谐的家园》60 集大型口述历史纪录片拍摄活动，阿坝州广播电视台担

图 5 《口述历史》栏目

任这项工作的样片拍摄和技术指导，在不到三个月的时间内，成功完成了《再造山川》和《爱国守法公约》两部样片的拍摄，为全州"口述历史"纪录片拍摄工作的全面展开发挥了示范引领作用。之后又相继完成了《辫子坟》《阿坝民改》等 10 余部口述历史纪录片的拍摄，并对全州拍摄的 100 余部口述历史纪录片进行技术把关，之后纪录片在重要时间节点反复播出，为全州藏区各族干部群众"以团结为根，共谋跨越发展"提供了强大精神动力，开创了我国少数民族地区"仅用三年时间大规模、高质量摄制纪录片"的奇迹，受到国家、省、州各级领导和国内权威专家的高度评价。

（7）创优节目

近年来，阿坝州广播电视台切实履行文化繁荣发展的重要职责，创作的电视节目多次在国际国内评比中获得大奖，并成为广大观众喜闻乐见的优秀节目。口述历史纪录片《土司风云》以其史料珍贵、故事精彩、讲述生动被授予"玉昆仑"奖；纪录片《藏地石刻》获得国际金熊猫纪录片入围奖；微电

影《博莫娅嫫》获得第三届亚洲微电影节三等奖；纪录片《传承》参加金熊猫国际纪录片节，获得了新片发布邀请，向全球著名纪录片制作机构和播出平台进行了现场推介。《探秘阿坝》《英雄扎江》《不忘初心》等一大批历史价值高、制作精良的口述历史纪录片通过州广播电视台综合频道和微信客户端传给广大观众，产生良好的社会效果。

（8）舆论反制工作

阿坝州地处川、甘、青三省交界处，地理位置独特，在藏区有极强的影响和辐射作用，是四川第二大藏区，也是全国唯一的羌族聚居区。2008年3月，在西藏拉萨发生"3·14"骚乱后，阿坝州阿坝县也发生了"3·16"打、砸、抢、烧暴力事件，在国际、国内造成了极坏的影响。阿坝州广播电视台随即抽调采编业务骨干组成重点报道组赶赴阿坝县进行实地采访报道，准确地把当地的情况传回台里，配合中央台、四川台完成各类采访任务，充分发挥藏汉双语宣传的自身优势，在藏汉双语新闻节目中开办"高举旗帜维护稳定"专栏，推出了《恶报》《自焚者的悔恨》等系列电视节目，积极配合有关部门制作播出维稳工作的相关公告、通知等数件，形成了揭批达赖分裂集团，反对民族分裂，维护祖国统一的强大舆论声势，取得了良好的社会效益，为平息事件、稳定人心发挥了积极的引导作用。

（9）安多藏语广播电视节目开展情况

阿坝州台安多藏语译制中心把"生产优秀的安多藏语节目以丰富广大农牧民群众的精神文化需求"为己任，坚持正确的舆论导向，将党和政府的声音及时传达到广大藏族群众身边。现生产的藏语广播电视节目在电视新闻综合频道每天播出平均时长为17分钟，每月翻译量平均5万字。周播专题节目《圣地阿坝》，是一档以民生发展和文化历史为主要内容的综合杂志性栏目。译制中心根据选题精心拍摄制作栏目，对符合栏目主旨的汉语深度报道和社教专题如《口述历史》等优秀汉语节目进行翻译再创作。2016年6月，阿坝州台开通藏语微信"阿坝电视台藏语频道"，该微信平台采用安多藏语为传播语言，使传统媒体的信度、广度、深度与新媒体的广度、速度优势有机结合，相互补充。目前藏语微信周一至周五每天发布3条，每月60条涉及州内新闻、党的民族政策、人文历史、服务等相关消息，传播速度、广度和影响力不断提高。

精心挑选群众喜爱的电视剧进行译制也是译制中心的重要工作之一。译制中心克服了人员少、设备不足等现状，因陋就简、自我加压，每年都翻译制作2部以上影视剧。截至目前，已经译制了《我在天堂等你》《格达活佛》《暖春》《西藏风云》《历史转折中的邓小平》等几十部作品，通过本台播出和赠送基层的方式播出，深受广大农牧民群众的喜爱。

2017年，译制中心组织专门人员策划翻译出版了习近平的《之江新语》一书藏文版，同时在微信公众号

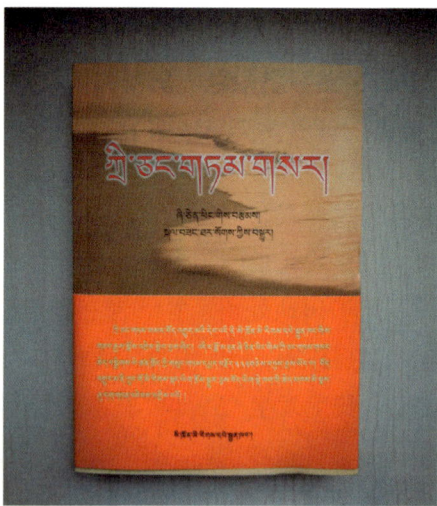

图6 《之江新语》藏语版

开办"诵读专栏"，每天诵读一篇，2018年5月，完成了该书的出版发行，已赠送给草地县寺庙和农牧民同胞，旨在通过这种方式将习近平总书记在理政、为民等方面的理念、深刻道理用藏族自己的文字和语言传播出去，开创了藏区先例，丰富了基层藏族群众的理论学习内容。

（二）阿坝州广播电视台运行机制改革的实施

1. 改革的社会和经济意义

当前，随着互联网与新媒体的迅猛发展，传统媒体既有的宣传平台、传播理念、新闻信息采制与传播方式、经营盈利模式、市场空间等都面临着深刻的变革，其影响力、竞争力、话语权和议题设置权受到日益严峻的挑战，传统媒体生存发展压力前所未有。为了搞活机制、增强活力、确保宣传工作再上新台阶，阿坝州广播电视台实施机构改革、人事管理制度改革、分配制度改革、公司化改革四个方面的改革。通过运用新技术、新手段创新传播方式，打造藏汉双语"美丽阿坝"移动客户端(APP)。构建和完善现代传媒运行制度，实现传播能力现代化，提高自办节目的质量，为"三区一中心"建设营造良好的舆论氛围，作出积极的贡献。

2. 阿坝州广播电视台运行机制改革具体做法

根据深入推进文化体制改革的要求，完善机制，激发活力，促进阿坝广

电传媒事业产业健康发展，为全面建成小康社会提供良好的舆论条件，该台制定了改革实施方案。

（1）指导思想、基本原则和主要目标

指导思想是深入贯彻落实党的十九大和习近平总书记系列重要讲话精神，牢牢把握正确方向，以发展为主题，以体制机制创新为重点，巩固壮大宣传思想文化阵地，维护文化安全和意识形态安全，着力提高广播电视传播力、公信力、影响力和舆论引导能力，为全州经济社会发展提供强有力的思想保证和舆论支持。

基本原则是坚持党管媒体，坚持团结稳定鼓劲和正面宣传为主的方针，确保广电改革发展始终沿着正确方向前进；坚持社会效益优先，实现社会效益和经济效益相统一，促进媒体影响力和企业竞争力双提升；坚持创新发展，遵循传播规律，积极推进理念观念、体制机制、管理方式创新；坚持问题导向，通过改革着力解决媒体发展面临的突出问题，大力推进"事业与产业分开、公益与经营分开"改革，实现"政府保公益、经营走市场"。

主要目标：一是建立适应传媒发展新形势的新闻宣传体制机制。深入推进广电"事业与产业分开、公益与经营分开"改革，建立完善"保事业、保宣传、保阵地"的工作机制，进一步加快新媒体发展，巩固宣传舆论阵地。力争在两到三年内建立适应新形势需求的传媒宣传体制机制，将阿坝州广播电视台打造成极具公信力和影响力的全媒介新型主流媒体。二是建立适应市场竞争的文化产业体制机制。按照公益、经营两分开的原则，建立健全阿坝州众旺文旅传媒有限公司法人治理结构，不断完善国有资产管理体制，最终形成产权明晰、责权明确、事企分开、管理科学的现代传媒。

（2）主要任务

一是优化整合公益性内设机构。优化整合阿坝州广播电视台采、编、播、技术保障等专业性业务部门，进一步强化媒体宣传公益性职能，提升新闻宣传能力。

二是提高媒体资产运营效率。将阿坝州广播电视台的可经营性资产授权传媒有限公司管理，完善媒体资产的经营管理机制，不断增强媒体的市场竞争意识和资本运营能力，确保国有资产的保值增值。

三是加快推进媒体融合发展。加强"两端"（PC端和移动端）、"三微"（微视频、微信、微博）建设，上线手机 APP"美丽阿坝"。

四是妥善做好人员分流安置。坚持依法依规、以人为本、确保稳定的原则和切实维护劳动者合法权益的要求，妥善做好岗位设置，竞争上岗，实现人尽其才。

五是健全完善绩效考核机制。建立科学、系统、高效、规范的绩效考核机制，按照"事业与产业分开、公益与经营分开"的原则，制定分类考核的办法，形成员工能进能出，干部能上能下，收入能增能减的工作绩效考核机制。

（3）职能职责和机构设置

职能职责：阿坝州广播电视台实行公益和经营两分开，进一步突出宣传事业部分的公益属性，公益版块主要职能职责是宣传党的路线方针政策，为阿坝经济社会发展凝聚力量；承担公益性节目与信息的采编、发布工作；负责广播电视新媒体内容的采编、发布工作；承担对外宣传工作；确保广播电视及新媒体内容安全。传媒有限公司作为企业法人，公司将面向全国市场，开展各类媒体广告代理；组织策划各类文化旅游等行业活动和会务、会展；承接各类广告创意、动画设计、企业形象包装等业务；负责教育项目和少儿艺术培训等服务；负责演艺市场的拓展和商业演艺活动的运营管理；提供影视剧、微电影、微视频、纪录片、专题片的策划、制作和摄影摄像服务等，通过充分利用广电文化旅游资源和对经营资本有效的市场化运作，以确保公司年度经营指标的完成和国有资产的保值增值。

组织管理机制：改革后，阿坝州广播电视台实行党组领导下的台班子分工负责制，台党组会作为最高领导机构，总体把握台的舆论导向和国有资产的保值增值。台党组对所有重要宣传内容的审核、国有资产的处置、经营战略的实施以及领导干部的任免等重大事项具有决策权，所有重大事项必须经台党组会讨论批准后方能付诸实施。

3. 阿坝州广播电视台运行机制改革中存在的问题

通过本次的调查分析，发现阿坝州广播电视台工作开展取得成效的同时还存在的一定的问题，总结为以下几个方面：

（1）媒体融合深度不足

一是人员融合观念未融合。阿坝州广播电视台经过多方学习、多次论证、广集民意、广泛宣传，整合了人力资源，形成了媒体融合的格局，但固化的传统媒体意识早已扎根在职工的头脑，观念更改难度大、进程慢。二是制度融合执行未融合。制度改革是媒体融合的重要内容之一，我台推出了改革方案，创新了管理体制和运行机制，实行了新的管理方式，但在具体执行过程中轻描淡写、怕得罪人，仍然按原来的习惯在运作。三是设备融合技术未融合。多年的发展，我台在基础设施建设及专业设备系统建设上已取得了较好的成绩，但在传统媒体和新媒体之间的技术配合和平台融合还远没跟上时代的步伐。

（2）媒体竞争力不强

信息社会人们对于信息的及时、准确、多方面性都决定着他们对于新兴媒体的青睐，而对于电视这种单向交流、渠道单一、内容模式枯燥的传统媒体，都表现出了不同程度的轻视。阿坝州广播电视台以往所依赖的传统媒体受到了空前的打击，观众对电视的依赖度下降，受众群体日渐萎缩，而刚建成的新媒体正处起步阶段，新媒体人才的引进受人员编制和用人机制的限制无法在短时间内有效解决，现有人员的观念及工作习惯的改变、业务能力的培训又有漫长的过程，人机交互也还有较长的磨合期。这些在信息社会的变革中出现的困境使阿坝州广播电视台在改革过程中感到了力不从心。

（3）专业人才紧缺

节目生产产能高不高、节目质量好不好、广播电视能不能得到广大受众的认可，归根结底就是人的问题。阿坝州广播电视台作为西部高原地区的州级广播电视台，平台小、待遇低，导致优秀的新闻采、编、播工作人员引不来、留不住，人才的问题直接制约着该台事业产业的长远发展。

（4）安多语译制中心突破难度大

一是藏语广播电视节目生产能力较弱。目前，阿坝州台安多藏语译制中心有职工 17 人，负责日播广播电视新闻节目、周播广播电视专题节目及影视剧的编播译制工作，工作任务繁重。目前每天主要工作任务是对各类汉语稿件进行翻译，他们疲于应付日常翻译，没有时间下基层采写制作更加接地气的节目，自我创作、生产的能力受到严重束缚，导致自制节目产能较弱、质量不佳。二是电视剧片源紧缺。由于上级不提供片源，我台没有资金购买片源，导致每年译制影视剧难度加大。三是译制经费不足。为了满足广大藏族受众的收视需求，目前我台正在加大藏语节目的播出时长，随着藏语节目生产量大幅提升，目前光靠本级财政支持十分困难，在节目生产、人员聘用等方面的资金严重不足。四是州台藏语节目覆盖面小。我台广播电视节目未上星、全州广电传输网络环网未建成，通过租用电信宽带只能传输我台一套节目到13县县城及重点集镇，综合覆盖率仅占全州总人口的23.5%，乡（镇）、村根本无法覆盖，覆盖面问题亟待解决。

4. 阿坝州广播电视台改革发展对策及建议

当下，互联网与信息技术高速发展，人们每天都从各种媒介中接受大量的信息，新兴电子媒介对传统电视传媒业带来极大的冲击，无论作为央视、省级卫视，还是市州、县级广播电视台都不能独善其身。为冲出困境阿坝州广播电视台党组带领全台职工深刻反思、深入研究，思变革、谋发展，在重重困难面前不低头，经过不懈努力寻找到改革变通之策。

（1）建设全州视频媒资系统

随着4G、5G技术的快速发展和推广，视频，尤其是短小视频成为近年来新媒体迅猛发展的一个节点。阿坝州广播电视台将以全州14个广播电视台为主体(含1个州台和13个县级电视台)，建设容量超500T的巨大媒资系统，全力打造阿坝州影像资料库，与各县广播电视台、州级各部门共享共用影像资料，充分发挥媒资的聚合作用和放大效应。

（2）寻求合作，完善自身

为形成合力，阿坝州电视台率先发起成立全国少数民族地区市州广播电视台战略合作联盟倡议，积极整合各地的文化旅游、节目栏目等各种资源，借鉴各市州在影视译制和创办民族语言节目方面的经验，在舆论反制阵地中形成合力，共同探索创办文化旅游类节目互播平台，探索全新的联合模式，相互融合，协同发展。

（3）整合资源，精准定位

通过整合资源，将好的节目办精，将精的节目办多，以新闻为主打的节目先要办得精，对社会类、民生类的新闻要增强其趣味性，先求其精，再务其多。充分利用现有的资源，精准定位，抓住本地特色大力宣传，比如本地的一些名人、本地的特产、本地的资源等，大力宣传，先让本地的观众了解，增强其自豪感和归属感；本地群众关心什么就报道什么，切实做到"以人民群众的需求为起点，以人民群众的满意为终点"。

（4）健全管理机制，大力培养人才

按照"走出去，请进来"的思路，加强专业技术队伍建设。人员的培训和学习，聘请专家顾问在相关业务方面进行指点传授，多与兄弟台沟通交流，并借鉴成功经验，助推融媒体中心建设。内部要健全奖惩机制，严格按照制定的制度办事，工作突出的电视人要给予优厚的奖励，对那些投机取巧的人要坚决予以惩处，杜绝"吃大锅饭"的行为，实行按劳分配，多劳多得、少劳少得、优质优酬、不劳者淘汰。

三、结语

阿坝州广播电视台以习近平新时代中国特色社会主义思想为指导，认真践行习近平总书记关于新闻工作者的48字要求，不忘初心、牢记使命，把党的十九大确定的目标任务落到实处。按照州委"生态、发展、民生、稳定、作风"发展思路，紧紧围绕阿坝州委州政府的中心工作，不断完善修正工作思路和措施，把握主题、突破难点、创新亮点，大力推进全媒体融合改革，把阿坝州广播电视台打造成区域性新型主流媒体，为藏区的和谐稳定，为党在藏区执政基础更加巩固作出基层新闻队伍应有的贡献。

（作者分别为：四川阿坝州广播电视台台长、阿坝州广播电视台副台长、阿坝州广播电视台办公室主任）

坚持守正创新　推动媒体融合向纵深发展

——河南项城市融媒体中心建设创新报告

王 艳

按照习近平总书记关于媒体融合的重要讲话要求，项城市率先改革，于2016 年 10 月挂牌建立项城市融媒体中心，实现转型发展，催化融合质变，推动媒体融合向纵深发展，提高了新闻舆论传播力、引导力、影响力、公信力。2018 年 6 月 13 日，中央政治局委员、中央书记处书记、中宣部部长黄坤明在项城调研时，对项城的媒体融合发展给予充分肯定。

图 1　中央政治局委员、中央书记处书记、中宣部部长黄坤明
在项城调研时对项城的媒体融合发展给予充分肯定

一、基本情况

项城主流媒体有广播电视台、内资《项城市讯》《项城瞭望》以及新媒体官方网站、微信、微博和 APP。承担着全市重大新闻、重大活动、重点工作的宣传报道任务。但是，随着新媒体的出现和受众阅读习惯的改变，无论是广播电视台，还是内资刊物，受众大量转移，导致广告收入大幅度下滑，骨干人才流失导致核心竞争力削弱，面临"阵地在、用户已不在；阵地在，广告主已不在；阵地在，骨干已不在"的窘境。

面对这种情况，项城市依托广播电视台，大胆改革，先试先行，于 2016年 10月挂牌成立了项城市融媒体中心，融合项城网、"美丽项城"微信公众号、"印象项城"官方微博、"项城云"APP、项城电视台、交通广播 93.6 和传习广播 105.9、报纸《项城市讯》、杂志《项城瞭望》构成八大平台。同时融合 70 家网站和 42 家微信公众号，1080 个微信工作群，统一管理，统一运营，实现"新媒体首发、全媒体跟进、融媒体传播"。与文化、教育、交通、公安、环保等部门合作，将各镇办的服务大厅业务办理、问题投诉、热点答疑等业务融入融媒体中心，打造百姓指尖上的"服务窗口"。同时入驻央视新闻＋、河南广播电视台等媒体平台，形成上接主流媒体，下接地气的传播矩阵。

二、高度重视，高质量推进融媒体中心建设

项城把融媒体中心建设纳入地方党委中心工作，加强顶层设计，出台指导方案、扶持政策，从牵头负责部门、机构编制、人员配置等各个层面提供有力支撑。

1. 党委重视。 加强县级融媒体中心建设是党中央、总书记做出的重大决策部署，是巩固拓展基层宣传文化阵地，夯实党的意识形态工作根基的重大举措。项城市以高度的政治自觉，把县级融媒体中心建设作为树牢"四个意识"、坚定"四个自信"、做好"两个维护"的实际行动，因势而谋、应势而动、顺势而为，推动媒体融合向纵深发展。多次召开会议，专题研究部署党委（党组）落实意识形态工作，打造意识形态领域阵地。在推进传统媒体与新兴媒体融合发展上，我们见事早、行动快、落实好，制订下发了《项城市关于加强媒体融合工作的意见》《中共项城市委关于完善项城市融媒体中心发展的实施意见》等文件，明确提出，经过三年左右努力，全市传统媒体与新兴媒体在内容、渠道、平台、经营、管理等方面深度融合，打造新型主流媒体。

市委宣传部多次组织人员到先进地方考察，出台融合方案，主动协调各职能部门。省委宣传部领导多次调研指导，提出发展的意见和建议，推动项城融媒体中心高质量发展。

2. 政策资金支持。 把融媒体中心确定为市委宣传部直管的正科级事业单位，增加了事业编制，并充分放权，给予融媒体中心招聘人才的自主权，每年在大中专院校招聘专业技术人才。对招聘的高端人才，按照一定标准发放安家费和生活津贴。两年多来，市财政先后投入近千万元，建成了"中央厨房"，购买了直播车，建设了360度全媒体演播厅，添置了采编播高清设备，为媒体融合夯实了基础。

图 2 指挥中心每天召开融媒早会，策划当天选题

三、聚焦主业，巩固壮大主流舆论阵地

在融媒体中心建设中，项城始终聚焦主业，把方向和导向放在第一位，巩固壮大主流思想舆论。

一是巩固党的舆论阵地。 宣传党的政策主张、反映群众意愿呼声、传播社会主流价值，把服务党委政府、服务百姓群众作为巩固舆论阵地的重点，把党的正确主张变为群众的自觉行动。让党的声音传得更开、传得更广、传得更深入。

在 2018 年"两会"宣传中，项城和河南广播电视台上下联动，融合传播，借助河南广播电视台优势，利用项城的八大平台、70 家网站、42 家公众号、1080 个微信工作群进行传播，把总书记的思想和"两会"的声音，及时准确地传进千家万户。特别是 3 月 8 日，总书记来到河南代表团，对乡村振兴、三农工作提出了新的要求，在项城引起了强烈反响。我们策划了《请总书记看看俺的村》《听听总书记讲的三农课》《总书记的话儿记心上》《两会大家谈》等栏目，还制作了一批微视频、短视频、H5、快闪，及时把总书记对河南农民的关爱和关怀，传递到田间地头、农家小院。

二是提升融媒体黏合度和传播力。牢固树立互联网思维，改变过去媒体单向传播、用户被动接受的方式，注重用户的参与互动。运用 APP 直播、广播连线、微信互动，通过服务式、互动式、体验式的新闻信息，打动群众、影响群众、引导群众。

项城利用上千个微信群，结合总书记的重要讲话精神，精心策划选题。策划了"拍拍项城上空的云"，参与人数 10 万人次，通过微信、微博发送 20000 余张图片，1000 多条短视频，300 多条抖音视频，话题阅读量达 25 万次。把总书记的重要讲话，分解成了几百个主题，并策划不同选题，开展全民参与的融媒体活动，让总书记的话真正融入老百姓的心里。现在项城的粉丝达 60 多万人，他们既是项城融媒的受众，也是内容的生产者。而每一名粉丝则成为融媒体中心的记者，融媒体中心成为全市人民的播出平台。实现内容和广大群众的深度融合。

三是扩大主流媒体影响力版图。充分利用新媒体平台与经济发展、社会民生等功能的紧密联系，不断延伸媒体功能，努力扩大主流媒体影响力版图，让信息无处不在、无所不及、无人不用。在掌握用户数据的基础上，根据用户的行为特征和个性化需求，聚合相关的信息和应用，实现信息的个性化推荐，满足用户的对象化需求。市民缴费、办证等纳入 APP 平台，让市民生产生活的所有活动都能通过平台完成。通过"新闻+""服务+""政务+"等，打造新闻信息发布平台、社会治理平台、公共服务平台和大数据智慧管理平台。

四、守正创新，推动媒体融合向纵深发展

项城融媒在体制机制、管理、人才、技术、内容、运营等方面创新，催

化融合质变，推动媒体融合向纵深发展。

1. 机制创新。实行事业单位企业化管理，打破身份限制，打通编外人员成长通道。坚持去机关化、去行政化，打破官本位，体制内外一样，员工能上能下，能进能出。对于改革出局的人员，从政策上允许事业编制的员工保留事业身份，退休后依旧进入事业体制。招聘有朝气、有思想的年轻人，多次公开招聘播音员、主持人、编辑记者，优化人员结构，团队平均年龄在26岁。目前，项城融媒的中层领导岗位都是一批富有开拓创新精神的90后，他们都是招聘人员，成为项城融媒的中坚力量。

2. 管理创新。按照互联网思维，实行自下而上的管理。实行绩效考核制、零工资制、全员竞聘制、数据考核制、末位淘汰制，实现多劳多得，工资有的拿几百、上万元不等，考核由过去的时间考核到现在的数据考核，根据工作量、浏览量、点赞量进行考核。激发了大家干事创业的积极性。

3. 人才创新。过去的媒体是从上到下的金字塔式管理。现在，我们适应互联网时代的组织架构，每人都是一个全媒体。多方引进、培训人才，一人一岗为一人全岗，打造能写、能拍、能说、能剪的"四能"人才。每人既是一个内容生产和传播的全媒体，也是一个绩效考核的主体。自报选题、拍摄、配音、互联网传播等都是独立完成的。

图3　组织员工学习业务知识

为适应受众的不同需求，中心成立了融媒工作组，根据个人兴趣、业务专长、资源等自由结合成内容主创团队。工作室采取主动申报的形式，每个团队 3~5 人，由 1~2 名媒体人牵头，招募其他感兴趣的同事自愿参加，可以跨行业、跨专业，可以和融媒体中心以外的人合作。音频制作组和杭州凡音的合作，地产组和深圳金牛股份公司合作等。中心每月对工作室作品完成数量、质量、传播效果等进行评审，对有创新的作品进行奖励。

与郑州大学、浙江传媒学院、今日头条、梨视频、二更等签订战略合作，请进来，走出去，提高员工素质。

人才不为我所有，但为我所用。聘请全国 30 多位专家组成智囊团，定期来中心把脉问诊，解决发展问题，及时研发新的发展模式，适应市场变化，实现了借船出海、借梯登高。

打造家团队。鼓励员工把他们的亲朋好友带入项城的团队，团队半数员工具有裙带关系，有的是兄弟，有的是姐妹，有的是夫妻，从员工到主任形成层层的感激关系，组织内部全部打通，人和人的关系成为由感情纽带凝聚起来的整体。

4. 技术创新。 坚持移动优先策略，让主流媒体借助移动传播，牢牢占据舆论引导、思想引领、文化传承、服务人民的传播制高点。积极向更多媒体平台拓展，广泛入驻抖音、快手等媒体平台，形成多平台的移动传播矩阵。建立 360 度全媒体演播厅，实现广播、电视、手机 APP 的同步直播。目前，项城融媒构建涵盖广播、电视、报纸、杂志、网站、两微一端、图文音像，服务覆盖城乡 126 万受众群体的全媒体传播网络，让党的声音走进群众、深入人心。微信、微博、APP 的粉丝达 60 多万人，他们既是项城融媒的受众，也是内容的生产者。

5. 内容创新。 充分利用广播电视的优势，大屏推动小屏，小屏产生互动，内容相互倒流。每天生产近百档原创、本土内容节目，几十场直播，实现广播视听化、电视小屏化、直播互动化，大屏内容以微视频的形式导入小屏，小屏的互动在大屏上显示，主持人和嘉宾时时与粉丝们互动，新时代 1059 和项城 936，全媒体直播，全民互动。

一是形式碎片化。全面升级融合传播，广播电视做的内容，可以直接在新媒体上推送，新媒体内容可以在广播电视上播出，在新媒体上可以"听"电视，也可以"看"广播。做到平台相融，内容相通，互相引流。用大屏推动小屏，视听相互交融。按照互联网思维，打造短视频和微视频，目前中心已开发了《项城头条》《项城热点》《马上就办》《环保在线》《脱贫路上》《改革开放 40 年看项城》《全民 K 歌》《你最有才》《金融管家》等近 40 档节目，在广播、电视和新媒体传播。

二是直播互动化。直播成为引流的重要窗口，互动产生共鸣。中心要求重大活动、重要会议都要进行直播，每周都要策划三次以上直播主题。目前，中心可以同时进行多路直播，通过演播厅、广播、电视、手机融合直播，主持人、专家和粉丝互动，进一步粘合群众。全省百城提质观摩、全市两会、执行老赖等进行直播，每次直播点击量能达到 30 万，互动话题几万条。直播的关注量、点击量和互动量，就是考核节目质量和记者绩效的依据。通过这些大数据，可以了解老百姓的需求点在哪里，针对不同需求，策划不同选题，做到精准传播、精准服务，实现有效引导。

三是内容本土化。在内容生产上融入地域特色，充分利用本土化资源，服务当地群众。项城 936 广播以地方方言为主，极具地方特色，粘合周边群众 600 万人。依托"全项城"APP 本地圈，融入当地用户、商家，提高群众的参与性、互动性，更好地把党的方针政策、当地党委政府的决策部署及时传达到基层。

6. 运营创新。创新运营方式，增进服务效能，拓展经营渠道，着力打造"新闻＋"模式。

一是"新闻＋政务"模式。建立政务服务平台，设立了市长热线、民生诉求、城市管理、业务查询等功能，在政务服务平台上，让企业和群众"多走网路、少跑马路"，为群众提供了"掌上的便利"。

二是"新闻＋文化"模式。采用"超市"式供应、"菜单"化服务、订单式配送的方法，让百姓根据意愿"选文化、淘文化、点文化"，为群众免费提供优质文化产品和服务。超市里有戏剧演出、电影放映、图书推荐、讲座培训、便民服务等栏目，群众可以根据需求，通过手机"一键点击"获取。融媒体中心还把市图书馆、文化馆、豫剧团与镇文化站、村文化大院等公共文化资源纳入网内，文化资源深度融合，打通文化惠民"最后一公里"，实现群众由"送文化"到"要文化""种文化"的转变。

三是"新闻＋服务"模式。围绕服务群众，深度粘合 126 万群众，满足人民群众的衣食住行，开设了《家居商城》《吃好喝好》《食疗养生》《家装宝典》《热点楼盘》《修车有道》《全民 K 歌》《我要爆料》等 40 多个专栏，把生活中好玩的有趣的，用最潮流的和百姓喜闻乐见的方式，创出精彩；成立了"维权哥""帮帮团"，建立了"爆料团"，成为群众离不开的"贴心人"。举办团购节、车房联展、情定七夕、音乐节、观众节、家装节、净水机节等商业活动，每年活动在 300 场以上。推出"报料"功能，市民在生活中遇到什么困难都可以直接通过融媒体中心"报料"平台反映，第一时间进行处理，搭建了一个移动端媒体监督平台。截至目前，已累计处理报料 3 万多件，问题解决率95% 以上。"报料"平台不仅是一个"民声"窗口，更成了党委政府了解民情的主要渠道之一。

四是"新闻＋产业"模式。"新闻＋房产"模式，分为包销模式、提点分成模式、宣传销售模式，成为我们收入的重要来源之一。"新闻＋活动"模式，联合商家举办了项城虫草消费节、项城海参消费节、净水机节、空调节等活动，每年活动达到 300 多场次。"新闻＋项目"模式，承接全市大型活动，承建智慧植物园、智慧教育、智慧农业等，拓宽营收的渠道。项城融媒收入逐年攀升，2017 年，实现收入 2600 万元，2018 年，实现收入 3200 万元，实现了社会效益和经济效益双赢。

图 4　项城电视文化节活动现场

五、初见成效

项城经过两年多的探索和实践，媒体融合效果初显，具体体现在"四个新"：

一是融合出巩固党的舆论阵地的新气象。把服务党委政府、服务百姓群众作为巩固舆论阵地的重点，把党的正确主张变为群众的自觉行动，在新时代"唤起群众千百万、同心干"，为实现中国梦凝聚起强大的精神力量。

为深入学习贯彻习近平新时代中国特色社会主义思想和党的十九大精神，强力推进"学习强国"APP下载，使其成为大家学习宣传党的方针政策的重要平台。建立了市乡村三级"新时代文明实践场所"，融媒体中心开设了新时代文明实践专栏，开办了一起来学习、项城动态、图解新闻、学习视频、学习有声等栏目，开通了全国首家传习广播，通过线上线下互动，提高学习效果。同时，我们各实践站所的负责人是融媒体中心的特约记者，及时为融媒体中心提供基层活动开展情况，确保党的声音第一时间传到基层，确保基层的声音通过融媒体传播出去。

二是融合出媒体"大合唱"的新格局。坚持内容建设为根本，成风化人、凝心聚力。围绕市委提出的"抓好一项政治任务""打好三大攻坚战""抓好五个持续提升"，融媒体中心多平台、全方位宣传，提振全市广大干部群众攻坚克难的信心和决心，有效推动市委各项决策部署全面贯彻落实。

在创建全国文明城市中，配合取缔城区非法营运三轮车时，融媒体中心开辟专题栏目，一方面对相关政策进行宣传；另一方面组织记者到一线、到社区、到每一位三轮车车主家里，开展针对性的采访，让车主现身说法，不仅让三轮车车主意识到驾驶非法营运三轮车的危害，还让乘客意识到乘坐三轮车的危险，通过一个月的针对性全媒体宣传，在随后的取缔过程中，项城创造了"零上访、和谐取缔18000多辆"的项城经验。

三是融合出项城对外宣传的新形象。讲好项城故事，传播正能量，及时准确报道项城在经济、社会各方面取得的成绩，挖掘鲜活的正面典型，激发汇聚全市向上向善的力量。结合互联网新技术，以年轻人喜欢的方式，制作短视频、微视频、AR、VR、H5等新型融媒体产品，很受欢迎。中心制作的快闪《我和我的祖国》在"央视新闻+"平台展播，播放量达6万多；《无名英雄沙河救人》播放量达94万，点赞量10.7万；根据当地故事改编、拍摄、制作的《让人民回答》《守住这个家》《一个不能少》等融媒体视频，播放量都在 30 万 +，积极为"学习强国"平台供稿，转发项城信息 9 条，项城的知名度和美誉度大大提升。

四是融合出经济社会发展的新局面。坚持围绕中心、服务大局，紧扣市委、市政府中心工作做好新闻宣传报道、舆论引导、服务民生等工作，营造舆论氛围，成为经济发展的"助推器"。利用融合力量助力法治项城。项城融媒联合项城法院开展了一系列失信被执行人强制执行活动的直播，直击执行现场、法官做客演播厅、解答市民法律问题，引发 46.9 万市民观看，共有 23 名失信被执行人看到直播后，主动将 65 万元执行款送往项城法院。利用融合力量倾情服务民生。受台风"温比亚"影响，持续强降雨导致项城市各地区不同程度受灾，项城融媒体开启特别直播节目，在 1080 个微信群抛出直播话题，征集现场素材 13560 条，直播观看次数达 63.7 万人次，营造了全市广大干群抗洪抢险的氛围，把损失降到了最低。在项城重点工作推进中，舆论先行，全媒体多角度报道，让群众和干部看到市委、市政府的决心信心，同时对慢作为不作为的，加大曝光力度，有力地推动了各项工作的顺利开展。

（作者系河南省项城市委宣传部副部长、融媒体中心主任）

创新发展　行稳致远

——河南汝州市融媒体中心建设的做法与思考

娄亚娜

汝州市地处河南省中西部，隶属于平顶山市，区域面积 1573 平方公里，人口 120 万，是河南省十个省直管试点县（市）之一。2018 年，汝州生产总值 468 亿元，总量居河南省十个直管县（市）第 3 位；一般公共财政收入 31.6 亿元，总量居河南省 105 个县（市）第 7 位；县域综合实力位居中部百强县第 36 位。汝州是国家园林城市、国家卫生城市、全国文明城市的提名城市。

近年来，汝州深入学习贯彻习近平总书记关于媒体融合发展的重要讲话精神，坚持融为一体、合而为一的原则，加快推进县级融媒体中心建设，不断巩固壮大主流思想舆论。

图 1　汝州市融媒体中心大楼

汝州市融媒体中心于 2018 年 8 月 22 日正式挂牌成立。中心现有员工 662 人，其中财政全供编制 59 人，自收自支编制 173 人，人事代理和企业化招聘等 430 人。

一、主要做法

汝州市融媒体中心确立的总体思路是：党建统领定方向、建强平台筑阵地、高效管理保运转、真融实用促发展。

（一）坚持党建引领，坚定正确政治方向

汝州市融媒体中心始终把坚定的政治方向放在第一位，把政治学习贯穿到日常工作的方方面面，组织广大党员干部深入学习习近平新时代中国特色社会主义思想和关于媒体深度融合发展的重要讲话精神，不断增强"四个意识"，坚定"四个自信"，自觉做到"两个维护"，全力做好顶层设计，打造新型传播平台，建成新型主流媒体，扩大主流价值影响力，让党的声音传得更开、更广、更深入。充分发挥党组织和党员的先锋引领作用，坚决落实"三审三校"制度，重要岗位的审核把关全部由党员组成，在新闻报道中，牢牢把握正确的政治方向，用党的建设来推进融媒体中心建设工作的稳步健康发展。坚持党媒姓党、绝对忠诚的原则；坚持以人民为中心的发展方向和发展思路，重点做好引导群众、服务群众的工作。

（二）加快机构整合，获得大力支持

汝州市融媒体中心的建设得到了各级领导的关心、关注和支持，中共中央政治局委员、中宣部部长黄坤明调研河南时与汝州市融媒体中心负责人视频连线，肯定了汝州市融媒体中心的工作；平顶山市委书记周斌、市委副书记葛巧红先后到汝州进行专题调研，要求汝州先行先试，并现场办公，指导融媒体中心建设工作；汝州市委书记陈天富等领导高度重视融媒体中心建设，在政策、资金、人力等方面大力支持，并多次现场指导融媒体中心的顶层设计和建设运营工作。平顶山市编办专门下文，支持汝州先走一步，将汝州市广播电视总台、市广播电台、市信息中心、市《今日汝州》编辑中心 4 个机构，合并组成一个正科级事业单位即汝州市融媒体中心，归口市委宣传部管理，配齐配强了领导班子。2018 年财政全额拨款 296 万元，建设了汝州市融媒体指挥调度中心；2019 年市财政列支预算资金 2760 万元，保障融媒体中心工作开展。

图 2　汝州市委常委会议专题研究融媒体中心建设

（三）搭建调度平台，重构采编播流程

汝州市融媒体中心迅速搭建并完备指挥调度中心平台，从设计到投入使用仅用了不到一个半月的时间。融媒体指挥调度中心不仅仅是一个窗口单位，也不仅仅是完成重大活动、重大事件现场报道的指挥调度平台，更是整个融媒体中心的中枢神经和运行大脑，是融媒体中心各个平台之间沟通交流并形成合力的桥梁和纽带。利用融媒体指挥调度中心，可以完成任务分派、音视频、图文迅速回传以及编辑、审核和分发，在最短的时间内，能够更快更好地完成融媒产品从生产到推送。通过融媒体中心指挥调度平台，做到新闻采编发工作统一策划选题、统一指挥调度，所有采访素材全部进入中心平台进行审核把关，各个宣传平台根据自身需求各取所需，对素材进行再编排、再加工，重造了策、采、编、发流程，做到了"新媒体首发、全媒体跟进、融媒体传播"。

图 3　融媒体中心指挥调度会议

（四）推进业务先融，扩大融合传播效果

推进融合首先必须是业务上融合的理念，整合原汝州市广电总台、汝州市广播电台和汝州市信息中心、《今日汝州》编辑部四个机构下属的26个媒体平台，构建了集报、台、网、微、端等于一体的全媒体矩阵，并通过"中央厨房"使各个平台资源通融、内容兼融、传播互融，做到统一调度、统一指挥、集体发声，形成主流强音。对于我们的各个平台来说，融媒体指挥调度中心的"中央厨房"系统，能够使大家资源共享，各个平台利用自己所取的素材，制作出形式不同、特点各异，用户乐于接受、易于理解的融媒产品，从而达到资源集约利用，完成分众化、差异化传播，实现好声音、新形象、正能量传播效果的最大化、最优化。

图4　现场记者视频连线

（五）创新管理模式，提升创优创收能力

中心制和分平台制相融合的运营管理模式是目前汝州融媒体中心在探索中采用的较为有效的融合管理模式。这次县级融媒体中心的成立，是以广电为主导的，如何真正地融好、管好、用好，对融媒体中心管理者的勇气、智慧和能力是一次很大的考验。融媒体中心成立以后，队伍更大了，要解决的问题也更多了，倒逼融媒体中心的领路者要去考虑得更多、更细、更完善，要不断创新并完善现有的管理模式。汝州市融媒体指挥调度中心和行政管理部等实行中心制，业务部门则由融媒体中心根据各媒体平台自身的实际情况，划分单元实行分平台运营制。这种制度的优越性在于业务管理既能够统一指挥，统一发声，形成合力，业务考核和运营创收，又化小了经营单元，便于厘清平台定位、增强能力比拼、挖掘内部潜力，形成"比学赶帮超"的局面，调动了各平台和全员的工作积极性。

（六）强化人才支撑，广开选优培优渠道

融媒体时代，拥有全媒体人才是关键。汝州市融媒体中心以人才引进和培育增强队伍活力为目标，出台了《关于加强人才建设的意见》，涵盖了人才引进、人才培训、人才使用等各个方面，实施"2345"战略，即，实行"2345"底薪和年薪制的薪资晋级办法。中心原有专业人才底薪晋级从 2000 元开始，凡引进的重点院校全日制本科人才底薪从 3000 元开始晋级，凡引进的全国"双一流"院校、播音主持等相关专业的人才底薪从 4000 元开始晋级，中心重点引进的急缺型，且有同专业两年以上从业经历的优秀人才底薪从 5000 元开始晋级，特别优秀的实行年薪制。鼓励先进、鞭策后进。每月对后三名进行约谈，连续被约谈 3 次，将被制度性淘汰。探索形成了"进得来、留得住、用得好""能进能出、能上能下"的人才建设机制，为汝州融媒发展提供了有力的人才支撑和智力支持。在人才引进工作中，一方面采取事业单位招聘、政府购买服务等方式，从浙江传媒学院、郑州大学等 6 所高等院校引进了 15 名媒体传播专业高层次人才，与洛阳师范学院、平顶山学院等合作，建立教育实训基地，累计引进人才 30 多人；另一方面还加强对原有人员的培训学习，先后派出 80 余名融媒体中心业务骨干，到北京、杭州等地参加教育培训 20 余次；同时，实施人才"素能提升工程"，每周五下午由人力资源部组织开展全媒体业务培训，理论知识和实践操作相结合，这个培训雷打不动，目前已举办培训 60 余期，达到培训一批、考核一批、奖励一批、使用一批的效果。

（七）优化绩效考核，激发全员工作活力

建立完备的管理制度和绩效考核办法。汝州市融媒体中心先后建立了融媒体中心指挥调度制度、运行管理制度、绩效考核制度、人才培训、设备管理、热线值班等数十项管理制度，同时细化目标，责任到岗，责任到人，做到了以制度管人、以制度管事、按流程办事。

汝州市融媒体中心引入公司化管理体制，实行绩效考核制度，在用人上打破身份限制，推进编外编内"双轨运行"，实行灵活科学的绩效工资管理，用好政策、定好制度，改变了干多干少一个样和"吃大锅饭"的现象。

打通编外人才的成长通道，吸引更多的优秀人才加入汝州市融媒中心，最大限度地提高人才工作的灵活性和积极性。根据职责分工，设置管理层级和岗位数量，探索实行"岗责匹配、人岗相符"的日常管理和绩效考核，将各项工作任务量化到岗到人，并确定每个岗位的绩效标准，推行以量化考核为主的绩效考核制度。

利用融媒体指挥调度中心平台数据量化考核系统，所有原创融媒产品生产完成后，通过指挥调度中心大屏可视化、动态化呈现发稿数据及效果，可以实时监督并进行绩效考核管理。打破了原来的以级别资历论薪酬的思维，根据岗位、业绩、贡献进行分配，推行能者多劳、多劳多得、优劳优得，上不封顶的绩效考核。目前，中心员工每月薪资最低的2500元左右，高的达10000元以上，通过绩效管理模式创新，最大限度激发员工的创造力。

实行不同岗位、不同产品、不同报酬的薪资机制，报纸、微信、网站、客户端和电视，以及短视频、H5、VR等融媒产品特点、工作量和影响力等采用不同的考核办法，比如"汝州城事"微信公众号和汝州手机台等是按照点击量和点赞（后来改过叫"好看"，现在又叫"在看"了）数发放稿酬的。考核办法是动态的，根据每个时期的发展变化及时地予以修改调整。考核的目的是为了突出移动优先，让记者时刻都想着在第一时间把报道推荐、提供给网络平台，实现新闻"新近发生"为"正在发生"，增强融媒产品的时效性、关注度。

二、主要作用

（一）优化资源配置，提高人员行动力

融媒体中心统一指挥、统一调度，节约了大量的人力和物力。比如，在汝州市杏花旅游文化节的报道中，往年参与采访和直播等活动的电台、电视台、报纸、新媒体的记者和工作人员超过40人。就直播而言，原电视频道、手机台、"今日汝州"客户端、微信公众号都在直播，两套直播设备，两套人马，各做各的。这样一来，浪费了大量的人力、物力，工作效率也不高。融

媒体中心成立后，每次进行直播活动，只需一套直播设备和技术人员，只需要去一路融媒记者就够了，直播平台可以共用直播设备，其他平台需要的话，进行推流就行。一路新闻报道记者事先设定好要做的选题和报道重点，采写的视频、图片和稿件直接进入"中央厨房"系统，各个平台可以根据自己的需要去完成内容的再造，节约了一半以上的人力和物力资源。

（二）整合优势资源，增强舆论引导力

汝州市融媒体中心成立后，对本地最优质的传播平台实行集中管理，在重要事件的报道中统一发声，能够把引导舆论的主动权牢牢地掌握在党的手中，更好地传播党中央和地方党委的声音，真正打通党与群众沟通交流的"最后一公里"。围绕市委、市政府中心工作和百姓关注的热点难点，聚焦主题主线，全方位、多角度、多形式开展宣传报道，推出了一批又一批有思想、有深度、接地气、冒热气、有泪点的宣传报道，策划实施了《2018这一年》《惠民公交就是好》《创建文明城市曝光台》《汝此多娇》等一系列大型专题报道共计276期，以音频、视频、文字、图片等不同形式多渠道推送传播，受到市委市政府和职能部门的认可，在全市引起了较大的反响。

图5　电视问政《2018这一年》录制现场

另外，在处理社会舆情、引导社会热点舆论方面起到了积极的作用，彰显了主流媒体的社会担当。利用融媒体中心平台的影响力集中发声，并借助官方媒体的公信力，能够迅速在最短的时间内平复广大网民和群众的情绪，避免矛盾的激化和负面舆情影响的扩大。

（三）打造智慧项目，拓展多元化服务

汝州市融媒体中心在全省率先打造了智慧社区建设项目——南关智慧社区。智慧社区搭建以数字电视机顶盒为主要终端，手机等移动终端为补充的为民服务平台，开设了"智慧党建""便民服务""医疗养老"等服务项目，社区党员干部群众随时打开电视或用手机就能收看到本地的党建资讯、党员教育、三务公开等内容，通过家庭电视终端便捷查询社区资讯、安防监控、居家养老等生活各方面的业务，满足社区居民的实际需求；平台主要按照统一标准推进信息化建设，实现资源的整合与共享，通过获取数据、分析数据、运用数据，提高社区的管理和服务水平。

融媒体指挥调度中心可以实时监控到社区动态，抓取社区有效新闻信息，为社区提供监控和跟进服务。通过智慧项目的建设和日益推广，也将为新闻报道提供更多及时、有效、鲜活的素材，实现融媒体中心与群众零距离信息互通。

（四）深化平台应用，提升理论传播力

融媒体中心能够更好地推广"学习强国"平台，扩大本地新时代文明实践中心的影响力。在"学习强国"平台的推广应用中，我们除了宣传号召广大党员干部积极注册学习外，还充分利用融媒体中心自有平台积极向全市干部群众宣传推广"学习强国"内容，变"党员学习"为"全民学习"，并整合融媒体中心优质稿源上传到"学习强国"平台。目前已经发出《春风拂来花遍野，汝州有"杏"等你来》《河南汝州：千年古街的华丽转身》等16条稿件，还有10余条正在审核中，它们很好地宣传推介了汝州，展示了汝州对外形象。依托融媒体中心平台优势，打造网上"新时代文明实践中心"，尤其是"新时代文明实践中心"微信公众号，专门安排精干力量，每天更新一期，把汝州的好人好事，把"学习强国"平台的精彩内容推送给党员干部群众。

图 6　电视演讲比赛

（五）强化舆情监控，维护融媒公信力

利用融媒体指挥调度中心系统的"爬虫"抓取功能，从"全国""河南""汝州""近七天""近 24 小时"等几个维度提供热点新闻、热点评论和热点词汇。同时，该系统还可实时监测本地大 V 和各媒体发布稿件情况，并以新闻图表等可视化形式显示稿件的传播路径和影响力，方便进行舆情监测和研判。中心值班人员根据中心平台每天集中展示的舆情信息和统计数据，为领导提供全面及时的舆情研判，并按照"堵疏结合、统一发声、及时引导"的原则，及时掌握热点信息，更好更快监测舆情，第一时间掌握国内和身边的热点信息，为新闻报道提供有价值的新闻点；针对负面舆情，及时上报网信部门，为可能产生的舆情争取有效的处理时间。

三、主要成效

（一）"新闻＋"模式迅速推进

第一，推行"新闻＋政务"模式。依托"中国汝州"微信公众平台，通过构建微信矩阵，实现了与汝州市 22 个市直委局、21 个乡镇街道宣传平台互联互通，设置新闻资讯、创业创新、信用服务、文明创建等版块，丰富终端内容，提升社会治理效能。

第二，推行"新闻＋服务"模式。依托融媒体中心汝州手机台 APP 软件，通过不间断开展各项服务活动，黏住粉丝，服务用户。其中，举办汝州市"智慧财税 发票摇奖"活动 17 期，累计吸引 6 万多人次参与，输入发票 20 多万张，票面金额近 1 亿元，增强了手机台 APP 与用户的互动，提高了大家的协税、护税意识，增加了国家的税收；汝州手机台与市文明办联合开展了"汝州市创文知识问答竞赛"活动，先后有近 8 万人参与，有效普及了创文知识。在汝州手机台开设便民服务专栏，推出群众曝料、民生诉求、水电费缴纳、求职招聘、快递查询等 31 项便民服务功能，先后服务群众近 50 万次，为广大群众生活提供便利。

（二）融媒产品好评如潮

汝州市融媒体中心始终围绕上级党委重大决策部署和汝州市委、市政府中心工作，做强新闻宣传主业。精心策划组织各类主题宣传，做大做强主流舆论，牢固树立质量意识，努力打磨新闻精品，不断擦亮融媒体中心金字招牌。在创建全国文明城市中，利用广播、电视、手机台、网站、微信平台进行全媒体行动，策划了违反交通规则"不罚款，但是要在自己朋友圈里发布违规集赞"的活动，为汝州争创全国文明城市营造了很好的舆论氛围。

另外，策划开展了"美丽汝州我的家"手机摄影大赛，以及科普知识竞答、汝登高速沿线花木我来猜、汝此多娇短视频大赛、寻找汝州锦鲤活动等，加强了与粉丝的互动，增强了用户的活跃度与黏度。组织开展了"瓷都曲乡、魅力汝州"大型采风活动，全媒体平台聚焦汝州历史文化、人文自然、民生改善、城市建设等，以图片、文字、视频等形式，推出了《曲韵悠悠话汝州》《千年古街中大街》《"小公厕"体现"大民生"》等一系列融媒报道 60 余期，网络关注量达 110 万人次。在刚刚过去的春灯节活动中，融媒体中心策划了《流光溢彩汝州城》的报道，全媒体平台共播发各种形式的作品 236 条（次），留言 3000 余条，点赞数 5 万余个。在展示汝州形象的同时，凝聚了全市群众热爱家乡，建设家乡的合力，对引导群众支持汝州烟花爆竹禁燃禁放、倡导健康过节起到了积极的推动作用。

（三）平台影响持续扩大

目前，汝州融媒体中心全平台经常关注量超过 50 万人次，最高单日访问量突破 200 万人次，各种群众活动、直播活动点击量累计达到 4000 万次。其中，汝州手机台 APP 下载注册量 15 万人次，总访问量近 1500 万次，先后获得中国广播电影电视联合会颁发的"年度最具综合实力手机台"和"年度融媒创新典范"大奖，吸引了来自全国各地的 200 多家电视台到汝州参观学习。"汝州城事"微信公众号日常关注量 24.6 万人，被河南省委网信办评为全省政务微信新锐力量第一名。

（四）助推县域发展作用日益凸显

思想引领作用不断增强，助推汝州经济社会发展的作用日益凸显。第一是加强党的理论宣传报道。深入宣传习近平新时代中国特色社会主义思想和党的十九大精神，开设了 11 个专题专栏，推出 270 余篇报道，加强思想引领，传递主流声音。第二是倡树先进典型。围绕全市中心工作，先后推出造林模范、精准扶贫先进人物、诚信企业等典型报道 150 余期，倡树社会文明新风。第三是助力城市建设。聚焦创建全国文明城市、国家生态文明建设示范市、国家生态园林城市、国家森林城市的目标，策划专题，动员群众参与城市建设管理，先后有 150 余万人次关注。

图 7　汝州市"好公婆 好媳妇"评选活动

（五）经济社会效益普遍提高

坚持以"用户"为中心，积极拓展公共服务领域，从单向传播向多元化传播延伸，利用"平台建设＋运维"模式开展了各单位"智慧政企建设"，利用"商务活动＋直播"模式开展了商业策划宣传，利用"政务活动＋应用"模式开展了"发票摇奖"和"创建文明城市知识问答"，利用"全媒体推广＋线下体验"模式开展了产业开发活动，都取得了良好的社会效益和经济效益，满足了大家日益增长的多样化的物质文化需求，从而探索出了多元化应用服务新模式，实现了融媒体中心的良性循环发展，广告经营等收入呈不断递增趋势。

四、下一步打算

（一）加强融媒宣传矩阵建设，抢占意识形态主阵地

进一步加强融媒体中心与各委局、乡镇原有宣传平台的互联互通，加强与自媒体的沟通交流，实施对这些政府平台和社会自媒体的有效管控，将所有县域公共媒体资源合并在一起，由汝州市融媒体中心去打理、去运维，打造县级意识形态舆论管控的主阵地、思想文化宣传的主阵地、政务服务的主阵地、社会治理的主阵地，最大限度地提高融媒体中心的政治导向和综合性功能。让全市人民观看新闻、了解宣传、寻求服务、办理手续时，第一时间就会想到融媒体中心，使用融媒体中心的平台和产品，让融媒体中心发出的声音真正成为本地的最强音，让融媒体中心提供的服务成为本地最好的服务。

（二）坚持技术支撑内容为王，解放新闻信息生产力

注重把汝州市融媒体中心建成一个解放新闻信息生产力的平台，并牢固树立平台意识，这个平台不只是新闻产品的生产平台、新闻资讯的汇聚平台、主流思想的覆盖平台，更是一个利用新技术、新手段融合传播的平台。将充分利用 VR、H5、大数据和人工智能等先进的技术手段创新图文、视频、音频以及微视频等融媒体产品，实现新闻资源的高度整合和高效传播。继续优化"一次采集、多元生成、多渠道传播"的融媒体策、采、编、发流程，进一步推动内容、平台、渠道、数据、技术、人才、机制、管理等方面的深度融合，满足现代信息技术条件下资讯平台的社交化、互动化、视频化，同时建立起强大的通讯员队伍和社会拍客团队，满足新闻信息的海量生产、海量传播、海量互动，提高融媒体中心资讯的海量性、平台的汇聚性、阵地的覆盖性。

（三）继续加大人才队伍建设，形成科学的长效机制

人才是事业发展中的决定性因素。汝州市融媒体中心将强化与人才办、人社局等部门的协调沟通，共同制定人才引进的机制、人才使用的机制，用好公司化管理模式，继续优化绩效考核制度，在用人上进一步打破身份限制，实行编外编内"双轨运行"，打通编外人才的成长通道，吸引更多的优秀人才加入进来，最大限度地提高融媒体中心人才工作的灵活性和积极性。

（四）坚持实施"新闻＋"模式，积极引导服务群众

在立足做好新闻宣传主业的基础上，一步一步地拓展"新闻＋政务＋服务"的综合服务平台建设，做到先守住阵地，再"攻城略地"，进而拓展盈利模式和渠道，努力寻求融媒体中心与政务、商务、教育、医疗、旅游、金融、农业、环保等相关行业的合作，积极参与智慧城市、智慧乡村、智慧社区和智慧家庭建设，加快建立跨界融合服务平台，大力开展综合信息服务，积极融入现代服务业，加快融合型服务体系建设。

同时，树立一体化营销理念，把增强融媒体中心整体实力作为主要目标，推动各类经营性业务协同发展，力争从信息服务、电子商务、实体经济等多个领域获取收益，加快融合型经营体系建设。以融合型业务为核心，整合融媒体中心现有资源，在做大做强主业的同时，探索以资本为纽带的融合发展新机制，探索跨区域资源整合和资源共享的运行方式，开拓市场，实现融媒体中心业务的市场化、集约化、规模化发展，让融媒体中心主业和副业相辅相成、相融共生。

下一步，汝州市融媒体中心将继续坚持以习近平总书记关于媒体融合发展的重要讲话精神为指导，坚持以人民为中心的发展道路，充分利用融媒体功能和手段，着眼引导服务群众、服务生产生活，完善信息供给结构，提高信息供给质量，多出精品力作，力争把汝州市融媒体中心打造成党和政府宣传工作的新中心、普通民众精神需求的新家园、传播主流价值观念的新渠道、提升士气鼓舞斗志的新气场，让党和政府的声音走进千家万户，让党的旗帜永远在舆论的阵地上高高飘扬。

（作者系河南省汝州市融媒体中心主任）

以党的建设为引领 努力推进县级媒体融合

——安徽肥东县广播电视台融合发展情况报告

许泽夫 刘利人 罗圣斌

肥东县情

肥东县地理区位和综合实力优越强劲。居皖中腹地，既有"吴楚要冲、包公故里"的盛名，又有"襟江近海、七省通衢"之美誉。肥东是安徽"东向发展"的桥头堡，长三角西向延伸的"必经地"，合宁、京福、商合杭等高铁穿境而过，正全面对接合肥建设长三角城市群副中心、国家级滨湖新区等重大战略部署，致力打造"GDP 千亿县、财政收入百亿县"，县域综合竞争力稳居安徽全省第二位，综合实力位居全国百强县第 74 位。肥东自然环境与人文景观交相辉映，境内拥有全国五大淡水湖巢湖的最美黄金湖岸线，是国家园林县城、中国散文之乡，有以包公为代表的廉政文化、渡江战役为代表的红色文化、长临古镇为代表的侨乡文化，孕育了包拯、吴复、李鸿章、张劲夫等杰出人物。肥东资源优势和产业发展相得益彰。电力供应充足，境内拥有与新加坡合资经营的合肥二电厂；水资源充沛，有中型水库 4 座，中型闸坝 5 座，小型水库 245 座；全县三大产业协调发展，新型工业化稳步推进，以合肥上海产业园、肥东经开区、合肥循环经济示范园为代表的现代园区，培育形成了智能装备、光伏、新材料等战略性新兴产业和食品加工、家用电器、新型化工等产业集群，被评为"中国县域产业集群竞争力 100 强单位"。

一、改革前肥东官方媒体状况及存在问题

改革前，肥东官方媒体可以分为传统媒体和政务新媒体。

（一）传统媒体

1. 肥东县新闻中心：肥东县新闻中心原名肥东报社，1993年6月9日，经县委常委会议研究决定肥东报社作为财政拨款正科级事业单位批准成立。2002年全县三定方案确定肥东报社内设职能机构为四个：办公室、编辑部、记者部、专题部，编制数10个，均为事业编制。2012年8月17日经肥东县编制委员会[东编2012（9）]文件批准，肥东报社正式更名为肥东县新闻中心。2014年8月与《合肥晚报》深度合作，创办《合肥晚报·肥东晨刊》，全国公开发行，周5报，4开8版，年发行量360余万份。中心人员共14人，其中聘用人员4人。

2. 肥东县广播电视台：2008年实行"三台合一"（电台、电视台、有线电视台），经国家广电总局批准，成立肥东广播电视台，属局台合一管理体制。下设总编室、电视新闻部、电视专题部、广播部、技术播出部和广告部，拥有1个电视频道和1个广播频率（101.3MHz），每天播出总时长近34个小时，其中广播电台约为16个小时，电视约为18个小时，自办、联办《肥东新闻》《一周要闻》《东视聚焦》《与法同行》《今日肥东》《教体视线》《文明365》等14个栏目，实现全县18个乡镇和两个开发园区全覆盖，覆盖面积达约2200多平方公里，受众100多万人。广播电视台共有员工83人，其中聘用人员6人。

（二）政务新媒体

近年来，肥东县政务新媒体的发展如雨后春笋，全县各级、各类政务新媒体有50多家，大多是乡镇和县直机关创办，下面4家是其中的典型代表。

1. "幸福肥东"政务微信：县委宣传部主办，上线于2016年9月份，拥有粉丝近6万人。开设有三大版块，每天发布一期，每期编发6至7条信息，综合指数位于合肥市各县区政务微信前列。

2. "肥东发布"政务微博：县委宣传部主办，开通于2012年4月，有粉丝4600多人，是肥东县发布舆情信息的重要平台。

3. 中国·肥东门户网：县政府办公室主办，门户网于2000年开通。先后于2007年、2010年、2014年进行了三次改版。更新慢，信息量不大，访问量小。

4. 肥东宣传网：县委宣传部主办，正式开通于2008年，县宣教中心承办，设有要闻传递、宣传指南、理论研究、乡镇在线、县直工作、文明窗口、红色肥东等近30个栏目。

（三）存在问题

1. 传统媒体：（1）受新媒体冲击，传播力影响力弱化；（2）宣传口径不统一，重复采访等新闻资源浪费严重；（3）广告经营普遍出现断崖式下滑；（4）设备设施老化，与新形势下新闻舆论宣传工作不适应；（5）人员老化，人才流失，人才难进、难留、难养的问题十分突出；（6）自办栏目内容单调枯燥，播出形式传统呆板，专业技能亟待提升；（7）实施科技创新、推动产业升级力度不大，创新手段缺乏；（8）技术设备更新缓慢，资金投入不足；（9）市场竞争压力大，不敢轻易调整业务结构，受众关注度越来越低；（10）体制机制不顺，制约传统媒体的发展。

2. 新媒体：（1）人手严重不足，运营人员缺乏系统化、专业化的学习，缺少专业的技术团队和策划团队；（2）与用户交流沟通手段单一，信息内容范围狭窄、深度不够；（3）作为新兴媒体的优势远远没有达到充分发挥。

二、深化传统媒体和新媒体融合改革

肥东县委、县政府高度重视媒体融合工作，2016年6月，中共肥东县委十二届常委会第十三次会议专门听取了县委宣传部关于媒体融合实施方案的汇报。随后成立了由县委书记担任组长的媒体融合工作领导组，具体由县委宣传部负责实施，改革的各项工作有序推进。具体做法如下：

（一）实行党委负责制，党建引领媒体融合

1. 党委负责，为改革提供保障。2016年7月，肥东县广播电视台与肥东县文化广电新闻出版局正式分离。2016年11月，中共肥东县委批准成立县新闻中心党委，统一领导县广播电视台、县新闻中心、东城传媒公司和政务新媒体，实行党委领导下的法人代表负责制，党委书记负总责，宣传、人事、财务等重大事项一律由党委会决定。新闻中心党委在推进各项改革中，结合"两学一做"学习教育和"讲重作"专题警示教育，认真落实"三察三单"：一是察安排，对改革任务推进情况及完成情况进行考察和考核；二是察主体，坚持谁牵头、谁督察、谁负责、谁落实，落实主体责任；三是察内容，坚持察认识、察责任、察作风相结合。同时认真梳理整改问题清单，形成整改措施清单和责任清单，为各项改革的有序推进提供保障，做到了"工作不断，心思不乱"。

2. **党建领航，引领新闻宣传。**新闻中心党委在推进改革过程中，始终以党建领航，加强党委下的 6 个基层支部建设，各支部书记、委员全部由新闻工作一线的骨干担任，各支部强化"三会一课"制度建设，积极申报基层标准化支部建设。注重发挥所属党总支、党支部的战斗堡垒作用和党员的先锋模范作用，在采编一线设立"先锋模范岗"，要求所有党员干部自觉践行"党员壮语"和"党员禁语"，引领所有传媒从业人员"用事实说话，为党旗增辉"。先后出台（完善）县新闻中心党委会制度、《广播电视节目三级审查制度》、《新媒体采编推送管理办法》、《播音员主持人管理办法》、《岗位责任绩效管理办法》和效能问责相关规章制度 20 多项，媒体运营的各项工作都能突出党建的领航作用。

（二）党委委员分工负责，中层干部交叉任职

1. **党委委员打破单位限制，分工负责。**党委书记负总责，各党委委员分管组织、纪检、宣传、统战、群团等工作，打破广播电视台和新闻中心两个单位间的界限，分工协作，保证党委的核心决策力和战斗力。

2. **共青团、工会、妇联等群团组织为媒体融合这个中心服务。**积极组织开展志愿者服务、职工运动会、三八红旗手爱岗敬业等一系列活动，起到了鼓舞士气，凝聚人心，服务中心的作用。

3. **业务部门负责人交叉任职，任用机制灵活，保证不出现扯皮、推诿现象。**重要部门负责人交叉任职，便于互通信息，及时疏通融合障碍。比如：成立肥东县新闻报道总编辑委员会，负责全县新闻报道的策划、协调、审批、业务研讨、评先创优等工作；广播电视台融媒体中心副主任兼《肥东晨刊》采访部副主任、《肥东晨刊》采访部主任兼广播电视台融媒体中心副主任，《肥东晨刊》广告部主任兼广播电视台广告经营中心的副主任。

（三）机构建制、人事编制、财政供给渠道不变

在县委和县政府的高度重视下，县广播电视台、县新闻中心（负责《合肥晚报·肥东晨刊》编辑出版，全国公开发行），均是独立法人单位，实行"三个不变"，即机构建制不变、人事编制不变、财政供给不变。保留县广播电视台、县新闻中心的正科级建制，前者是县委、县政府直属事业单位，后者是县委工作部门，人事编制不变，财政供给渠道不变，突出了党委的领导作用，从而免除了职工的后顾之忧，为媒体融合发展提供了保障。

（四）成立国有东城传媒有限公司，为融媒体拓展发展空间服务

县广播电视台、县新闻中心是事业单位，其人才聘用、资金运作等都受各种制度约束。经县国资委批准，县政府注册资金 500 万元成立肥东县东城传媒有限公司，统一承接大型主题活动、全县户外广告等业务，2017 年所获收入 200 多万元用于媒体融合发展，同时县广播电视台所缺采编、播音等人才由该公司聘用，新闻单位使用。公司运营后，陆续聘用专业技术人员 10 多人。东城传媒有限公司依托于媒体融合平台运营，服务能力和水平大幅提升，社会公信力大幅提升。

（五）成立融媒体中心，融通新闻采编渠道

经县编办批准，成立融媒体中心，统一各媒体的采访安排，采集新闻素材，广播、电视、报纸、新媒体根据自身特点各自结合自身媒体特色选用编辑制作，一次采访、多次生成、多元传播。融

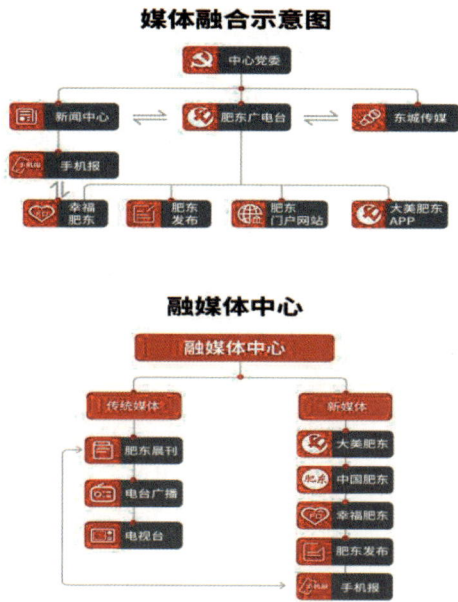

图 1　肥东媒体融合示意图

媒体中心现有采访、编辑、播音、制作人员 30 多人，摄像机 20 台，建立肥东传媒采编群，新闻采访信息共享，新闻素材统一上传公共邮箱，融媒体平台所有成员单位有权使用。传媒采编群畅通采访信息，明确采访重点和采访手段；公共邮箱成为各类素材的汇聚平台。

（六）发展新媒体，搭建融媒体平台

搭建融媒体平台，将"幸福肥东"政务微信（县委宣传部主办）、"肥东发布"政务微博（县委宣传部主办）、"肥东门户网"（县政府办公室主办）、"大美肥东"APP 客户端（县广播电视台主办）等统一归属广播电视台新媒体中心运营，充分利用广播电视报纸的采编力量、信息资源等优势，实现融合发展，立体传播。

三、改革成效

目前，肥东县作为安徽省县级首家全媒体平台，运营以来，成效显著。受到安徽省、市委宣传部，肥东县委、县政府和广大受众的褒奖。

（一）新媒体发展突飞猛进

"幸福肥东"微信公众号、"肥东发布"政务微博、肥东门户网站、"大美肥东"APP在媒体融合发展的引领下，各显神通，优势互补，呈现出欣欣向荣的景象："幸福肥东"微信公众号，现有粉丝达50多万人，月阅读量120万次左右，稳居合肥市县级政务微信榜首，安徽省县级政务微信前列，"2017年安徽省县区政务微信十强"，全国广电系统政务微信30强；"肥东发布"政务微博现有粉丝13万多人，稳居安徽省县区政务微博榜首，获"安徽2017年度最具突破力政务新媒体"称号；新媒体中心荣获"2017年度合肥市十大新闻人物"；肥东门户网站获得安徽省优秀网站称号。

大美肥东（含APP、PC端、公众号、小程序等）由肥东县委宣传部主管，肥东县广播电视台出品，肥东广电新媒体有限公司运营的综合型资讯、生活、服务类平台。

大美肥东内容生产，紧紧围绕党政中心、服务发展大局、聚焦社会民生、引导舆论热点、传承历史文化。它立足肥东，以广播电视为特色，融新闻资讯、生活服务、人力资源、房产信息、互动娱乐等为一体，与传统手机台不同，大美肥东APP深扎本地，不仅仅是充分利用广播电视台的新闻资源，更整合全城优质资源，搭建区域型互联网门户。

"大美肥东"自2018年2月14日正式上线以来，合计更新迭代12次，

图2 "幸福肥东"微信主界面

上线了 Feed 信息流、新媒体矩阵、探店、同城、小程序、直播、房产、婚嫁、拼车、商圈、原创、交友、人才、游戏、微心愿等系列功能插件。根据 2017年 6 月 1 日，国家网信办颁布的《互联网新闻信息服务管理规定》，大美肥东所有用户轨迹均可后台记录，以保障官方媒体的信息安全。

"大美肥东"APP 累积用户超 2 万人；已开展直播活动 10 多场，播放量达 30 万次；在同步更新电视台《肥东新闻》及其他九档栏目的同时，实现了电视节目实时直播，新闻信息实时发布，累积发布 1 万余条有效信息。

（二）传统媒体焕发青春

1. 内设机构更加合理。肥东广播电视台、肥东县新闻中心借助新媒体强劲发展的势头，扬长避短，焕发青春。县广播电视台在改革后经县编制委员会批准，设立了办公室、总编室、融媒体中心、社教中心、广播中心、新媒体中心、技术保障中心和广告经营中心。现有员工 92 人，其中男职工 43 人，女职工 49 人；研究生学历 4 人，本科 29 人，专科 49 人，中专 5 人，高中及以下 5 人；副高职称 1 人，中级职称 18 人，初级职称 58 人，工勤人员 15 人。

2. 广播电视社会公信力和关注度逐步回升。改革前，广播电视节目单一的发射播出，受众逐年减少，社会关注度逐年降低。媒体融合后，广播电视节目在网站、微信和客户端上均能看到，过去越来越少的受众变成了现在越来越多的用户，受众手中的遥控器更多变成了用户的手机。主流媒体与新媒体融合发声，扬长避短，传播力大大增强，其社会公信力和关注度必然提升。

3. 新闻创优工作成绩卓著。2017年，肥东传媒在"围绕中心、服务大局"的内外宣工作中取得了史无前例的优异成绩。在 2016 年度省、市广播电视新闻奖评比中，电视新闻《防

图 3　肥东广播电视发射塔

洪堤上的泥巴蛋糕》等 8 件广播电视作品史无前例地荣获一等奖；在 2016 年省市广播电视节目技术质量奖评比中，获得较好成绩。《纪念抗战胜利 70 周年文艺演出》获安徽省县级台电视节目技术质量奖（金帆奖）一等奖，同时获 2016 年合肥市电视节目技术质量奖（金帆奖）一等奖。新闻中心外宣工作取得新的突破，尤其在《人民日报》上刊出稿件取得了历史性突破。据不完全统计，全年在各类媒体发稿 275 篇，其中中央级媒体 101 篇、境外 15 篇，省级 87 篇，市级 64 篇，报送的新闻荣获合肥市纸质媒体一等奖。2017 年，广播电视在中央电视台、中央人民广播电台发稿 22 篇。

（三）提高新闻宣传政治站位，新闻资源得到充分利用

1. 提高政治站位。融媒体中心建成后，肥东县的广播、电视、报纸等传统媒体，"幸福肥东"微信、"肥东发布"微博、"大美肥东"APP、手机报、门户网等新媒体实现了服务县委、服务政府、服务人民的目标，政治站位得到进一步提高，取得了全媒体联动的宣传效果，社会舆论的主导权被牢牢把握，主流媒体站稳了主流阵地。

2. 新闻资源充分利用。县域范围内重复采访情况大大减少，有限的新闻资源得以充分利用。我们充分发挥"肥东传媒"QQ 群和公共邮箱的作用，一方面互通采访信息，整合采访资源，或委托采访，或组队采访，人员、车辆灵活调度，采访效率和采访水平有了保证；另一方面，公共邮箱的信息、素材汇总功能逐步强大，"中央厨房"也就名副其实了。

（四）媒体融合优势凸显

1. 大型主题活动精彩纷呈。全媒体融合平台的建立，为组织、策划、举办大型主题活动提供了广阔的空间。2017 年，我们圆满完成了大型主题活动 20 多次；在没有直播车的情况下，我们成功进行了广播、电视、微信、微博、客户端全媒体直播活动 12 次。肥东媒体融合呈现了喜人的发展态势和旺盛的生命力。下面的一组活动是我们信心满满的见证：

2016 年 11 月 6 日，我们首次以全媒体直播的形式为广大受众和用户展示了"肥东县广播电视台第八届播音员（主持人）大赛决赛暨颁奖典礼"的盛况，媒体融合运营后，使得本届大赛的规模、影响力和社会关注度都有了大幅度的提升。

2017 年 5 月 20 日，我们组织策划了全球爱情隧道联盟大会、肥东县首届文化旅游形象大使暨荷花仙子评选等多项主题文化活动，让广大受众和用户

图 4　肥东 "爱情隧道"

图 5　"全球爱情隧道联盟" 成立

享受了不一样的精彩。位于肥东东南部的 "爱情隧道"，原先就是一段废弃的铁路，由于天长日久，浓荫夹道。传统媒体 "慧眼识珠"，微信、微博 "推波助澜"，当地镇政府借此精心打造，肥东县全媒体运作 "化腐朽为神奇"，肥东版 "爱情隧道" 声名鹊起。2017 年 5 月 20 日，肥东传媒组织策划成立了乌克兰、成都、南京和肥东四地结成的全球爱情隧道联盟，媒体融合在这一旅游项目的策划、建设和运营中发挥了不可替代的作用。

　　"中华经典诵读"主题活动是肥东县 2012 年以来每年举办的"视听盛宴"。肥东广播电视台一直是录像播出，虽然内容精彩，但收视效果不明显，关注度较低。2017 年 12 月 6 日，肥东县全媒体成功地直播了第六届中华经典诵读展演"砥砺前行 诗耀东城"大型主题活动，专业的直播团队，高质量的视音频效果，使得电视及新媒体收看达 20 多万人次，让广大用户第一时间在掌上就能欣赏到经典的魅力，媒体融合的优势凸显。

图6　肥东"中华经典诵读"展演

　　2018 年 2 月 13 日，肥东广播电视台还成功全媒体直播了"首届春晚"，中央电视台的长啸、当红演员杨洋给家乡人民发来了新年的祝福……全媒体运营直播工作机制日臻完善。

　　2. 关注民生，媒体融合优势尽显。融合媒体主打"亲民牌"，成为居民指尖上的伙伴，主动回应网络热点和公众关切，2017 年 2 月 15 日和 5 月 18 日，肥东分别发生 1.7 级和 2.1 级地震，我们第一时间在政务微博、微信、网站上进行回应，避免了不必要的恐慌。同时畅通与相关工作部门的沟通协调，解决粉丝的实际问题，做到回应民声及时、解释疑惑到位，增强了用户黏性。

关注民生，急民众之所急。2017 年夏，瓜农元运竹因为积极投身抗洪一线，不顾自家南瓜滞销，损失严重，电视记者及时报道出来。"幸福肥东"微信公众号据此撰写文章《一起来给肥东"瓜哥"点赞，他的故事，让人"瓜"目相看》，不仅帮助了南瓜的销售，也取得了很好的社会反响，传播了正能量。电视与微信的结合使宣传效果显著提升。

2018 年 1 月 2 日，山西果农 700 多箱苹果近 2 万斤滞销在肥东，电视记者在第一时间采访报道后，立即和微信、网站、报纸等联动，发布"帮帮果农"信息，同时联系电商平台开通网上销售，1 月 3 日暴雪来临，肥东上演了一出暴雪中爱心接力的感人图景，很快苹果销售一空，果农回家前送来了一面锦旗，上面写着"弘扬社会正气，传递百姓呼声"。传统媒体和新媒体通力协作，各展所能，报纸、广播、电视的公信力和微信的方便快捷，相得益彰。

2018 年元月，一场狂风暴雪席卷肥东大地，积雪冰冻灾害严重影响交通和广大城乡居民的生产和生活。根据肥东县委、县政府的统一部署，肥东传媒在第一时间实行广播、电视、报纸、微信、微博、手机报、网站等全媒体联动，多侧面、多视角集中展示了肥东百万干部、群众积极迎战暴风雪的动人图景。全媒体联动，是打赢新闻战役的重要经验。

类似关注民生的全媒体发布信息不胜枚举，"关注民生热点，回应社会关切"已经成为肥东媒体融合发展后一道亮丽的风景。

图 7 肥东百万干部、群众迎战暴风雪

四、经验总结

肥东广播电视稳步推进的媒体融合归结起来主要有以下四个方面的经验：

1. 县委、县政府的坚强领导。 2016 年以来，县委、县政府先后斥资 2000 多万元支持广播电视台的融合发展，先后完成了广播电视高清化改造项目和"大美肥东"APP 客户端的建设。

2. 县委宣传部统筹有力。 肥东广播电视台在推进融合发展的改革进程中，每走一步，都是在县委宣传部的策划和统筹下进行的。县委常委、宣传部长许高彬多次来到广播电视一线开展调研，并就媒体融合工作提出指导意见。

3. 县直属各有关单位倾力支持。 改革推进需要方方面面的支持和理解，县委办公室、县政府办公室、县财政局、县人社局、县编制办等单位在给予我们悉心指导的同时，对于我们的要求"一路绿灯"，让我们感动。

4. 广播电视台团队勇于担当。 刚从"局台合一"体制剥离出来的广播电视台团队，在"工作不断，心思不乱"的氛围中，虽然困难重重，但还是勇敢挑起了传统媒体与新媒体融合发展的重担，在媒体融合发展中发挥了主力军的作用。

五、认识体会

在推进媒体融合中，我们主要有三个方面的认识体会：

1. 必须始终坚持党对融媒体改革的领导。 理顺党组织隶属关系，成立肥东县新闻中心党委，加强对改革内容、形式、方法、体制、机制等各环节各领域全面领导，把党管宣传、党管意识形态、党管媒体落到实处，始终树牢"四个意识"在舆论阵地的占领上，做到寸土不让、寸土必争。善待、善用、善管新媒体，利用新媒体反映群众心声、收集社情民意，顺畅地实现海量信息共享，更科学地关注和引导社会热点问题。

2. 必须突出广电系统在融媒体改革中的关键作用。 肥东县广播和电视作为最基层的传统主流媒体，几十年的创业与积累，广播电视会集一批政治素质强、业务技术精的人才队伍，在融媒体改革中始终起到主导作用，是任何媒体不可比拟的。其新闻资源、权威公信力、独特的原创内容等诸多优势。因此我们通过强化传统媒体和新兴媒体资源、要素的有机整合，强化内容、渠道、平台、经营、管理等方面的深度融合，形成一体化的组织结构、传播体系和管理运行体制，创新内容产品、创新业务模式，推出了一批有效益有影响力的融合型产品业务和服务。

3. 必须主动适应新时代新要求。实行媒体融合发展是时代主流、大势所趋。我们始终秉承创新的理念、树立大众的视角、发出时代的语音，积极完善体制机制，成立信息采集策划、融媒体采访、融媒体编辑、报刊编辑、电视编辑等五大中心。实行融媒体立体化发展。

六、今后发展

肥东广播电视推进的媒体融合改革正在稳步推进中，各项改革措施也在逐步完善之中，下一步将推动融媒体更好更快发展，具体来说有三点：

1. 构建更大、更高的外宣平台。肥东广播电视台正在积极准备与合肥广播电视台合作，创新新闻宣传模式，借助上级台的影响力，在合肥广播电视台新闻频道开设《幸福肥东》电视新闻栏目，《走遍肥东》电视专题栏目，在更大平台、更高层次上，讲好"肥东故事"，传递"肥东声音"。媒体融合向纵深拓展。

2. 组建合肥东城文旅传媒有限公司。深化文旅传媒体制改革，充分整合文化、旅游、传统媒体、新媒体、户外广告、节庆活动等资源，做大做强文化产业，合并肥东东城传媒有限公司、合肥东城文旅有限公司，组建合肥东城文旅传媒有限公司。以广播电视为主导，实行文化、旅游与传媒的强强联手。东城文传公司为国资委监管国有独资企业，拥有数亿固定资产，由县国资委委托县委宣传部管理。实行县新闻中心党委领导下的董事长负责制。

3. 加大技术改造力度，力求广播电视功能最大化。加快步伐、加大力度进行广播电视的技术升级改造，电视频道实现高清化播出；购置电视转播车，全媒体直播活动再升级，水平再提高，追求广播电视功能最大化。

4. 实现媒体融合发展的再升级。县级是中国行政区划里最基层、直接面对公众的一级政权和党组织，而县级媒体是大众传媒最重要的细胞，而县域人口相对少、传播覆盖面小，新闻的可用资源有限，有效受众有限。采取对传统媒体与新媒体的整合，以求融合发展是改革的初心。肥东传媒还将要有效采用真实、直观、无包装、大信息量的现场直播，更加贴近百姓生活、贴近群众需要、贴近社会微观事件，尽最大力量服务群众所需，增加贴近群众的专栏、增加与群众的互动、增加让群众都能参与进来的节目内容，让媒体成为群众离不开的工具、贴心的伴侣。有效发挥集合优势，丰富填满信息的"公共蓄水池"，各个媒体平台各取所需，同时思考如何在此基础上发挥特色优势，即在共性的"公共蓄水池"中挖掘出适合不同媒介传播需要、传播方式的特色内容。另外，社会越发展、文明越进步、传媒越发达，老百姓对信息的需求就越精准、越精致，媒体分工不能因为整合就模糊化了，而要越来越精、越来越细。媒体融合是一个系统工程，要紧紧依靠党委政府的支持，只有党委政府的支持与媒体的内生动力结合起来，才能形成融合发展的最大合力。

媒体融合从"你+我 我+你"到"你中有我 我中有你"必然有一个渐进的过程，最终要实现"你就是我 我就是你"的目标，路程漫长而艰辛。目前，肥东传媒融合发展已初具规模，并取得阶段性成果。肥东传媒人在改革创新中也清醒地认识到媒体融合任重而道远，只有一往无前，不改初心，顺势而为，才能圆满完成媒体融合发展的历史使命。

（作者分别为：安徽省肥东县委宣传部副部长；肥东县广播电视台台长；肥东县新闻中心党委委员、党总支书记）

构筑生态圈　做大新增量

——探索融媒体"五全五变"贺兰模式

马贤　李东鹰

贺兰县融媒体中心在宁夏回族自治区党委宣传部的大力支持和指导下，被推荐确定为全国首批 59 个试点之一，2018 年 12 月 19 日建成全区第一家县级融媒体中心，按照"网络领先、移动优先、宁夏率先"的示范目标，着力将互联网的最大变量转化为融媒体最大增量，形成了集广播、电视、电台、微信、微博、网站、手机客户端、抖音号"八位一体"的全媒体发展格局，探索出了新型主流媒体"五全五变"的改革发展之路。贺兰县融媒体中心建设运营的有关流程、标准已被原中宣部信息化专家郑铁男主编的、全国数字编辑资格考试改革试点、北京市新闻系列（数字编辑）专业技术资格考试指导系列用书采用。

一、全体系重组，实现低端运行向高端引领转变

一是构建"一主五量"目标体系。按照习近平总书记"因势而谋、应势而动、顺势而为"的要求，融媒体中心针对互联网条件下党的新闻宣传工作不断虚化、弱化、碎片化、边缘化等问题，充分运用信息革命成果，打破思维定势，把握发展趋势，培育竞争优势，明确担当重塑党媒新型主流地位的使命，找准网络需求、媒体竞合、技术变革的发展机遇，确定数字化转型、现代化管理、集团化运营的发展路径，围绕打造"举旗帜、聚民心、育新人、兴文化、展形象"网络宣传主力军，分解"党媒主旋律正能量、政务主阵地增容量、社区主战场扩音量、智能主动脉高质量，网络主频道大流量"五大

任务，着力推动全息媒体、全员媒体、全程媒体、全效媒体的全媒体纵深发展，牢牢把握舆论主动权和主导权，不断推动融媒体创造出了更好更多更大的社会价值。

图 1　贺兰县融媒体中心"魅力贺兰"APP 功能页面

　　二是构建"一核多层"组织体系。成立贺兰县融媒体建设工作领导小组，由县委常委、宣传部长牵头融媒体改革试点工作，通过管方向、管政策、管协调全面指挥，在机制、业务、人员、阵地、装备、经费等方面全力支持，确保了试点工作始终沿着正确方向全速推进。**建立融媒体组织体制**。在原县广播电视台基础上成立融媒体中心，将原有行政管理体制改变为互联网企业管理体制，成立行政、编采、经营三个管理委员会，下设十二个工作部门，增强行政部门互联网技术、人才、装备的保障职能，增强采编部门新闻中心、编辑中心、民生服务中心、播音主持部融媒宣传职能，增强经营部门运营中心、市场部、媒体事业部、招标事业部、房产事业部融媒市场开拓服务职能，扩大党媒主流平台政务服务、民生服务、产业服务功能优势，有效解决了产品供给不足、用户流量不足、经费保障不足的问题，促进了宣传的最大化和最优化。**建立工作室专业小组**。将主要任务指标分解到各个工作室，划分融合创新小组、移动直播小组、vr航拍小组、h5制作小组、短视频制作小组，各司其职，各展所长。**建设"三圈两基地"人才团队**。实施"制播分离"，建立以融媒体中心中高端采编、运营、技术人才为主体的核心圈，以传媒公司、专业机构、社会组织人才为主体的专业圈，以部门单位、村居、社会群体、自由职业者、自媒体创作者等专兼职人才为主体的公众圈，最大限度地"融力"，把用户消费者升级为生产者、改造者和传播者角色，团队由2012年30人发展到目前90余人。同时，建立中国传媒大学、宁夏大学、北方民族大学等专业院校大学生实训基地和传媒创新创业创意基地，培养后备人才，学习新理念、引进新技术、创造新产品，着力解决人员不足、能力不强、质量不高等问题，培养"一专多能"的全媒体人才队伍。

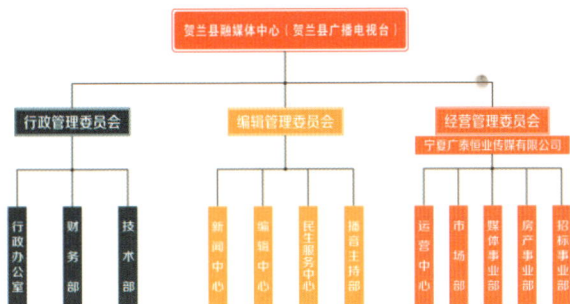

图2　贺兰县融媒体中心组织架构图

　　三是构建"一体五化"管理体系。完善并开发了编采运营办公信息管理系统，与融媒体大数据系统互联互通。**推行战略目标化管理，**实行动态化决策，将中心发展战略目标和年度目标细化量化，层层分解到部门、工作室和岗位，统一思想和行动，协调配合，增强合力，用计划管控过程，做到上下一盘棋。**推行业务扁平化管理，**成立了四个工作室，将主要任务指标分解到各个工作室，让团队变企业、员工变股东、工资变分成。划分融合创新小组、移动直播小组、vr航拍小组、h5制作小组、短视频制作小组，各司其职，各展所长，激活了媒体人的内在动力。**推行责任绩效化管理，**建立目标过程考核结合的绩效考评体系和激励机制，形成年、季、月、周行政例会"目标—计划—分工—执行—督办—反馈—整改—总结—目标"的闭环执行链条，建立"岗位基础工资＋绩效浮动工资＋项目提成奖励＋年终奖金"薪酬结构，充分调动全体员工的积极性、主动性和创造性。**推行岗位职业化管理**，打破体制身份界限，实行人本管理和竞聘制、培训制、导师制、双特制，打造名记者、名主持、名主播等品牌，以实绩论英雄，用企业化管理模式打造个人成长上升通道。**推行效益标准化管理**，明确增产品、增流量、增收入、降成本、降时限、降消耗"三增三降"目标，加强财务管理、成本管理、安全管理和内部监管。中心各部门实行预算管理，将行政运行、技术维护、成本控制作为绩效考核指标之一。编采部门实行定编定岗定责管理，将人效比作为考核指标之一。经营部门实行项目责任制管理，将项目利润率作为考核指标之一，达到提高人效、节支增收的目的。**推行风险防控管理**，严格执行重要决策、重点项目、重大资金集体决策制度，严格执行节目三审、重播重审、转载再审制，建立人防、技防、物防巡检处置机制，积极防范消除了意识形态、安全生产、廉政建设等方面的风险，确保融媒体网络空间清明。

四是构建"一企五链"运营体系。成立了宁夏广泰恒业传媒有限公司，推动事业服务职能、企业经营职能双轮驱动，做大市场、做强项目、做优服务、做多用户。**建立党政机关双向运营机制**，开发政务服务、媒体宣传业务。**建立合作伙伴联合运营机制**，建立外包服务公司、互联网企业的业务合作关系，从投入、开发、生产、体验、推广、分成全程参与，通过制播分离，推动轻量化投入、重量化牵引、超量化协同。**建立商业客户运营机制**，拓展社会服务机构的商业合作，主动加强骨干企业、科技企业、专业合作社的业务联结。**建立融媒体项目运营机制**，参与智慧城市、文化旅游等项目建设，开发建立民生服务平台、文明实践平台、贺贺有名电商平台、产业园农脉圈、小视频模块，由运营中心主导，成立各项目运营团队，实行前期扶持、后期目标考核、利益分成的独立项目运营机制。**建立融媒体策划运营机制**，通过"你点单、我服务""有奖征集""媒体＋文创＋项目"等方式融智，提高活动、项目的策划水平；通过线上线下相融合的形式，实现互动互通；通过线上积累的数据分析对项目或活动执行效果进行评估，实现用户画像，提高服务用户的靶向性、有效性。

二、全媒体融合，实现经营产品向经营平台转变

围绕县级融媒体主流舆论阵地、综合服务平台和社区信息枢纽的功能定位，建立"八位一体"传播矩阵，提供媒体服务、党建服务、政务服务、公共服务和增值服务，实现"融资讯、融政务、融生活、融未来"立体传播格局，形成"一体统筹、上下联动、协同互通、资源共享"的全新媒体生态，打造了互联互通、互补互促的智慧融媒体可持续发展生态圈，实现新闻传播的全方位覆盖、全天候延伸、多领域拓展，推动党的声音直接进入各类用户终端，占领贺兰主流舆论阵地。

一是融合市县政务平台。主力建设"贺兰微博"、"贺兰发布"微信公众号、贺兰政府网、"魅力贺兰"手机 App 客户端"两微一网一端"，融合融通"i 银川""魅力贺兰"手机客户端、12345 市长热线"两端一线"。在电视屏、电子屏、广播电台"两屏一台"的基础上，开发了"93.8 电台""贺兰电视台"抖

图 3 贺兰县"融平台"

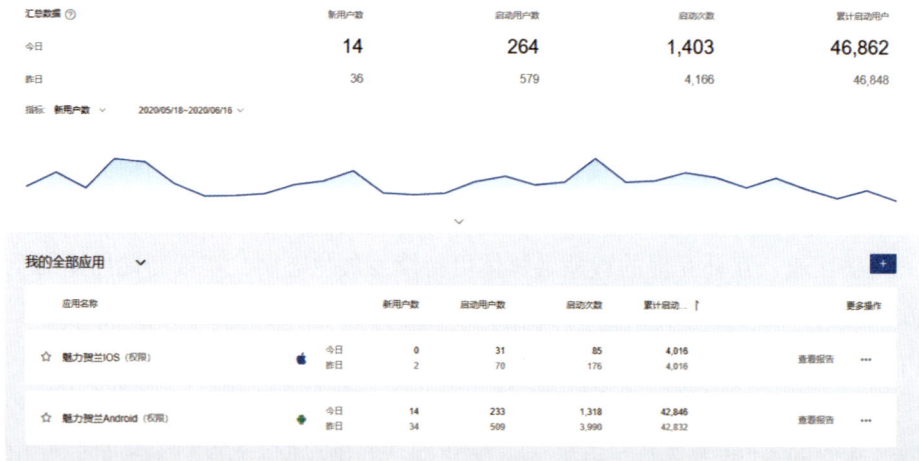

图 4　为魅力贺兰 APP 自上线以来，通过自发下载安装累计已达 46862 次

音号，打造贺兰特色主流舆论新媒体品牌。做强本土融媒体资讯，"魅力贺兰"已经成为集头条资讯、民生服务、舆论阵地、交友互动、生活消费于一体的生活类综合性手机 App，既是政府官方权威资讯的发布平台与舆论阵地，也是公众服务的生活化社区，2019 年 6 月上线运行至今，下载量已突破 45000 粉丝，直播最高观看人次超过 80 万余次，成为了公众快速了解贺兰的一张城市名片。微信公众号"贺兰电视台"用户量为 7 万余人，"贺兰发布"用户量为 5000 余人。

二是向上融合外宣平台。实现与区市融媒体中心、新华网、人民网、学习强国等主流媒体和百度、腾讯、今日头条、抖音等网络企业的互联互通，扩展了对外宣传渠道，扩大了我县在全国、全区的影响力。

三是向下融合基层平台。融合构建乡、村、居、企、校等微信矩阵，融合构建部门、单位微信矩阵，融合构建县、乡、村三级大喇叭广播矩阵，实现同频共振、多级传播、放大效应，打通媒体融合传播、连接群众和基层治理的"最后一公里"。

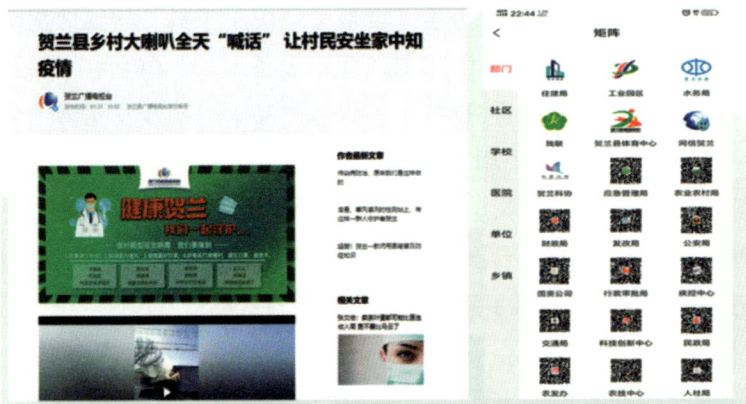

图 5　贺兰县县乡村三级应急广播矩阵和"魅力贺兰"客户端微信矩阵

四是横向融合县级平台。牵头联合全区 14 家县级融媒体中心成立联盟，覆盖全区近 400 万人口，在节目的制作传播、媒体资源经营和产业发展、媒体转型和运营三大方面跨界融合，实现协同发展。

五是融合服务交易平台。打通了智慧社区、智慧农业、平安贺兰、平安校园、互联网＋医疗、智慧广电、智慧水务等平台，拓展信息采集发布渠道。与湖南"掌上浏阳羊淘商城"、浙江"游世界商城"完成合作洽谈，正在进行商业平台嵌套。

图 6　贺兰县融媒体中心"魅力贺兰"客户端贺贺有名电商平台

六是融合数字技术平台。夯实"设备＋系统＋工具"软硬件基础，购置了电台节目智能生产播出系统和3D技术生产设备，实现了电台节目智能生产、AI主播、远程控制，研发了3D技术＋媒体产品。二期开发完善了采编运营办公信息管理系统，增加了用户管理系统、媒资管理系统、线上商城、信息管理系统、设备管理系统等，采用了信息化办公、智能采编、资源管理、数据分析等工具。通过数字平台融入行政、编采和经营工作，有效提高行政效率、服务能力和经营收入，降低了运行成本、资源浪费和运营风险。

图 7　集采编管理、经营管理、媒资管理、设备管理为一体的采编运营管理系统

三、全流程再造，实现线性固化向智能复合转变

以数字化转型为重点，按照提高效率、提升效益、降低成本、降低风险原则，提高决策指挥的前瞻性、灵活性、科学性，提高业务运行的高效率、高精度、高辐射，提高技术支撑的便捷化、自动化、智能化，不断放大数据价值，实现创新链、供应链、价值链全方位的融合、优化和提升。

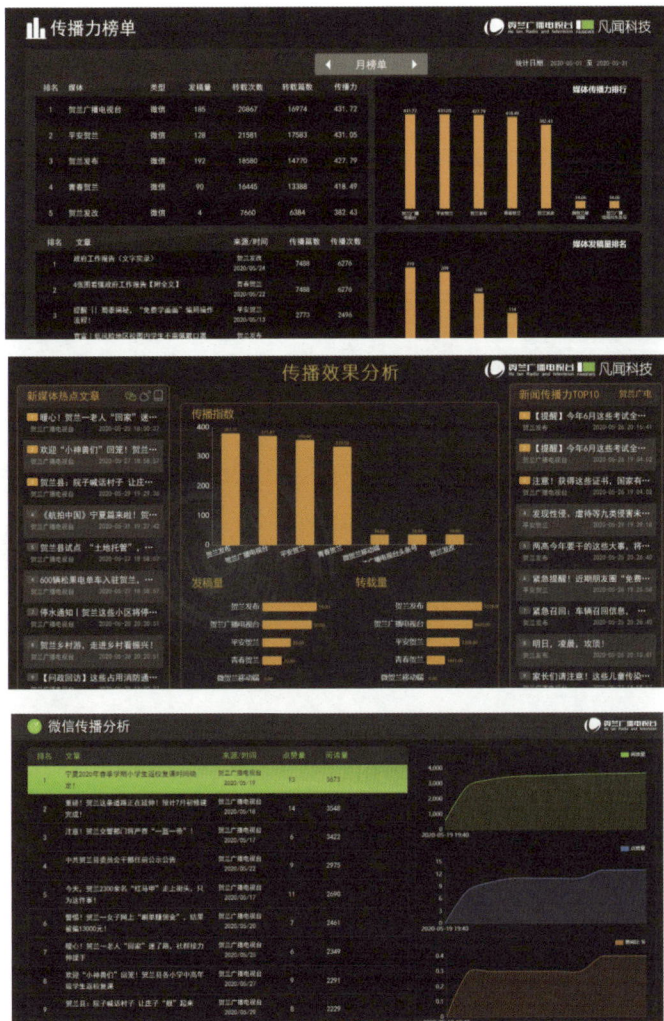

图 8　贺兰县融媒体中心利用媒体大数据实现信息发布效果追踪

一是指挥中心分析决策数字化。充分利用媒体大数据系统对媒体产品传播力、影响力进行分析研判调整。对流量（发稿、点击、点赞、转载量）、路径、效果、群体等自动分析并生成分析报告，通过分析对舆情、发展阶段、关注群体、影响大小、时间长短、扩散范围、传播快慢等趋势综合研判，从智慧企业、战略、管理、运营、智能系统五个层面综合调度指挥。在洞察环节用数据发现趋势、机会、规律、问题推动目标体系建设，在产品迭代环节用数据优化线路、组合、配置、流程推动模式化建设，在颠覆环节用数据创新模式、营收、方案推动体系建设，在五个层面贯穿了"数据思考、数据说话、数据追溯、数据决策"的调度指挥模式，最终由被动选择过程转向数据驱动过程，提升了科学、精准、动态决策的能力和水平。

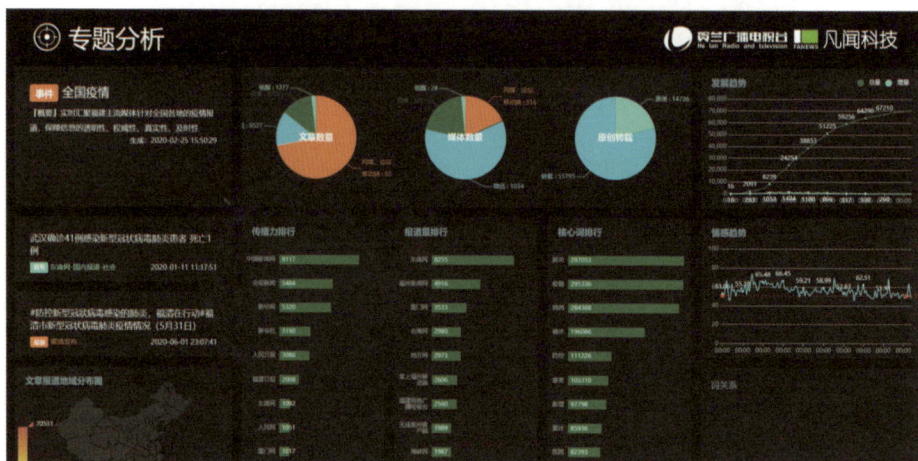

图9　根据大数据对专题内容进行分析或传播效果分析，对综合研判提供数据支撑

二是"中央大脑"业务运行数字化。实现了策划采集编辑审核发布追溯评价闭环运行，围绕数字输入、加工、输出三个关键环节，利用原有资源、政府资源、大数据平台，建立数据库、政策库、案例库、素材库、文案库，打通数据传导链、价值链，建立了"开放策划、开源采集、多种生成、多元品类、全媒发布、全时覆盖"运行模式，最终由信息衰减过程转向信息增益过程，实现"中央厨房"向"中央大脑"的升级。

三是节目生产流程智能化。应用智能生产编辑系统，对新闻生产全环节、全流程进行系统化再造，包括新闻素材的采集环节、加工环节、审核环节以及分发环节，引入人工智能技术，在广播电台实现自动抓取、自动整合、AI主播、定时转播、24小时自动播报等智能生产，实现人工创作到机器智能创作。围绕服务党委政府、服务民生的核心职责，集中优势资源打造《贺兰新闻》《贺兰电视问政》《督查与落实》《贺贺有名》《零距离》《帮打听》等品牌栏目。

四是融媒产品开发精品化。坚持内容为王，按照速度、广度、精度、深度、热度好产品评价标准，围绕数字化推进产品迭代升级，采取并行设计、协同设计、智能设计等先进技术，设计开发特色化、地方化、个性化产品，从需求、规划、设计、生产、运行、发布、存储、再生的全生命周期管理产品价值转化过程，面向市场、政府、行业、渠道、客户互利共赢。实施智能媒体全业态布局，构建"内容＋产品＋体验＋服务"的消费空间。立足新闻、资讯、政务、民生、文娱、影视、电商等传统服务业态基础，引入 3D 建模、5G、云服务、人工智能、大数据等技术，合作开发了房地产线上三维实景漫游样板间、雷锋纪念馆、王永红泥塑馆线上展馆等系列产品，打造线上产品（服务）交换、交易平台和创业平台，使得产品根据其属性实现大众传播、分众传播和微传播，扩大节目垂直用户。

图 10　线上 3D 实景"贺兰县兰健欢乐谷"景区和线上三维"魅力贺兰馆"展馆

四、全方位聚力，实现有限供给向有效供给转变

融媒体中心作为党委政府舆论阵地，通过建设"新闻＋政务＋服务"融合媒体平台，积极发展互动式、服务式、体验式新闻信息服务，着力培育政策权威度、资讯新鲜度、利益关切度、群体取向度等传媒宣传优势，牢牢占据主流媒体舆论引导、思想引领、文化传承、服务人民的传播制高点，传播社会正能量，引领时代新风尚，不断扩大主流价值影响力版图，增强党媒网上网下的传播力、引导力、影响力、公信力，让党的创新理论"飞入寻常百姓家"，让党的声音传得更深、传得更广、传得更持久，使全县人民在理想信念、道德观念、价值理念上紧紧团结在一起，自觉践行"建设美丽新宁夏、共圆伟大中国梦"的理念，使正能量更强劲，主旋律更高扬。

一是融媒体＋时政新闻，吹响政治方向集结号。把学习贯彻习近平中国特色社会主义思想作为首要政治任务，与央媒、区市主流媒体全链接，增设App等宣传理论、解读政策专栏，及时宣传区、市、县党代会、全委会、"两会"等重要会议精神，宣传我县学习贯彻落实会议精神情况，引导全县党员干部群众增强"四个意识"、坚定"四个自信"、做到"两个维护"。策划并实施了以改革开放40周年、新中国成立70周年以及宁夏回族自治区成立60周年等

镇新平园区内产业结构调整，果树种植多样化，水果种类层出不穷。在种类繁多的水果中李希河发现温棚桑葚属于稀缺水果，种植的人少，便想着依靠桑葚种植打开新的创业路。

常年以种植温棚蔬菜为主的李希河，在种植果树上没有经验，如何分配化肥比、如何预防果苗病虫害、枝条修剪有何讲究，解决这些问题成了他的头等大事。为此，他查阅了大量桑葚种植书

"桑舍幽幽掩碧丛，清风小径露芳容。"在贺兰县习岗镇新平园区桑葚大棚，棚内翠绿的桑叶风轻摇，桑叶下一颗颗即将成熟或已熟透的诱人桑葚，让人馋涎欲滴。

今年50岁的李希河，是一位地地道道的农民，他一直以来以种植温棚蔬菜为生，近年来，镇新平园区内产业结构调整，果树种植多样化，水果种类层出不穷。在种类繁多的水果中李希

图 11　在疫情期间帮助农产品直销农户线上进行销售

为主题的系列报道，通过图景式、话题式、故事式等作品，忆往昔、看变化、谈未来，教育引导广大干部群众感党恩、听党话、跟党走，增强了实现"两个一百年"奋斗目标的信心和决心。坚持守正创新，开办主题教育、党建巡礼等新闻资讯栏目和17个专题栏目，大张旗鼓地宣传我县在科技创新、转型升级、乡村振兴、脱贫攻坚、生态环保、教育体育、卫生健康、文化、社会治理、党的建设等各个领域的工作动态、典型经验、显著成果。疫情防控期间，贺兰县融媒体中心针对交通物流不畅、农产品出村难、农商品销售难等问题，积极发挥媒体优势，民生服务平台与运营部门联动，以电商为平台，打造农业农村产供销快车道，疫情期间帮助菜农销售蔬菜600余吨。其中，将农户直接请到直播间销售滞销桑葚的直播活动，收获了近万粉丝的关注，半个小时销售一千盒的成绩，也极大地防止了脱贫农民收入下降，降低了他们的返贫风险。深入防控一线，挖掘防控背后的故事，《贺兰扶贫项目复工建设 建成后可解决劳动力500余人》《贺兰县铁西村："小枸杞"铺就农户致富路》《贺兰县：农民种地有"保姆"疫情防控期间不发愁》《疫情宅家试种赤松茸 宁夏农民张凤山得成功》等稿件被人民网、中国日报网等多家媒体转发，展示了全县人民改革创新、团结奋斗的精神和行动，凝聚了全县人民争创银川都市圈高质量发展示范县的智慧和力量。

二是融媒体＋社会监督，擂响舆论导向定音鼓。加强网络主流意识形态建设，充分发挥党媒舆论的旗帜作用、导向作用、引领作用，健全和完善重大突发事件新闻宣传快速反应机制，第一时间发布主流声音、权威信息，听党号召、主动发声、正面引导，扛起党媒的使命担当，当好党和人民的喉舌。建立融媒"三大闭环"管理，通过"新闻内容生产"向"新闻管理＋"职能转变，真正实现了"融媒体＋社会监督"功能。"新闻采编指挥调度管理闭环"，实现了从各部门、街道、社区到融媒体中心、各媒体的新闻信息报送、采编运用的闭环评估监测和指挥调度。"舆情收集分析处置闭环"，实现了舆情收集、人工定性、分析研判，进而形成舆情报告、智库建议、处置反馈等环节的闭环管理，及时启动相关单位舆情联动处置，并定期以《舆情专报》形式供县委、政府参阅。"政民互动管理闭环"，引导市民入驻贺兰融媒平台，及时监督举报相关问题线索，由融媒体中心各入驻单位按清单回复，能形成良好的政民互动，进而逐步建立移动端的"共商、共治、共建、共享"的公共治理新模式。

App 端的"帮打听"和社区服务模块把群众最关心的切身利益问题、最需要解决的焦点问题汇聚到民生服务平台,通过"社区吹哨、部门报到、媒体监督、群众评价"的运营模式,达到引导群众、服务群众的目的。融合 12345 市民热线,对群众投诉、反馈的问题进行智能分析研判,通过新闻发布、部门联动处置、监督落实等措施,实现负面舆情由事后灭火变为事前疏导,公共突发事件第一时间发布,及时化解疫情防控恐慌情绪,通过《贺兰电视问政》《督导与落实》等节目,有效监督职能部门工作落地执行和民生问题解决。开设"万众一心 抗击疫情"等专题,发布各类信息 6638 条,权威发布《贺兰县未发现新型冠状病毒感染的肺炎确诊病例和疑似病例!》点击量达 18 万余人次,《抗疫日记谢灵冬》《我身边的战"疫"模范》等系列报道感人至深,展现了全县人民同舟共济、众志成城的精神风貌,凝聚起同心战疫的磅礴力量。

三是融媒体＋教育实践,放大价值取向风向标。围绕社会主义核心价值观,多角度、多形式宣传报道文明城市创城、民族团结创建、扫黑除恶专项行动等重大活动,鲜活呈现好故事、好人物、好画面,切实发挥融媒体的教育、引导功能。以"将网络建成弘扬主流价值的高地、涵育中华文化的家园和滋养文明的沃土"为己任,联合策划举办"好家风、好家训""贺兰春晚"文艺晚会,宣传报道"我们的节日"、文旅融合过大年、农民丰收节等群众性娱乐活动 50 余场次,宣传报道"传承红色经典""学雷锋日""道德讲堂""善行义举四德榜"等系列主题活动,多空间、多维度、多角度地宣传让社会主义核心价值观遍地生根开花。开设"榜样"专栏,及时报道"百名十佳文明标兵""百名优秀党员""新时代好少年"等评选表彰活动,深入挖掘先进典型事迹,创作《战疫纪实录》《直击一线》《巾帼风采录》等节目,举办"寻味行动""百日零违章""最美教师评选""全国自然水域冰钓大赛"等活动,深入挖掘宣传报道全国"三八红旗手"脱贫攻坚"铁娘子"蔡霞、全国"十佳农民"蟹田米王赵建文、雄英村七旬老人魏耀华照顾九旬婆婆五十载、环卫工人季元新"完璧归赵"等一大批先进事迹,营造积极进取、团结奋斗的浓厚氛围。设立新时代文明实践网络平台,注册志愿者 7400 名,开展 1558 场活动,参与 28800 人次,图文视频共推送 310 余篇,青年志愿服务、"巾帼"志愿服务、"银霞满天"老干部志愿服务、"红领巾"志愿服务等在全县蔚然成风。

五、全领域覆盖，实现被动服务向主动服务转变

与你最近，所以最亲。公众到哪里，舆论引导就延伸到哪里。融媒体中心以政务、民生、产业服务紧紧黏附受众，提供新闻信息服务，实现有效传播，达到传播主流价值观和塑造意识形态的目标，为全县经济社会发展助力，使融媒体成为党媒主流宣传的实践者、记录者、示范者，增强人民群众的获得感、安全感、幸福感。

一是融媒体＋政务，社会治理的直通车。从四方面加速推进"融媒体＋政务服务"平台建设。开通便民查询，根据政务服务平台和自治区政务服务网对接的便民查询类功能基础，完成首批功能对接融合上线。加强掌上办事，以用户需求为导向，将政务服务网提供的办事功能嵌入"魅力贺兰"App上为公众提供全功能的政务服务。开设政民互动专栏，强化公众参与度，提升办事群众获得感。与区市平台系统对接扩展整合资源，多方面提升政务服务能力。

二是融媒体＋社区，便民利民的快餐店。群众在哪里、需求在哪里，服务就跟到哪里。融媒体中心将线上服务与线下服务有机结合起来，在提供各类便民利民服务的过程中，既增加了畅通民生诉求、解决市民需求、增加用户黏性、增强引导效果。依托广播、电视、微信端的民生服务版块、App端的"帮打听"和社区服务模块，及时收集呼应群众诉求，帮助解决各族群众生产生活中遇到的困难和问题2000余个，增强了融媒体的亲和力和信任度。如今，"魅力贺兰"App聚合了县民政、卫健、教体、文旅、人社等数十个职能部门的发布平台，各类民生服务信息统一收集，按需发布，群众随时可查，提醒及时；接入就医、气象、快递、机票、酒店、电影、家政、代驾等10余项服务，打造成各类本地便民服务"大全"；根据群众实际需求不断推出直播、在线访谈、在线咨询等在线互动，让服务与群众零距离。在App布局上采取"一社区一个平台"，引导各社区挖掘群众需求，突出本土特色服务，用贴心服务让App深深成为打通引导和服务群众"最后一米"的特色平台。

三是融媒体＋产业，数字经济的加速器。贺兰县融媒体中心自2012年启动改革以来，充分挖掘媒体资源，重点从媒体产品迭代、服务水平提级、业务领域拓展等方面下功夫，经营收入实现了2012年50余万元、2015年338

万元、2019 年 637 万元三级跨越，截至 2019 年 5 月底已完成经营收入 238 万元。

主攻五类运营平台。通过对传统媒体收入下滑、新兴媒体深入激增及产品经营结构数据分析和发展趋势预测，确立了服务增值开放运营激存量、打造平台创新产品提增量的发展思路。稳定传统服务平台业务，2019 年活动、影视、广告等收入 267 万元，占 42%。延伸媒体服务平台，房产代理、招标代理等项目收入达到 221 万元，占 35%，增长 34%，其中房产服务链由 1.0 广告模式先后升级为"广告＋栏目＋活动"2.0 模式、"全媒体支持＋房产策划销售"3.0 模式，经营收入由 2012 年 1.0 模式的 6 万元，提高至 2019 年 3.0 模式的年 120 万元。正在延伸检测、鉴定、家居、家电、二手房交易等平台服务 4.0 模式，预计 2020 年收入可达 180 万元。开发新媒体平台运营服务，产业园农脉圈、文明实践、帮打听、政务信息、微信公众号代运营等功能模块等收入 151 万元，占 23%，实现突破性增长，正在设计开发文旅 e 家、教育、医养等部门深度合作运营功能模块。打造"魅力贺兰"客户端移动平台，与职能部门深度合作开发功能模块，引进 3D、5G、AI 等新技术，开发 3D+ 媒体，文创＋媒体＋企业（项目）等新产品、新服务。建设创客基地外包平台，引进文化传媒企业、团队，提升传统影视、活动服务质量，降低价格，附加有关媒体服务，开发潜在客户。

发展网红经济。培养新网红，走进设施大棚、扶贫基地、渔村湖田、企业车间，直播隆源村梅花鹿养殖、洪广镇红树莓、欣荣村设施农业、高荣村扶贫车间等移民村产业发展故事。在网上、在田间地头、在工厂车间，深入挖掘报道贺兰蔬菜公园、"稻渔空间"、习岗镇新平村的"动人身影"，开发"东西南北中游贺兰"节目，四十里店稻渔空间景观走进了央视和海外媒体视野，引发"打卡"热潮，带动乡村旅游、工业旅游持续升温。

打造"贺贺有名"电商运营直播品牌。带货本地特色产品，打通消费渠道，增加用户体验，提高用户粘性，增加品牌知名度，营造自身品牌效益，树立企业口碑，提升企业竞争力。以满足百姓对美好生活的需要为目标，打造"贺贺有名"直播平台，把贺兰县优质的特色产品以限时低价的方式进行直播宣传和销售，开设扶贫公益专版，同步进行直播，创新电子商务精准脱贫，提高当地品牌农业建设水平。"贺贺有名"自 4 月 17 日开播以来，以详情页、直播带货、公众号、朋友圈转发的形式全方位预热宣传，共上架贺兰县特色产品 13 类，限量低价销售共计 200 余份，平均每期产品抢购时间为 29 秒售罄，评论互动 4000 余条，在线观看人数累计 5 万余人次。电商项目启动后，加强广告创意设计和媒体传播的综合应用，分别与金河乳业、昊裕油脂、四海综贸、厚生记食品、青铜峡龙河米业等多家企业达成长期合作，针对固定消费群体，上架优质产品，拉动消费，促进经济发展。吸引商家及创业者入驻 App 商城平台，对平台商家、产品严格把关，对质量、价格、物流、售后等进行监管，形成县域商圈。开放直播平台，策划不同圈层（行业）主题直播，实现用户自主直播，平台审核功能，定期开设美食类直播、带货直播、旅游直播等内容，将线下所有售卖产品植入线上交易，用互联网经济模式带动传统经营方式在线便民交易。

"云系列"助推复工复产。举办云旅游活动 5 场，通过利用线上直播、VR 全景漫游等新形势，将贺兰县特色星级农家乐及民宿，形成乡村休闲旅游线路，进行云上推广，助力县域旅游经济复工复产。疫情期间，帮助销售滞销蔬菜约 600 吨；发布复工复产、复商复市信息 638 条，发布"云车展"信息 26 条，举办线上"云招聘"8 场，提供就业岗位 2379 个。发展创客经济。双创汇聚文化产业新动能。双创促进了文化企业生产组织方式变革，增强了企业创新能力和创造活力。构建线上服务平台和线下创客基地，以融媒体线上平台为依托，为创客提供文化创意在线交易、人才培育等就业、创业一站式服务。在线下建设实体创客基地，为入驻的文化创意团队提供基础办公设施服务、财税金融等服务，提供市场资源和协助销售等商业服务。承建贺兰县退役军人线上线下创客中心，将文化创意策划、媒体传播与项目相结合，实现全方位交互，提升服务本土客户的能力。正在打造的贺兰县退役军人服务

图 12　县委书记直播带货活动

创客中心，通过三维设计、三维建模，打造线上虚拟创客中心，网上体验贺兰县退役军人服务创客中心全部面貌及功能。

正在利用 3D 技术和 VR 虚拟现实技术开发云端沉浸式"全景＋旅游""全景＋汽车""全景＋教育""全景＋酒店"等展览展示项目，为企业、政府机构、旅游景点、家居房产等行业提供 VR 全景展示、策划、拍摄、制作、发布以及分享服务。。

发展项目共享经济。引入共享媒体模式，构建绿色传媒生态圈。依托互联网技术的不断发展，共享经济应运而生，这一商业模式盘活了大量社会闲置资源，在实现优化配置、扩大经济效益的同时，促进了社会的可持续发展。这种"互联网＋"的新型经济模式，既能够充分满足市场多元化、个性化的需求，也使每一个人都可能成为微型企业家，真正让"大众创业，万众创新"变为现实。

（作者分别为宁夏回族自治区贺兰县融媒体中心副主任、中共贺兰县委组织部老干部局长）

后 记

由中国广播电视社会组织联合会主持开展的《广播电视改革与创新（2019）》大型调研工作从2018年1月草拟调研方案，4月启动调研，到2019年3月完成调研工作，历时一年有余，广电系统内外都给予了大力支持。相关各省市县党委宣传部、广播电视管理部门高度重视，各省市县广播电视协会、学会、广播电视台（集团、中心）积极配合，为调研工作圆满完成提供了重要保障，不少同志为推动调研顺利进行做了大量工作。孙宝泉、李学洲、仇琼、徐磊、李进、刘春萍、张建赓、张晓刚、万里波、王占宏、刘俐、张学伦、冯梅、王柏丞等同志为项目启动做了大量细致的联络和准备工作；还有一些同志在调研过程中做了大量配合工作，名单恕不一一列出，在本年度调研报告出版之际，特向给予我们支持的各单位和同志表示衷心感谢！

需要说明的是，本书汇编的调研成果，大多成文于2018—2019年。近两年各地机构改革发生很大变化，无论是单位名称还是作者职务都发生不少变化，为保持调研报告原貌，本书出版时对文中涉及的单位名称和作者职务未做更改。

编 者

2020年5月